贵州营商环境
百企调查
（2019）

SURVEY ON BUSINESS ENVIRONMENT
IN GUIZHOU (2019)

贵州省政协社会与法制委员会 编

社会科学文献出版社
SOCIAL SCIENCES ACADEMIC PRESS (CHINA)

《贵州营商环境百企调查（2019）》

编委会

主　任：蒙启良

副主任：吴大华　韩力争　胡　巍　程军虎　鞠　霓
　　　　李　胜

成　员：王保建　石邦林　付昭祥　杨华昌　杨宏远
　　　　陈　康　文松波　魏明禄　陈国芳

主　编：郭　丽　吴大军

副主编：周芳苓　张云峰

成　员：周笑黎　郑敏刚　刘　念　谢小清　程劲松
　　　　张书涛　杨婵娟　谢忠文　许　峰　张振忠
　　　　吴月冠　李德生　赵燕燕　周钥明

编　辑：郭　丽　周芳苓　许　峰　谢忠文　张云峰
　　　　吴月冠　李德生　赵燕燕　杨春香　李昌先
　　　　周钥明

序

　　党的十九届四中全会指出，新中国成立70年来，中国共产党领导人民创造了罕见的经济快速发展奇迹和社会长期稳定奇迹，中华民族迎来了从站起来、富起来到强起来的伟大飞跃。在经济快速发展的伟大奇迹和中华民族从站起来、富起来到强起来的伟大飞跃中，非公有制经济做出了历史性贡献。70年来，非公有制经济实现了从无到有、从少到多、从弱到强的历史性跨越。改革开放以来，非公有制经济在社会主义市场经济中的地位，从有益补充到重要组成部分，再到经济社会发展的重要基础，获得了历史性突破。可以说，一部改革开放史就是一部非公有制经济发展壮大史。

　　改革开放以来，贵州的非公有制经济已成为创造社会财富、增加就业岗位、实现经济增长、扩大财政收入、推动科技创新、催生新兴产业的重要力量，成为推动贵州经济社会又好又快发展的生力军。满帮科技、朗玛科技、航瑞科技、苗姑娘控股、威门药业、贵州广铝、中伟集团、众一金彩黔矿业、湄潭兰馨茶业、国台酒业等一批又一批省内优秀非公有制企业从筚路蓝缕到成长壮大。2018年，在改革开放40年百名杰出民营企业家名单中，贵州陶华碧等三人上榜。从"草根"到"杰出"，改革开放成就的这一代人，也正是贵州非公有制企业从"发展"到"转变"的最好佐证。

　　从历史镜头的回放中，我们不难发现，营商环境的不断改善和优化是包括非公有制企业在内的所有企业茁壮成长的重要制度保障。改革开放以来特别是党的十八大以来，我国在营造公平竞争的市场环境、高效廉洁的政务环境、公正透明的法律政策环境和开放包容的人文环境方面勇于革命、持续发力，得到了国际社会的充分认可。世界银行最新发布的《全球营商环境报告2020》显示，中国营商环境全球排名跃升至第31位，连续两年被评选为全球营商环境改善幅度最大的10个经济体之一。

欲致鱼者先通水，欲致鸟者先树木。市场经济是"候鸟经济"，哪里的营商环境优、服务质量好、办事效率高、投资成本低，企业就到哪里发展，资金就往哪里聚集。改革开放以来特别是党的十八大以来，作为中国首批内陆开放型经济试验区，贵州不断以"硬措施"优化营商"软环境"，全省各级各部门敢于动真碰硬，找准痛点，聚焦突出问题，重拳出击，向破坏营商环境的行为宣战和亮剑，多措并举，重点整治营商环境中的"沼泽地"，全力打造法治化、国际化、便利化的一流营商环境，厚植经济可持续高质量发展"土壤"。

贵州优化营商环境，就是不断为企业发展提供法治化保障。习近平总书记深刻指出，"法治是最好的营商环境"。近年来，贵州在营商环境的法治化方面持续发力。2017年，印发《贵州内陆开放型经济试验区优化营商环境工作方案》，出台地方性法规《贵州省外来投资服务和保障条例》；2018年，出台《贵州省优化营商环境集中整治行动方案》；2019年，制定《贵州省营商环境优化提升工作方案》，聚焦企业和民众办事创业的难点、痛点、堵点，围绕办理环节简化、申报材料压减、办事时间压缩、行政审批提速、民众办事方便等，最大限度减环节、减材料、减时间、减成本。同时，每年公布贵州省各级政府部门权力清单和责任清单。在深化商事制度改革方面，充分利用大数据优势资源，依托"云上贵州"系统平台推动企业基础信息与信用信息归集互通、集成应用、共享互认，让信息"跑腿"代替群众办事"跑路"。加强社会信用体系建设，建立公共信用信息目录和应用清单，建立健全政府失信责任追究制度及责任倒查机制，建立健全社会力量参与市场监督制度，以诚信管理为手段，实施分类监管，制定分级分类监管管理办法，让失信主体"一处失信、处处受限"。加大审判流程公开、裁判文书公开、执行信息公开"三大平台"建设力度，建立开放、透明、便民、信息化的阳光司法机制。

贵州优化营商环境，就是在各项改革中坚持国际化标准。为打造国际化营商环境，贵州始终以国际化的视野和标准，统筹谋划各项改革工作，把脉营商环境问题。在中国各省级政府中，贵州率先采用世界银行营商环境评价标准对全省营商环境开展第三方评估，连续开展优化营商环境集中整治和提升行动，为企业提供便捷、高效、优质的全流程服务，厚植做大产业、做强企业的土壤。早在2017年，贵州省投资促进局委托厦门大学中国营商环境研究中心，对标世界银行的全球营商环境指标体系，对全省营商环境建设情况进行"全面体检"，建立与国际接轨的营商规则体系，使营商环境更规范、更透明、更便利。根据国务院大督查反馈的情况和第三方评估发现的突出问题，比对世界银行营商环境指标体系和国家发改委营商环境评价标准，结合贵州实际，贵州省对优化营商环境指标做了量化，提出了开办企业、办理建筑许可、获得用电用水用气、登记财产、纳税、跨境贸易、办理破产、获得信贷、保护中小投资者、执行合同、劳动力市场监管、政府采购、招标投标、政务服务、知识产权创造保护和运用、市场监管、包容普惠创新等17个方面45项具体措施，涵盖企业创业、获得场地、获得融资、日常运营阶段、解决矛盾纠纷等全生命周期的五个阶段。贵州持续优化开放环境，全面实行外商投资准入前国民待遇加负面清单管理制度，对外商投资企业的设立及变更实施备案制，建立外商投资企业设立申请"一窗受理"制度和出口退税便利化工作机制，建成国际贸易"单一窗口"。

贵州优化营商环境，就是不断推进"放管服"便利化改革。为吸引高质量企业落户，近年来，贵州通过一系列持续深化的"放管服"改革，切实解决企业办事难、办事慢、多头跑、来回跑等问题，真正做到审批更简、监管更强、服务更优。做好简政放权的"减法",为企业"松绑"。开办企业时间压缩至3个工作日,工程建设项目审批服务时间压减至80个工作日以内,低压小微用户平均接电时间不超过15天,用气用水报装时限(含施工审批)均压缩至30个工作日以内,登记财产时间压缩至5个工作日以内,贷款办理时间每年压缩10%以上,将纳税时间减少到140小时,总税收及社会缴费降低至全国中游水平等。这些简政放权的"减法",换来的是市场活力的"乘法"和企业效益的"加法"。做好加强监管的"加法",为企业"保驾护航"。贵州制定出台《省人民政府办公厅关于在全省市场监管领域全面推行部门联合"双随机、一公开"监管的实施意见》和《贵州省市场监督管理局关于支持民营企业发展的若干意见》,全面梳理机构改革后市场监管各领域有关民营经济发展工作职能,有效整合有关政策措施,加强调度,全面系统推进市场监管支持民营经济发展各项工作。做好优化服务的"乘法",助力企业做优做强。贵州推进"多证合一"就是突出例证。2015年,"三证合一";2016年,"五证合一";2017年,"十八证合一";2018年,"三十四证合一";短短几年时间,从"三证合一"到"三十四证合一",这是贵州优化营商环境推进制度便利化改革的一个缩影。改革中,"多"不仅代表整合证照数量多,更代表改革涉及部门多、内容涵盖范围广;"合"不仅是证照形式的整合,还涉及对部门既有管理方式和业务流程的深度优化。

营商环境不断优化,改革红利也随之不断释放。我们欣喜地看到,随着营商环境的不断完善,贵州省逐渐形成"大企业顶天立地、中小微企业铺天盖地"的良好局面。本书调查的100多家企业,就是贵州优化营商环境的生动案例;本书调查发现的营商环境存在的一些问题,就是贵州今后优化营商环境的重点方向;本书调查研究提出的优化营商环境的意见建议,可为贵州进一步优化营商环境提供决策参考。

过去,贵州凭借减税让利,通过拼资源、拼政策赢得了企业的青睐。今后,拼服务、拼信用、拼环境,按照"门槛低于周边、环境高于周边"的目标，贵州将持续发力、久久为功，全力打造营商环境"金字招牌"。

贵州，优化营商环境没有"休止符"，只有进行时！

是为序。

蒙启良

2019 年 11 月

前　言

营商环境是吸引高端要素集聚的重要基础，也是经济软实力和综合竞争力的重要体现，同时决定着一个国家和区域经济发展的速度与强度。

优化营商环境是全面深化改革的重要任务，也是国家治理体系治理能力现代化的重要内容。党的十八大以来，以习近平同志为核心的党中央高度重视优化营商环境，从党和国家基本方略、政策支持、深化改革、法律保障等各方面做出一系列重大决策部署，推动营商环境不断改善。党的十九届四中全会提出：深入推进简政放权、放管结合、优化服务，深化行政审批制度改革，改善营商环境，激发各类市场主体活力。在新时代的语境下，营商环境的竞争是一场全球的竞争，而优化营商环境也是一项系统工程。公平竞争的市场环境、高效廉洁的政务环境、公正透明的法律政策环境、开放包容的人文环境，提升其中的任何一项都绝非易事，都需要我们继续深化改革，拆除制度的樊篱，不断提升治理能力和治理水平。

改革开放四十多年来，特别是党的十八大以来，贵州省委省政府高度重视优化营商环境工作。率先采用世界银行营商环境指标体系对全省88个县做出检测和整治。截至2018年底，根据营商环境第三方评估机构厦门大学测评，全省营商环境"前沿距离"分数为66.81分，相当于全球190个经济体的第79位。在多年优化营商环境建设工作中，贵州省从制度、法规、政策、服务、保障、监督等系列环节发力优化营商环境，做出了卓有成效的实践探索。

多年来，贵州省经济持续保持两位数增长，得益于贵州在发展经济过程中始终做到了"六个坚持"。坚持中国特色社会主义的基本经济制度，毫不动摇巩固和发展公有制经济，毫不动摇鼓励、支持、引导非公有制经济发展；坚持构建"政府+市场+社会"协作治理机制，以商事制度改革推动优化营商环境；坚持常态化、制度化的整治督查，强化执法持续优化营商环境；坚持统筹推进"一网一云一平台"建设，持续提升"放管服"信息化水平；坚持第三方评估为指挥棒，以高标准倒逼各地各部门持续优化营商环境；坚持强化"信用贵州"建设，以联合惩戒机制推动营商环境改善。

"优化营商环境永远在路上"。贵州同其他省份一样，营商环境仍需持续优化；与其他先行省份相比，贵州优化营商环境还有许多潜力可挖，还有许多困难需要解决。时值新中国成立70周年、改革开放40周年，随着贵州经济发展站在一个更高的起点（GDP增速连续9年位居全国前三），全省营商环境的优化对于后发赶超的贵州省来说，具有更重要的意义：一方面，深化"放管服"改革，优化营商环境是贯彻党的十八届三中全会、十九届四中全会确定的改革任务的重要内容，必须结合贵州的实际情况，不折不扣地贯彻落实；另一方面，贵州的经济要实现更高基础上的持续健康发展，必须以优化营商环境作为重要支撑，持续以制度化建设作为优化营商环境的重要抓手。为推动贵州优化营商环境工作，围绕"企业需要什么环境""政府打造什么环境"两大问题，以2019年为节点，我们编写了《贵州营商环境百企调查（2019）》一书。

本书在省内外多地实地考察、问卷统计分析的基础上，针对全省范围内选取具有一定代表性的125个企业，坚持问题导向，从宏观和微观两个层面，分别以研究总报告、分报告和企业篇方式，细致梳理，讲述102个企业营商环境故事，全面展现贵州营商环境进一步优化需要破解的问题和困难，以期为贵州下一步持续优化营商环境提供参考借鉴和典型素材。总报告"贵州营商环境优化研究"阐述了贵州营商环境整体呈现出"七头并进"的良好格局,但仍面临着来自政府、企业、社会多领域的现实困境与挑战,以及未来贵州要致力于构建一个政府给力、企业使力、社会助力的营商环境体系。为深入研究贵州营商环境,本书另辟"贵州营商政策环境研究""贵州营商法治环境研究""贵州企业纳税环境研究""贵州融资环境研究""贵州物流水电环境研究""贵州企业行政许可审批事项办理环境研究""贵州人才环境研究"七个分报告,全方位展示了贵州营商环境发展的真实图景。

目 录

第一部分 总报告

贵州营商环境优化研究 …………………………………………… 003

第二部分 分报告

贵州营商政策环境研究 …………………………………………… 039
贵州营商法治环境研究 …………………………………………… 051
贵州企业纳税环境研究 …………………………………………… 061
贵州融资环境研究 ………………………………………………… 071
贵州物流水电环境研究 …………………………………………… 083
贵州企业行政许可审批事项办理环境研究 …………………… 104
贵州人才环境研究 ………………………………………………… 117

第三部分 企业篇

农、林、牧、渔业 ……………………………………………… 131
  贵茶公司：让天下人喝干净茶 ……………………………… 131
  贵州山野公司：切实推动"黔货出山" ……………………… 134
  天茂智慧：全力做好猕猴桃产业 …………………………… 136

贵州茅贡米业：优质粮油的贡献者 …………………………………… 139
贵州湄潭兰馨茶业：绿茶的新力量 …………………………………… 141
贵州天赐贵宝食品公司：小刺梨，大产业 …………………………… 144
贵州泛亚实业集团：中国薏仁米走向全球 …………………………… 147
普安宏鑫茶业：打造"普安红"传奇 ………………………………… 150

采矿业 …………………………………………………………………… 152
开磷集团：磷的深加工基地 …………………………………………… 152
贵州铝厂：中国现代铝工业的摇篮 …………………………………… 155
贵州华锦：千亿级生态铝工业基地代表企业 ………………………… 158
邦达能源：煤矿矿井智能机械化典范 ………………………………… 161
湾田煤业：跨省民营煤业龙头 ………………………………………… 163
六恒公司：煤炭行业实力派"小巨人" ……………………………… 165
贵州锦丰矿业：国际合作开发金矿 …………………………………… 167

制造业 …………………………………………………………………… 170
恒霸药业：打造健康全产业链 ………………………………………… 170
今飞轮毂：国家汽车零部件出口基地企业 …………………………… 173
贵州吉利汽车：打造智慧工厂 ………………………………………… 175
悦城产投：西南地区最具竞争力的电线电缆生产企业 ……………… 178
济仁堂：全力转化中草药优势 ………………………………………… 180
圣济堂：打造慢病管理生态圈 ………………………………………… 182
联塑科技：为居者构筑轻松生活 ……………………………………… 184
贵州景峰：走与国际化接轨的仿制药产业化道路 …………………… 186
威门药业：扬国药之威铸健康之门 …………………………………… 188
太和制药：以"四化"促进企业成为全国医药领跑者 ……………… 190
西南管业：西南地区规模最大的玻璃钢管道专业生产企业 ………… 192
西洋实业：脱虚入实、求变强基 ……………………………………… 194
德昌祥：贵州本土老字号企业 ………………………………………… 196

益佰制药：科技是企业前进的原动力 …… 199

三仁堂药业：力争挺进行业前沿 …… 201

长征电器：西南地区工业电器生产基地 …… 203

国台酒业：酱香新力量 …… 205

贵州钢绳：中国线材制品的领路者 …… 207

小糊涂仙酒业：本真生活倡导者 …… 210

贵州贝加尔乐器：大山里传出的"世界之音" …… 213

首钢水钢：贵州钢材市场的主导者 …… 215

宏盛化工：技术改造提升活力 …… 218

联顺达：用LED技术亮化家园 …… 220

翰瑞电子：从中国制造到"中国智造" …… 222

贵州安大航空：支持中国国防发展的企业 …… 225

百灵制药：以苗药服务大健康 …… 228

蔡酱坊：道菜出名城　改革添活力 …… 230

汇景纸业：起点低、发展快的民营企业 …… 233

贵州三力制药：中医药理论与科技的结合 …… 236

黎阳国际：军民结合的装备制造业 …… 238

中航贵州飞机：理想在蓝天之上 …… 240

毕节明钧玻璃：技术创新提升品质 …… 243

力帆骏马：技术改造创新驱动 …… 246

贵州同德：中药种植、生产、使用无缝衔接的典范 …… 248

铜仁天翔："一带一路"建设的标杆 …… 250

贵州好彩头："东西南北中"战略布局的南部基地 …… 252

贵州中建伟业：在改革创新中见证"奇迹" …… 254

贵州青酒：洞藏酱香白酒领航品牌 …… 257

贵州兴富祥：剑指"世界标准"打造"中国瑞士" …… 259

贵州川恒化工：审批加速助推企业增速 …… 261

信邦制药：贵州制药领军者 264

贵州卡布："企业特派员"保姆式服务 266

贵州瑞和制药：知识产权融资助益 269

贵州永红：电商政策助益牛起来 271

金正大诺泰尔：致力于探索能源综合利用 273

贵州芭田：受益"四个一体化"政策 275

贵州苗姑娘：做深民族特色食品产业 277

贵州金源：技术带来经济和环境效益 279

兴仁登高：打造煤电网铝加一体化项目 281

电力、热力、燃气及水生产和供应业 284

贵州燃气：新时代绿色综合能源企业 284

乌江水电：贵州电网调峰、调频的重要支撑 286

盘江电投：六盘水循环经济教育示范企业 288

粤黔电力：和合共生，守正出新 290

贵州金州电力："煤—电—网—产"深度融合 292

天生桥发电：安全利用可再生资源 294

建筑业 296

兴达兴建材：构建"制造+服务"新模式 296

遵义翔辉：新型墙体建筑材料的示范者 298

江天水泥：致力于优化水泥生态圈 300

荣盛建材：紧握时代脉搏 302

安达石业：石头资源的综合利用 304

批发和零售业 306

华耀科创：领航通信产品新零售 306

遵义国际商贸城：打造现代商贸物流航母 308

遵义国贸春天百货：转折之城的零售王 310

毕节医药：诚信服务 温暖人心 312

华联玛客：铜仁市零售行业龙头企业 315

双龙现代实业：涉农信贷政策的受益者 318

交通运输、仓储和邮政业 320

黔金叶：多元领域发展的物流企业 320

丰茂运输：税收优惠助益进步 322

住宿和餐饮业 324

叶老大阳朗鸡：开拓地方特色新业态 324

国贸雅阁大酒店——汇聚东方情和澳洲风 326

信息传输、软件和信息技术服务业 329

朗玛信息："互联网＋医疗"的典型代表 329

指趣网络科技：建设国内数字资产龙头企业 332

房地产业 335

开明实业：政企齐心 助推地方经济发展 335

碧阳恒通：严谨把控 塑造品牌 338

租赁和商务服务业 340

大沙河旅游：以践行产业扶贫为己任 340

宏财投资：由单一业务转向多元实体格局 343

锦江中小企业服务中心：做强实业、服务企业 346

吉阳旅游：产品、资产和资本融合的"丹砂王国" 348

西江文化旅游：从"千户苗寨"到"西江模式" 350

阳光资产经营管理集团：实体产业和金融一体化 353

科学研究和技术服务业 355

贵州勤邦：专注于食品安全快速检测 355

巴斯巴：新能源的积极参与者 357

水利、环境和公共设施管理业 359

重力科技：环保产业转型升级的示范 359

梵能移动能源：严守发展与生态底线 363

煌缔科技：环保型国家高新技术开拓者 …………………………… 365
居民服务、修理和其他服务业 ……………………………………………… 368
　　黔灵女：全国巾帼家政企业品牌 ………………………………… 368
教育 ……………………………………………………………………… 371
　　遵义新蓝外国语学校：守正出新、青出于蓝 …………………… 371

附件　调查问卷 ……………………………………………………… 373

后　记 ………………………………………………………………… 382

第一部分

总报告

贵州营商环境优化研究[*]

改革开放40多年来，贵州人民历经坎坷，凭借巨大的付出与勇气，努力改变着自身发展的命运。时至今日，贵州各族人民已实现从"贫困落后"到奋力撕掉"贫困标签"的巨大转变。这一巨大转变，不仅给全省人民带来了极大的动力与活力，也给广大企业带来了极大的发展机遇与有利条件。作为贵州经济发展的有机组成部分，营商环境的发展与改善，则成为反映贵州经济发展的一种"折射"，并极大地驱动着贵州企业的快速发展。贵州紧跟时代发展步伐，顺应国家政策方略，通过不断革除体制弊端，完善体制机制，制定出台优惠措施，积极招商引资，深入推进"放管服"[②]改革，致力于优化营商环境、提升服务质量。2016年国务院批复设立贵州省作为内陆开放型经济试验区，贵州省深入推进"放管服"改革、

---

[*] 优化营商环境既是落实党和国家政策的具体体现，又是解放生产力、提高竞争力的重要条件。改革开放40年，从很大程度上讲也是贵州营商环境发生翻天覆地变化的四十年。近十年尤其党的十九大以来，贵州不断创新优化政策举措，营商环境"七头并进"成效显著，截至2018年底，根据营商环境第三方评估机构厦门大学测评，全省营商环境"前沿距离"分数达到66.81，相当于全球190个经济体的第79位，处于国际标准的中等水平；营商环境"总满意度"指数为3.35（均值），介于"较满意"与"满意"之间；始终以"六个坚持"作为持续推进营商环境优化的重要法宝；与此同时，贵州营商环境建设之路上仍面临着来自政府、企业、社会多领域的现实困境与挑战。从未来发展看，切实改善和优化营商环境，贵州必须构建一个政府给力、企业使力、社会助力的"三维一体"营商环境体系，致力于打造服务和效率高于周边、成本和负担低于周边的营商环境"贵州高地"。

[②] "放管服"就是"简政放权、放管结合、优化服务"的简称。

积极对接世界银行标准开展了第三方评估，2017年省政府办公厅印发《贵州内陆开放型经济试验区优化营商环境工作方案》，到2020年基本形成规则健全、统一开放、竞争有序、监管有力的国际化、市场化、法治化营商环境，激发社会潜能，释放贵州发展内生动力。

一 营商环境的做法成效

营商环境是招商引资的生命线，关系到贵州省经济可持续发展，贵州省委、省政府高度关心重视。新时代贵州各级党委与政府拉开了与国际接轨的优化营商环境总序幕，吹响了营商环境优化的"冲锋号"。

（一）认真做好顶层设计

贵州省为营造稳定公平透明的营商环境，于2017年9月30日，贵州省出台《贵州省外来投资服务和保障条例》。2018年是贵州省产业大招商和营商环境集中整治年，开展了"产业大招商"和"营商环境大优化"两大行动。省委、省政府出台了《贵州省优化营商环境集中整治行动方案》，明确对"开展政策法规落实不到位、政务窗口服务质量、公用企业涉企服务、政府失信行为、政府涉企服务效能、第三方评估发现突出问题"六个方面进行集中整治。各个市州根据实际情况，进行顶层设计，优化营商环境。如贵阳市制定出台了《中共贵阳市委办公厅贵阳市人民政府办公厅关于印发〈贵阳市2018年产业大招商突破年行动方案〉、〈贵阳市优化营商环境集中整治行动方案〉的通知》（筑委厅字〔2018〕36号）；毕节市制定了《毕节市大力优化营商环境专项整治行动方案》；贵安新区制定了《贵安新区2018产业大招商突破年行动方案》《贵州贵安新区管理委员会关于深化"放管服"改革优化营商环境的实施意见》《开展陪同服务工作方案》。政府职能部门结合实际制定了营商环境优化政策，如国家税务总局贵州省税务局出台《贵州省税务系统进一步深化"放管服"改革优化税收营商环境行动方案（2018—2022 年）》；贵州省地方金融监管局制定《金融服务民营经济专项行动实施方案》；原贵州省工商局印发《关于优化营商环境集中整治行动方案》。自此，贵州在顶层设计上加快了营商环境的优化政策，形成一套有机配套的"组合拳"。

（二）强化各级组织建设

贵州省政府成立省产业大招商工作领导小组，下设营商环境办公室，营商环境办公室对 34 家省直部门和 9 个市州、贵安新区开展优化营商环境工作进行总调度。贵州省各个市州分别成立了"营商环境优化"领导小组，下设办公室。如贵阳市成立了由市委、市政府主要领导任双组长的优化营商环境工作领导小组，由市政府副市长和相关市领导作为领导小组副组长，涉及经济、建设、公共服务等市直部门和区（市、县）以及开发区主要负责人作为领导小组成员，负责研究、决策、部署和领导全市优化营商环境工作。遵义市委、市政府成立营商环境建设局，成为全省 9 个市州唯一成立营商环境建设局的地区，专门负责营商环境优化；毕节市将县区主要负责人和政府重点职能部门"一把手"作为营商环境第一责任人；国家税务总局贵州省税务局省市县三级成立实施减税降费工作领导小组，在全省构建"1 个省级领导小组机构、11 个市级领导小组机构、104 个县级领导小组机构"的减税降费组织体系；贵安新区设立新区营商环境管理办公室。

（三）创新优化政策举措

营商环境的优化，既是政府各个职能部门服务意识的优化，更是政策举措的优化。贵阳市探索建立了招商引资项目事前评估及责任追究制度。对拟建设的重大投资项目，按程序组织环境保护等职能部门或者专家对项目进行事前评估，规范项目事前评估评审，推动项目评估全覆盖，提高项目履约率、资金到位率、投产率和入园率，进一步提高招商引资项目质量和效益，促进全省经济社会全面健康可持续发展。省政务服务中心对服务窗口进行"好差评"制度，全省37个行业、2622个服务部门、14万个政务服务事项、3.1万个窗口接受群众评价。原省国税局、地税局编制"贵州省办税事项'最多跑一次'清单"，在全省175个办税服务厅实现国地税联合办税，优化网上办税服务功能。将企业开办时间压缩至3个工作日以内，工程建设项目审批时间压缩至80个工作日以内，不动产登记办理时间压至5个工作日以内。原环保厅在全国率先开展规划环评"三线一清单"管理工作试点。按照"资源利用上线、环境质量底线、生态保护红线、环境准入负面清单"的要求，做好环境保护的源头管控。商务厅强力推进"大商务"发展。在开发区+外贸、开发区+外资、开发区+外经等方面都出台了相关政策举措。贵州交通厅实施降低货运企业成本相关措施。按照《关于降低企业物流成本的若干措施》，对全省高速公路的货运车辆实施优惠通行费，对在高速公路上运输《鲜活农产品品种目录》内产品的货车实施高速公路通行费减免，积极推进货运车辆安全技术检验、综合性能检测、环保定期检验"三检合一"。贵州省住房和城乡建设厅采取多项措施，释放政策红利，以工程项目审批制度改革，优化用水、用气报装环节，集中整治不动产登记为突破口。自然资源厅基本实现不动产交易征税登记一窗式服务，不动产一般登记、抵押登记时限分别压缩到15个、7个工作日。建立全省不动产登记信息云平台，在全省88个县中有85个县在该平台办理登记业务，率先与贵阳市住房和城乡建设局初步实现网络通、数据通；与建设银行、工商银行、招商银行、贵阳市公证处等单位进一步探讨"互联网+不动产登记"。

（四）提升政务服务水平

贵州省作为全国"互联网+政务服务"试点示范省，在实行一网办理、再造服务流程、深化信息公开等方面，以"标准化、集成化、智能化、便利化、规范化"为目标，促进政府职能大转变，形成了立体化的政务服务体系。一是强化服务阵地建设。目前全省建立110个综合性实体政务大厅,全面完成22个政府服务标准化建设示范市县授牌;建成1500多个乡(镇、街道、社区)政务大厅,1.7万多个村(居)便民服务站。二是推进精准化和规范化服务。创新性地提出常驻窗口、综合窗口、整体进驻、潮汐窗口、代办窗口等多种形式。全省政府服务事项全部精编办事指南并通过贵州省网上办事大厅集中公布。对全省政务服务事项涉及的表格、表单进行梳理,规范编制全省统一标准的示范文本和样表。三是专设政府服务网。9个市州和贵安新区、101个县(区、市)三级3602个部门以及1525个乡镇、17167个村居,共计53.8万个政府服务事项、10.7万个审批人员在"一张网"运行和办理,数据量达163TB,"一网"运行的集约化程度在省内名列第一,在全国位居前列。四是推进套餐服务集成化。实施"一个事项只跑一次"到"一件事情只跑一次"改革,将企业涉及多个审批服务事项整合打包,提供"集成套餐服务"。建立中小企业信用信息数据库及数据采集共享平台。省级政务服务事项网上可办理率达95.03%,网上实际办理率为68.6%,较2017年分别提升31%、27.3%,市州级网上可办理率和实际办理率分别为78.1%、56.3%。县区级网上可办理率和实际办理率分别为69.3%、19%;建成"智慧审批"服务平台,部分事项实现"零人工"办理;实现24小时智能语音对话服务。110个政务大厅"邮政快递"窗口全覆盖。在国务院办公厅委托国家行政学院开展的省级政府服务能力第三方评估中,贵州省连续四年位列全国第三。清华大学发布的《2018年中国政府网站绩效评估报告》显示,贵州政务服务水平位列第一。贵州政务服务网荣获2018年中国"互联网+政务"优秀案例50强。

(五)大力倡导企业诚信

贵州省以"信用+"为驱动,建成全国信用信息共享平台(贵州),建立完善信用中国(贵州)网站。加强红黑名单公布和管理。发挥第三方信用服务机构作用,加强投资领域中介机构信用监管,完善诚信示范企业评选办法和激励政策,每两年评选公布一批"贵州省民间投资诚信示范企业"红名单，定期公布民间投资领域失信行为和失信企业黑名单。建立守信联合激励和失信联合惩戒机制。建立由环境、工商、纳税要素构成的社会信用体系，改变由一个部门在局部领域实施惩戒局面，建立由多个部门在多领域、多行业共同实施联合惩戒和约束措施，覆盖全省，形成强大社会影响力。建立政府机构失信协调机制。黔西南州启动全国信用信息共享平台，建成兴义、兴仁、安龙、晴隆、普安、望谟等6个县级信用网站，金融征信、企业年报、纳税信用等行业公用信用信息系统不断完善。媒体曝光。通过新闻媒体等渠道，向社会公布破坏营商环境建设典型案例，形成惩戒实施效果，形成巨大的社会舆论压力，促使企业遵守市场秩序。

（六）营造良好法治环境

良好的法治环境是最好的营商环境，司法、执法是营商环境公平公正的重要保障。贵州省司法厅从源头厘清法治环境，清理限制民间投资项目的环节，共取消规范性文件设定的证明事项150项。各个市州、贵安新区、县（市、区、特区）设定的证明事项668项，设立证明事项清理投诉监督平台。清理废止限制民营经济发展的政府规章20件，修改13件；规范性文件63件，修改12件，拟废止15件，拟修改34件。贵州省检察院制定《关于保障和促进非公有制经济又好又快发展的意见》《关于充分发挥检察职能依法保障和促进非公有制经济健康发展的二十一条措施》《贵州省检察机关在刑事检察司法办案中服务和保障民营经济的发展46条指导意见》等制度；贵州省法院制定《充分发挥司法职能作用为民营企业发展提供良好司法保障的实施意见》《破产管理人管理制度》等制度；贵州省政府出台《贵州省全面推行行政执法公示制度执法全过程记录制度重大执法决定法制审核制度实施方案》，全面推行行政执法公示制度，行政执法权全过程记录制度，重大执法决定法制审核制度。同时，贵州省政府还颁布了《贵州省行政执法监督办法》，依法保障和促进民营经济健康发展。建立服务阵地。全省成立由检察长任组长的保护企业家合法权益专项工作领导小组，下设"服务非公有制企业办公室"，全省各级检察院设立90余个检察联络室、服务和保障企业健康发展办公室等专门机构，明确500名检察人员专门或兼职负责专项工作。如六枝特区进驻工商联设立检察官联络处，普定县检察院挂牌设立驻县工商联、车管所检察联络室。组建法律服务团队，如六盘水市检察院针对盘县火腿、岩博酒业等地方品牌组建由检察长任团长的法律服务团和法律服务组，实施个性化服务，精准掌握影响企业营商环境主要因素和企业法治需求，帮助企业梳理排查企业犯罪风险隐患200多项，完善风险防控68项。构建联合机制。省法院与检察院、省公安厅、省工商联联合下发《服务保障民营经济发展联系协作工作办法》，畅通三个工作渠道，搭建三个工作平台，健全三项工作机制，构建三个保障体系。2018年全省人民法院依法审结涉民营企业案件48294件，结案标的金额278.88亿元。省检察院组织开展"检察长、董事长"两长座谈会，增强企业活力新途径；毕节市建立与企业、企业家的"送法普法"和"联系帮扶"工作机制；遵义市建立"送法进企业"和"联系帮扶企业"常态化机制。推行营商环境义务监督制度。贵州省聘请不同行业、不同部门、不同地区各行各业的238名营商环境义务监督员。义务监督员队伍由各级人大代表、政协委员、省直单位人员、国有企业人员、新闻媒体、商协会代表组成，全方位监督政务环境、法治环境、市场环境、社会环境。

（七）健全考核监督机制

全省各地建立考核与监督机制。在贵阳市，通过制定《贵阳市优化提升营商环境工作考评办法（暂行）》，将营商环境建设纳入政府绩效考核体系和领导班子综合考评体系，持续提升服务企业的能力和水平，营造良好营商环境。毕节市将优化营商环境纳入各县（区）政府（管委会）和政府各个市直重点职能部门年终目标考核范畴，实行季度考核与年终考评相结合、省级评价与地方评价相挂钩的考评机制。贵阳市制定出台《贵阳市营商环境评价指标体系》和《贵阳市优化提升营商环境工作考评办法（暂行)》,全面科学地开展全市营商环境试评价工作,强化督促考核,加大督查工作力度,加强督查工作创新,强化考核结果运用,进一步发挥督查考核的"风向标""指挥棒"作用,以督查考核推动各项工作全面落实、取得实效。贵州将利用大数据平台监督系统,通过微信扫码评作风、手机App一键举报等科技手段,持续发力抓好营商环境整治工作,为贵州经济发展营造风清气正的投资环境,全面落实"双随机、一公开"①监管制度。

二 营商环境的综合评价

为了从宏观上整体把握贵州营商环境的真实形态及特征,本研究将分别从营商环境的综合指标评估、营商环境的总体满意程度评价等方面切入,旨在客观反映贵州营商环境发展取得的显著成效及所处阶段的真实水平。

(一) 营商环境的综合指标评估

为系统掌握贵州省的营商环境情况,摸清"家底",查找出与先进地区的差距,2017年贵州省投资促进局首次委托厦门大学中国营商环境研究中心对贵州省营商环境进行第三方评估;通过一年的整治,2018年底贵州省投资促进局再次委托厦门大学中国营商环境研究中心对省级营商环境改善性情况进行跟踪评估。

根据厦门大学中国营商环境研究中心两次跟踪评估的数据比较,可以看到,2017~2018年,贵州营商环境的整体发展呈现良好的趋势,并在各项指标上取得了长足的进步。从总体上看,2017年贵州省营商环境的"前沿距离"分数为62.44分,相当于全球190个经济体中的第94位,处于国际标准的中等水平;2018年底,贵州省营商环境的"前沿距离"分数为66.81

---

① "双随机、一公开"即在监管过程中随机抽取检查对象,随机选派执法检查人员,抽查情况及查处结果及时向社会公开。

分，其排名相当于全球190个经济体的第79位，与2017年营商环境便利度分数相比提高了4.37分，整体排名上升了15位（见表1）。①

表1 2017年、2018年贵州省营商环境评估结果专项指标比较

单位：分，名

营商环境评价指标	基本状况	贵州省 2017年	贵州省 2018年	增减情况
"前沿距离"总分数		62.44	66.81	4.37
总排名		94	79	15
一、开办企业	分数	85.23	89.51	4.28
	排名	97	67	30
二、办理建筑许可	分数	45.15	47.15	2
	排名	175	177	-2
三、获得电力	分数	53.98	70.15	16.17
	排名	143	102	41
四、登记财产	分数	70.30	75.21	4.91
	排名	64	43	21
五、获得信贷	分数	60.00	60.00	0
	排名	68	73	-5
六、保护少数投资者	分数	60.00	60.00	0
	排名	57	64	-7
七、纳税	分数	51.20	67.51	16.31
	排名	167	115	52
八、跨境贸易	分数	66.52	82.48	15.96
	排名	114	66	48
九、执行合同	分数	81.60	61.92	-19.68
	排名	3	63	-60
十、办理破产	分数	48.96	54.16	5.2
	排名	72	68	4

资料来源：根据厦门大学中国营商环境研究中心《贵州省2018年营商环境整体评估报告摘要》中相关资料进行整理（该资料由贵州省政协提供）。在本表中，排名行中对应的"-"表示该项指标的排名下滑；分数行中对应的"-"则表示该项指标的评估分数下降。

具体来看，在贵州营商环境评价指标体系中，"一级评价指标"主要

① 《贵州省2017年营商环境第三方评估整体情况报告》，《贵州日报》2018年2月7日，第二版。

有"开办企业"、"办理建筑许可"、"获得电力"、"登记财产"、"获得信贷"、"保护少数投资者"、"纳税"、"跨境贸易"、"执行合同"和"办理破产"共十项。2017~2018 年，通过比较监测评估数据可以看出，在十项"一级评价指标"排名上升的指标中，"开办企业"由第 97 位提升到第 67 位，整体上升 30 位，其评估分值相应由 85.23 分提高为 89.51 分；"获得电力"由第 143 位提升到第 102 位，整体上升 41 位，其评估分值相应由 53.98 分提高为 70.15 分；"登记财产"由第 64 位提升到第 43 位，整体上升 21 位，其评估分值相应由 70.30 分提高为 75.21 分；"纳税"由第 167 位提升到第 115 位，整体上升 52 位，其评估分值相应由 51.20 分提高为 67.51 分；"跨境贸易"由第 114 位提升到第 66 位，整体上升 48 位，其评估分值相应由 66.52 分提高为 82.48 分；"办理破产"由第 72 位提升到第 68 位，整体上升 4 位，其评估分值相应由 48.96 分提高为 54.16 分。[1] 从"一级指标"中排名下降的指标看，"办理建筑许可"由第 175 位下降到第 177 位，整体下降了 2 位，但其评估分值由 45.15 分提高为 47.15 分；"获得信贷"由第 68 位下降到第 73 位，整体下降了 5 位，但其评估分值保持不变仍为 60 分；"保护少数投资者"由第 57 位下降到第 64 位，整体下降了 7 位，但其评估分值保持不变，仍为 60 分；"执行合同"由第 3 位下降到第 63 位，整体下降了 60 位，其评估分值相应由 81.60 分下降为 61.92 分（见表 1）。

（二）营商环境的总体满意程度

为了全面考察贵州营商环境的发展状况及特点，本研究中共设置了"政策环境""法治环境""纳税环境""投资融资""物流环境""水电环境""行政审批"七大领域的内容，旨在全方位检视当前贵州营商环境的真实形态及水平。那么，从总体上看，当前广大企业对贵州营商环境的满

---

[1] 贵州省投资促进局信息中心：《营商环境看贵州》，http://www.sohu.com/a/299379640_100004177，2019 年 3 月 6 日。

意度评价到底如何？

问卷调查显示，从总体上看，广大企业对当前贵州营商环境的综合满意度评价的"众值"为"满意"，所占比例为47.3%；表示对营商环境感到"较满意"的占38.7%，认为"一般"的占10.5%，感到"不满意"的占1.1%，此外，还有2.4%的表示"不好说"。这表明，广大企业对当前贵州营商环境满意度的总体评价持肯定性评价，其表示"满意"（包括"满意"和"较满意"）的累计比例超过八成（实为86.0%）。进一步看，问卷统计显示，在列举的七项营商环境指标中，除了"物流环境"满意度评价的"众值"落在"较满意"（46.4%）刻度上外，"政策环境""法治环境""纳税环境""水电环境""行政审批"五项指标满意度评价的"众值"均落在"满意"刻度上，其所占比例分别为44.8%、68.0%、59.2%、47.6%和44.4%（见表2）。值得一提的是，广大企业对这五项指标持"满意"（包括"满意"和"较满意"）的累计比例均超过八成，分别为88.0%、91.2%、91.2%、88.4%和88.8%。不难看出，广大企业对当前贵州营商环境的总体评价是较肯定的，其总体满意度也是较高的。上述调查结果从很大程度上反映了贵州营商环境的实质变化和较大改善。

表2 企业对贵州营商环境的满意度评价

单位：%

营商环境指标 \ 基本状况	满意	较满意	一般	不满意	不好说	总计
政策环境	44.8	43.2	11.2	0.0	0.8	100.0
法治环境	68.0	23.2	6.4	0.0	2.4	100.0
纳税环境	59.2	32.0	7.2	0.0	1.6	100.0
融资环境	—	—	—	—	—	—
物流环境	19.2	46.4	24.8	4.8	4.8	100.0
水电环境	47.6	40.8	8.0	1.2	2.4	100.0
行政审批	44.4	44.4	8.1	0.8	2.4	100.0
综　　合	47.3	38.7	10.5	1.1	2.4	100.0

资料来源：2019年"贵州省百企营商环境状况"抽样调查数据。本表中，营商环境各项指标的有效样本均为125个，其中"—"表示此处缺少相应的数据，主要是由于问卷调查中缺少有关"投资融资"满意度评价的变量。

为了更准确、更直接地了解广大企业对贵州营商环境的总体满意度评价状况，在这里，将问卷调查中有关营商环境的满意度评价的选项指标分别按"满意"等于4、"较满意"等于3、"一般"等于2、"不满意"等于1进行赋值，那么可测算出企业对当前贵州营商环境的总体满意度指数为3.35（均值）（总体满意度指数为1~4，数值越大，则表示满意程度越高），标准差为0.67542，处于"较满意"与"满意"之间，但更接近于"较满意"的刻度（见表3）。

在贵州营商环境的各领域环境指标的评价中，按照满意度评价指数的大小，依次是"法治环境""纳税环境""水电环境""行政审批""政策环境""物流环境"，其相应的满意度指数分别是3.60、3.50、3.34、3.33、3.31和2.75（均值），对应的标准差介于0.67542至0.87672之间。换句话说，在这六项营商环境指标中，企业对"法治环境"的满意度最高，而对"物流环境"的满意度最低。更值得关注的是，在六项指标中，"法治环境""纳税环境"两项指标的满意度高于贵州营商环境的总体满意度，而"水电环境""行政审批""政策环境""物流环境"四项指标的满意度均低于贵州营商环境的总体满意度。

表3　企业对贵州营商环境的总体满意度评价指数

营商环境指标 \ 基本状况	满意度评价指数（均值）	标准差	排位
政策环境	3.31	0.73414	5
法治环境	3.60	0.68640	1
纳税环境	3.50	0.70423	2
融资环境	—	—	—
物流环境	2.75	0.87672	6
水电环境	3.34	0.77939	3
行政审批	3.33	0.73229	4
总　　体	3.35	0.67542	

资料来源：2019年"贵州省百企营商环境状况"抽样调查数据。本表中，营商环境各项指标的有效样本均为125个，其中"—"表示此处缺少相应的数据，主要是由于问卷调查中缺少有关"投资融资"满意度评价的变量。

上述可见，广大企业对贵州营商环境的总体满意度评价是较高的，但是，营商环境中各项指标的发展水平不平衡，因此，企业对各项指标的满意度评价也高低不同。这一事实表明，充分结合广大企业的满意度评价取向，致力于加强物流环境、政策环境、行政审批等环节的工作，优化相关环节的服务水平，是进一步改善贵州营商环境的路径选择。

三　营商环境的经验启示

贵州营商环境发展取得的显著成效，既得益于省委、省政府的高度重视，又得益于改革创新理念的变革，还得益于贵州营商环境建设过程中始终做到了"六个坚持"。

一是坚持中国特色社会主义的基本经济制度，毫不动摇巩固和发展公有制经济，毫不动摇鼓励、支持、引导非公有制经济发展。近年来，贵州多措并举，打出了民营经济"三年倍增计划""举行全省加快民营经济发展暨表彰大会"等系列组合拳，相继出台了《贵州省中小企业促进条例》《关于进一步加快全省民营经济发展的意见》《关于进一步促进民营经济发展的政策措施》等一大批切实管用的政策文件，大力推动民营经济发展，以民营经济大发展促进全省经济大发展，使贵州逐渐成为民间资本汇集、民营企业投资创业的热土。2018年12月底，全省市场主体总量268.17万户，占市场主体总量的97.31%，同比增长7.46%，注册资本6.6万亿元，同比增长14.9%。2018年，贵州民营经济增加值同比增长10.9%，占全省地区生产总值的比重达到55%。

二是坚持构建"政府+市场+社会"协作治理机制，以商事制度改革推动优化营商环境。深入推动以"放管服"为核心的改革，在已实施"五证合一、一照一码""两证整合"改革的基础上，将13项涉企证照事项整合至营业执照上，全面实施"十八证合一"改革。截至2018年6月底，贵州省累计核发"多证合一、一照一码"营业执照23.88万户。持续推进企业登记全程电子化改革，建成覆盖全区域、全类型、全环节的无纸化全程电子化登记系统，到2018年底在全省全面实施企业登记无纸化全程电子化改革。推进"证照分离"改革试点。出台了《贵州省人民政府办公厅关于印发贵州省在更大范围内推进"证照分离"改革试点方案的通知》，在贵安新区、贵阳国家高新技术产业开发区、贵阳国家经济技术开发区等地复制推广上海市改革试点成熟做法，将100项行政许可分5类实施"证照分离"改革。

三是坚持常态化、制度化的整治督查，强化执法持续优化营商环境。为深入贯彻落实党中央、国务院关于优化营商环境改革相关决策部署，加快打造市场化、法治化、国际化营商环境，增强企业发展竞争力。省委、省政府高度重视优化营商环境工作，出台了《贵州内陆开放型经济试验区优化营商环境工作方案》《贵州省优化营商环境集中整治行动方案》等文件，明确对"开展政策法规落实不到位、政务窗口服务质量、公用企业涉企服务、政府失信行为、政府涉企服务效能、第三方评估发现突出问题整治"等六方面进行集中整治。通过开通投资投诉热线、召开新闻发布会、曝光营商环境典型案例、聘请营商环境义务监督员、开展暗访暗查活动等工作措施，对重点领域进行集中整治、监督和优化，对典型问题进行集中曝光。2019年，为进一步推动督查整治工作，贵州省委、省政府出台了《贵州省营商环境优化提升工作方案》，全省各级各部门敢于动真碰硬，找准痛点，聚焦突出问题，重拳出击，向破坏营商环境的行为宣战和亮剑，多措并举优化营商环境。

四是坚持统筹推进"一网一云一平台"建设，持续提升"放管服"信息化水平。2019年5月份，贵州省"一云一网一平台"如期建成上线运行，实现"一云统揽""一网通办""一平台服务"，为更高水平更深层次推动政府数据"聚通用"打造了新支撑。云上贵州"一朵云"承载省、市、县政府部门全部9274个应用系统，实现所有系统网络通、应用通、数据通，数据集聚量从2015年的10TB增长到现在的1316TB。建设政务服务

"一张网",形成"一网通办"新支撑,实现政务服务大联通,推进各级各部门电子政务外网、业务专网、互联网互联互通,除国家另行规定外,省级21家单位24张业务专网全部打通。打造智能工作"一平台",形成"一平台服务"新赋能,实现数据资源大调度,打通各级各部门自建业务审批系统,建设全省统一的数据治理平台和政务服务平台,统一服务省、市、县、乡、村五级,提供协同办公、行政审批、资金监管、数据调度、数据搜索等服务。在全国率先建立数据调度机制,探索政府数据治理体系,率先建成全省数据调度平台,着力解决数据"互联互通难、信息共享难、业务协同难"等问题。2019年11月,国务院办公厅印发《关于对国务院第六次大督查发现的典型经验做法给予表扬的通报》(国办发〔2019〕48号),对国务院第六次大督查发现的32项典型经验做法给予表彰,其中在深化"放管服"改革优化营商环境方面,贵州省统筹"一云一网一平台"建设、提升"一网通办"效能做法获得通报表扬。

五是坚持以第三方评估为指挥棒,以高标准倒逼各地各部门持续优化营商环境。省委、省政府高度重视优化营商环境工作。2017年,贵州省率先采用世界银行营商环境指标体系,对全省88个县作了全方位式体检,大力实施优化营商环境整治,通过持续发力,贵州经济呈现持续健康发展良好态势。加强督察监测考核,划定营商环境建设红线;继续加大营商环境整治明察暗访力度,对不作为乱作为、破坏营商环境的人和事实行"零容忍",发现一起、查处一起、曝光一起,让失责必问、问责必严成为常态,定期对《贵州省优化营商环境集中整治行动方案》落实情况督任务、督进度、督成效,年底委托第三方对省有关部门,各市(州)、贵安新区营商环境建设情况进行考核评估,并在贵州日报"晒成绩单"。在2017年评估的基础上,贵州继续委托第三方对省级和88个县(市、区)营商环境的改善情况进行评估,检验省直部门、各市(州)、县(市、区)一年来贯彻落实《贵州省外来投资服务和保障条例》情况和营商环境整治情况,并对市县营商环境进行评估排序,倒逼各地、各部门持续优化营商环境。

六是坚持强化"信用贵州"建设,以联合惩戒机制推动营商环境改善。2018年,贵州全面建立健全社会征信体系,褒扬诚信、惩戒失信,建立联合惩戒机制,完善信用约束机制。加强社会信用体系建设,建立公共信用信息目录和应用清单,建立健全社会力量参与市场监督制度,以诚信管理为手段,实施分类监管,制定分级分类监管管理办法。对守信主体在表彰评优、资质认定、项目申报和专项资金扶持等方面予以支持和激励。对失信主体在取得政府供应土地、招投标、政府采购、获得荣誉等方面依法依规予以限制或者禁止,让失信主体"一处失信、处处受限"。

四 营商环境的现实挑战

在各级政府、企业、第三方的共同努力推动下,贵州经济在后发赶超中取得连续几年全国排名前列的骄人成就,这与贵州营商环境的逐渐改善密不可分。然而,由于营商环境是一个具有复杂性和多样性的立体系统,其建设在全方位推进进程中难免存在短板和不足。调研发现,从整体上看,与全国及周边其他省份相比,贵州经济发展仍较滞后,因此营商环境建设仍面临不少的困境与挑战,亟须加以重视和解决。

(一)"硬件软件"仍有待提升

营商环境既包括硬件环境,又包括软件环境。调研发现,在推进贵州营商环境建设过程中,仍程度不同地面临"硬件不够硬""软件不够软"的现象。

一是"硬件不硬",基础设施建设尚需给力。当前,与市场主体井喷式增长的现实相比,贵州加大营商环境基础设施建设力度稍显不足。"货能畅其流则财源裕""要想富,先修路",快捷畅通的交通是营造良好营商环境的一项硬指标。2015年,贵州省率先在中国西部省份实现"县县通高速",这是一项了不起的成就,但对于贵州这样一个既是生态大省又是山地大省而言,高速公路仅仅是其主动脉,只有打通更多的"毛细血管",

才能让分布在青山绿水中的万千中小微企业看到"钱景",让众多投资商发现"希望在黔方"。如调研表明,88个县乡镇道路建设滞后;部分地方政务中心面积小,设置不合理,承载能力有限,导致登记窗口开设较少,登记窗口与档案查询分设两地,办事两头跑。贵州省营商环境信息化建设相对滞后。2018年广东省投入20亿元,而贵州省仅投入2000万元,省内部分部门甚至没有信息化建设。政务服务专网与政府网没打通,部门条块分割严重。如各地房屋交易系统不统一,形成信息孤岛,住房和城乡建设部门最基础的平面图数据也未传送给不动产登记部门,关于不动产登记,9个市州各自为政,"公积金中心"不能网上办理,医保卡没提供联网服务。由于行政执法权力不受监督,"吃拿卡要"情况仍在一些部门存在。此外,在交通建设方面,尚未绘制以县域为单位的交通蓝图;在水电气网等生产要素方面,仍不同程度地存在着"电荒"、"水荒"、"气荒"和"电老虎"、"水老堵"、"气老苦"现象,其根本原因在于相关基础设施建设跟不上;在政务服务中心方面,部分地区的政府大厅规模偏小,入驻单位偏少,不能满足当地企业发展的需要。

二是"软件不软",软件建设尚需加强。事实上,与硬件设施建设能够"立竿见影"相比,软件建设虽然只能"循序渐进"但却能够滋润万千企业,更加需要予以重视。从企业反馈情况来看,贵州大数据建设服务企业的力度远远滞后于企业发展的客观需求。几乎所有地方都反映在开办企业、办理施工许可、获得用水用气用电、获得信贷、缴纳税费等过程中,因数据不能共享,系统不稳定,软件过于复杂、功能不全、频繁更新,导致企业跑断腿、说破嘴,重复提交资料的现象普遍存在。从社会认知上看,存在着对优化营商环境政策认识不足、看法单一化现象,有的认为优化营商环境就是"放管服",是政府部门的事情;有的认为优化营商环境就是减税降费;有的认为优化营商环境就是降低物流成本等等。显然,这与优化营商环境最为重要的是政府职能部门服务意识提升、需要树立人人都是营商环境的意识等方面的要求相差甚远。从职能部门编制上看,基层工作人员无论在数量还是能力上，都不能满足地方发展需要，一线员工往往感受不到成就感、幸福感，进而影响工作热情。三分之二地区反映针对企业服务窗口不够，人员偏少，个别聘用人员业务素质和服务态度有待提升。金融、税务、法院、不动产登记等专业化要求较高的行业，部分工作人员专业知识和专业能力不足。个别地区甚至尚未推行工作期间使用普通话的规定，部分来自省外的企业负责人与当地部门沟通困难，在政务大厅办理事项的时候感觉进入"鸟语他乡"，根本听不懂工作人员所讲的内容。个别地区个别行业工作简单粗暴，金融领域甚至出现过因为一个人的信用影响整个村/镇的企业信贷的咄咄怪事。

（二）"政府诚信"仍亟待塑造

政府诚信对于优化营商环境至关重要，其不仅是衡量政府服务水平的重要指标，也是间接审视政商关系、度量政府履职效能的重要指标。然而，调研发现，贵州省在推进营商环境建设的过程中，仍不同程度地存在"政府失信""政商关系不清""履职效能低"等现象。

一是"政府失信"仍然存在。调研表明，政府部门的诚信是民营企业关注的焦点之一。然而，部分基层政府的诚信亟待塑造。具体来看，政府失信主要表现在以下几方面：其一，在部分区县，中央和省政府布置的各种优惠措施落实仍不够到位，出现"政策红利"尚未兑现的现象；其二，在招商引资过程中，地方政府承诺的土地、信贷、税收、基础设施建设等优惠政策没有兑现或者完全兑现；其三，与民争利、与企业拖欠和变相拖欠企业工程款现象不同程度存在；其四，在城镇化建设和基础设施建设过程中，侵犯企业利益，不予补偿或者仅做象征性补偿；其五，在服务企业过程中，相互"踢皮球"，具体执行部门或委托单位有始无终、虎头蛇尾，做成烂尾工程；其六，监管失职，部分地区和行业无序竞争，形成不良的企业运营环境，不仅扰乱地方的经济合理秩序，造成不公平竞争，还极大挫伤地方政府形象和企业对政府的信心。

二是"政商关系"有待理顺。调研表明,地方保护主义和轻视地方企业的情形并存,部门和行业垄断现象突出。而这些现象的存在,与当前复杂的政商关系有着内在关联。一方面当地关系风、请托风、圈子风盛行,对于新能源、新材料、新工艺、新技术等可能创造巨大效益的领域,个别地方宁愿闲置也不愿意对外来企业开放市场。另一方面,盲目追求高大全,大小领域都希望央企、国企、外资企业或者巨型民企入驻经营,发挥龙头和带动效应,忽视中小微企业聚沙成塔的产业链效应以及"润物细无声"的影响力;对于利用地方"青山绿水""民族风情"发展绿色产业、文化艺术产业、工艺制造、文化传承等企业面临的人才、资金、市场、技术的各种需求,采取"鸵鸟政策",视而不见。

三是"履职效能"有待提升。"赢在执行"是关键,正所谓"上层有思想,中层有思路,基层有招数"科学构思加以有效执行,方可收获最大效用。事实上,各地区职能部门服务企业的能力和效率还存在较大的不足,主要表现在:一是部分地区行政审批和服务仍然环节多、材料多、跑腿多,硬件设施少、一次性告知少、窗口人员少。二是在实际执行过程中,对于企业历史遗留问题,职能部门用新规则行事,导致企业因无法提供相应资料而拖延了行政审批流程,降低了办事效率。三是部门之间的配合力度不大,信息资源不能够共享,导致企业重复提交资料、重复审批,招致企业烦怨。四是个别部门之间相互设置前置事项,互相推诿责任,导致企业在行政审批中有门无路、不得要领。此外,在解决"历史遗存"的问题上,相关部门查漏补缺的进程缓慢,在一定程度上影响了企业的正常运转。2019年,贵州省各地清理历史遗留问题34.5万件,目前仍有28.5万件尚未解决,导致部分企业无法正常申请登记。此外,尽管全省实现一窗受理,但一些地区仍存在收取两套资料、办事环节未曾减少的现象。

(三)"资金壁垒"有待消弭

中央与地方连续出台了一系列针对民营企业的利好政策,但同时存在一些问题。部分政策还在落实过程中，企业的获得感还不够强。贵州在一定程度上存在"看到政策，无法享受；看到空间，无法进入；看到机会，无法把握"的现象。当前，民营企业面临的最大困难是贷款难、融资难。究其深层次原因，主要是民营企业在市场经济浪潮中抵抗风险能力较弱；银行贷款存在一条国企民企"隐形线"——给国企贷款风险低、责任轻，给民企贷款风险高，责任重。解决民企贷款难、融资难的问题仍然任重道远。

（四）"阳光执法"仍有待努力

在世界银行营商环境评估体系中，与人民法院有关的指标是"执行合同"与"办理破产"。2018年，由于供给侧结构性改革，改善营商环境、化解执行难的要求，贵州省破产案件数量增幅明显，但贵州三级法院均未设立专门的破产法庭，破产案件原则上由民二庭或商事审判团队审理，法官除了审理破产案件外，还要审理其他的普通民商事案件，但由于破产案件工作量大、案件审理周期长、维稳压力大、绩效难以核算，再加上普通民商事案件数量多、审限压力大，法院普遍缺乏受理破产案件的动力，甚至将破产案件视为"包袱"和"麻烦"。

五　营商环境的优化对策

作为内陆开放型经济试验区的贵州，需要有更高的站位、更宽的眼界、更超前的思维和更精准的方法，把营商环境作为提质增效的主要切入点和突破口，倒逼改革深化，增强聚集要素的裂变能力，激发市场主体的活力，成为全省经济可持续高质量发展的"土壤"，吸引重大项目、集聚创新资源，促进高质量发展的内生动力的形成。从长远发展看，为切实改善和优化营商环境，贵州必须致力于构建一个政府给力、企业使力、社会助力的"三位一体"营商环境体系，其中政府给力是关键所在。

鉴于此，为了顺应经济全球化发展的世界潮流，贵州各级政府必须切实采取"软硬兼施，八力共推"发展思路，致力于优化和打造营商环境新高地，为贵州后发赶超提供持续新动力。

(一) 加强政务理念变革，提升服务力

政府作为优化营商环境的主体，自身改革是关键，贵州省要对标国际最高标准，提出符合贵州超常规的发展思路，持续推进政务服务模式的改革创新，打造智能型政务服务体系，不断提高政府服务效率，要以企业获得感丈量政府服务优化的成效。

一是加大推进政务服务"软条件"建设力度。第一，完成政务服务地方性立法任务。《贵州省政务服务管理条例（草案）》已被列入贵州省人民政府2018~2022年立法规划，应加快立法进度，重点解决在线申请、网上审核、数据对比、电子签章的法律支撑问题，为"一网通办"提供法律保护。第二，实施智能服务。以审批人和申请人"双减负"为目标，围绕"智能登录、智能审批、智能客服、智能监督、智能分析、智能导办"，加快信息技术、人工智能技术应用，提高网上办事友好度和便捷度。如企业立项，缩短工商营业执照的颁发时间力争为1天。第三，推行"集成套餐服务"。以企业办好"一件事"为标准，建立部门协同开展审批服务工作机制，打造"整体协同政府"。在尽快梳理公布全省通用型"套餐集成服务"项目40个、地方特色型"套餐式集成服务"项目150个的基础上，编制对应项目办事指南，开设办事窗口，开发相应系统，确保"集成套餐服务"项目落地。第四，实施精准服务。创新推出"企业定制服务"。对重大项目落地提供许可前辅导、许可中磋商及专家咨询等服务，根据办事企业需求，邀请相关省直部门窗口首席代表、处室负责人、部门分管负责人为企业提供个性化定制服务，全力打通政务服务环节的政企沟通障碍，打造"程序简、办理快、服务优"的服务环境。第五，建立企业信用体系建设数据共享平台。将企业信用公布于众，倒逼企业树立信用理念。

二是加大推进政务服务"硬条件"建设力度。第一,"一网通办"规划和实施。统一规划、统一部署、统一标准,要充分考虑地方和部门的不同需求,充分考虑数据汇聚、共享、调用的统一标准,充分考虑集约化建设成本,明确省市县三级建设运维边界。第二,推进一体化平台建设任务。按照"一网一云一平台"规划,加快编制全省一体化平台项目建设方案,并启动"互联网+监管"平台建设规划,按照时间节点与国家政务服务平台实现"六个统一"。第三,完成综合性实体标准化建设任务。按照"五个规范"(规范建设标准、规范服务流程、规范功能分区、规范标识标志、规范人员管理)要求推进政务服务中心标准化建设,逐步推进完成40个市县政务服务标准化建设,按照20%的比例打造乡村政务服务平台样本,并逐步进行统筹规划,力争全覆盖。第四,推进"三个一"服务模式。推进"一站式"服务。全部取消各级政府部门单独设立的服务大厅,实现企业必须到现场办理的事项"只进一扇门"。推进"一窗式"改革。按照"前台综合受理、后台分类审批、综合窗口出件"模式,推动企业办事"多头找部门""多次办理"转变为"一个窗口""一次办成",争取"一窗"分类受理事项达到70%~90%。推进"一号式"改革。整合政府提供的非紧急类热线,推进12345热线平台建设,进一步畅通政务咨询投诉举报途径。

三是简政放权,提升职能部门行政能力。实施简政放权,赋予区县和职能部门更多的自主决策权,上级部门只做指导和监管,不干预地方自主决策。加大财政转移支付力度,"输血""造血"并举,让地方有更多的实力发展地方经济。压缩市州级层面公务员规模,充实基层各职能部门队伍。加大权力下放后基层人才、经费、技术、装备保障力度,提升地方政府各职能部门的行政能力,推动基层接得住、管得好。建立企业和群众评判"放管服"改革成效机制,量化企业申请开办时间、投资项目审批时间、产品质量提升空间、群众办事便利程度等改革成效。持续加强事中事后监管,加快综合行政执法改革,建立部门协同监管机制,推行"双随机、一公开"监管，推动跨部门联合检查，推行综合执法改革，实现地方营商大环境的整体优化。

四是缩短企业服务周期。要打造内陆开放型经济试验区，先决条件应是营商环境的优化，贵州要对标国际标准，以及国内较为先进的地方标准。要将工商营业执照的办理时间从现在的 5 天争取缩短为 1 天，有条件的市州甚至可以缩短为 0.5 天；工程建设项目许可的办理时间由现在的 80 天，争取缩短到 50 天，建立领导联系重大项目推进机制，负责项目促建，定期对项目进行现场督查，协调解决项目推进困难和问题；对于常规不动产登记时间缩短为 5 天内。同时，督促银行缩短办事时间，简化办事手续，提高工作效率。建立中小企业商业信誉评估系统，加强信用担保体系建设。由政府或其他组织建立专门的中小企业融资机构，促进中小企业融资，达到快速融资的效果。企业和企业法人同步征信，提高企业授信额度，使企业能够更便利地获得贷款。延长贷款时间，减少二次贷款手续。

五是通过制度建设和平台搭建，解决企业面临的各种紧迫问题。对于企业所获得政策贴息贷款补助等上级财政支持，政府要第一时间公示，敦促各部门及时兑现给企业，同时要积极向上级政府争取对企业的各项优惠政策并加以落实。实施承诺公示制度，对于政府及其职能部门为改善营商环境，吸引优质企业进入，对社会和企业做出的相关承诺，公示承诺部门和负责人，形成倒逼机制，消除乱承诺和不兑现行为。政府各部门要利用好国家扶持企业的发展资金，成立专门的企业贷款风险补偿基金，从而使银行加大对企业的信贷支持力度。完善激励制度，以奖代补，让企业更有干劲去运转企业，防范钻政策空档吃政府补贴，滋长企业惰性。减少征税自由裁量权，严防任性收税。加强税收宣传力度，全面实行营改增，确保所有行业税负只减不增，落实中小微企业相关税收优惠政策，培训企业的报税人员。参照"法不溯及既往"原则，对企业存在的各种历史遗留问题，坚持"老人老办法，新人新办法"，解决民营企业众多历史遗留问题，让企业"轻装上阵"。

(二) 加强法治环境建设,提升规制力

法治是最好的营商环境,是良好营商环境最重要的基础和最有力的保障。营造公正、透明、可预期的法治环境,解除企业家的思想包袱和后顾之忧,是激发企业活力和创造力的较好方式。

一是健全和完善知识产权保护。应及时总结提炼贵州省当前具有经验性的知识产权保护的做法,尽快出台《贵州省知识产权保护条例》,加快落实知识产权保护等方面的修订工作。完善的知识产权是企业创新发展和产业转型升级的助推器。建立"互联网+大数据+知识产权服务"共享平台,提供专利导航服务,检索信息化服务,帮助服务机构和中介精准挖掘用户需求,进一步扩大知识产权集聚区的工作效能,政府引导企业加入集聚区,助力优质服务机构发展,并且在《贵州省知识产权保护条例》等法规的基础上,将《贵州省优化营商环境条例》纳入贵州省"十四五"立法规划。

二是建立清算与破产相关审判程序。在全省范围内健全由党委领导,法院、市场监管、税务、社会保障、金融监管、国资、工信等单位参加的破产联动机制,进行常态化的协调工作,争取在更大范围支持破产审判工作。推动部分中级人民法院设立清算与破产审判庭。执行最高人民法院下发的《关于在中级人民法院设立清算与破产审判庭的工作方案》,在省会城市贵阳设立专门的清算与破产审判庭,改变现在由民二庭或者商事审判团队审理的局面。建立破产费用保障机制。建立覆盖全省的破产费用保障机制,提升企业依法破产的效率和"回收率"指标,中级人民法院在推动设立破产管理人协会的基础上推动由破产管理人协会建立破产管理人援助基金,在普通破产案件中抽取费用建立基金,用于补贴管理人办理无产可破案件。

三是完善管理人制度。建立省级层面的管理人协会。进一步支持社会中介机构成立管理人协会,承担管理人队伍的指导、规范、培训、发展、

淘汰和管理人报酬保障等多重职能。完善破产管理人考核机制。实行个案考核与综合考核相结合。个案考核由法院在管理人办理破产案件过程中进行实时监督，从案件的效率、工作的实际效果、相关权利人意见等方面进行考核，评判管理人胜任能力。综合考核除了考查管理人日常工作外，还要考核管理人团队的研究能力、创新能力以及团队的稳定性、学习积极性等方面。将个案考核与综合考核结果建档，作为管理人升降级调整与除名依据。

四是加大债务纠纷跨区域联合执法力度。建立健全投资环境考核评价结果机制，建立投资环境日常监测制度，从严执行损害投资环境追究责任。以区县市为单位，采取政府和社会资本合作（PPP）模式，由政府搭台，实现高校研究院所与企业对接，"不求所有，只求所用"，为企业提供人才支持和技术保障。

（三）加强金融市场建设，提升融资力

融资是民营企业需要跨越的"高山"，融资难、融资贵成为民营企业发展的"瓶颈"，解决融资问题是当前民营企业发展生存与的重要保障，也是民营企业扩大再生产的重要途径。

一是建立民营企业融资保障体系。健全完善民营企业诚信数据系统，构建民营企业诚信大数据，将具有诚信与创新能力、符合绿色发展理念的民营企业分类管理，完善民营企业的融资服务系统，推动"银政企保"合作模式，改革完善金融机构监管考核与激励机制，加大银行与担保公司同步统筹、同步考核、同步监管机制，扩展金融机构民企多元化间接融资途径，构建担保与银行同向进行、齐头并进的融资服务模式。建立民营企业发展前景研判机制，对于有发展前景的民营企业，要采取股权基金、债权基金、成立并购基金等不同方式，对陷入困境的重点民营企业给予救助，避免企业所有权的转移，帮助企业渡过难关。

二是下放审批权限，扩大金融市场准入。坚持执行《深化简政放权放

管结合优化服务改革措施》，对权限内融资担保、小额贷款公司审批权、证照办理下放到市州。拓宽民营企业融资途径，发挥民营银行、小额贷款公司、风险投资、股权和债券等融资渠道作用。

三是提升民营企业担保服务水平。民营企业融资难主要是因为缺乏抵押，更深层次的原因是贵州担保政策供给不足。要推动全贵州省担保公司向民营企业信贷倾斜，实施差别化的信贷政策。摸清发展前景较好的民营企业，政府制定中小企业，特别是民营企业的金融扶持制度，畅通金融机构对信誉良好的民营企业提供信贷支持。

四是创新财税金融支持方式。继续坚持"4321"担保模式①，创新金融支持项目模式，通过银行、证券、投资、保险、信托、融资多元金融服务手段综合运用，多渠道打通技术改造等的资金瓶颈，推动民营企业转型升级。

五是建立政策性救助基金。贵州省政府要成立专项救助基金，综合运用多种手段，在严格防止违规举债、严格防范国有资产流失前提下，以市场化、专业化的方式驰援民营企业，帮助区域内产业龙头、就业大户、战略新兴行业等关键重点民营企业纾困。

六是发挥好贵州担保协会的功能与作用。改变当前贵州省担保体系松散的局面，推行担保与银行同步审批、受理，降低企业融资成本。对于发展方向较为明确且符合新发展理念的企业，加大扶持力度。充分发挥担保协会作用。协会要履行好职责，及时把本行业最突出的困难、最需要解决的问题、最有建设性的意见，直接报省委、省政府；定期召开行业协会会长专题会，听取担保协会的意见和建议，让企业的呼声能够更加通畅地到达党委、政府决策层面，解决行业发展中急需解决的问题，政府部门要认真研究并吸纳担保协会提出的科学建议。

---

① 即原保机构、省级再担保机构、银行、地方政府按照4∶3∶2∶1比例承担代偿责任。

（四）加强市场环境建设，提升竞争力

贵州省要迈向高质量发展，应进一步营造具有公平正义价值取向的市场竞争环境，具体应做到如下几点。

一是树立平等保护观念。政府要转变观念，积极打造服务型政府，为服务对象（企业、群众）提供高质量的公共服务。坚持两个"毫不动摇"，在政策制定和执行上对市场主体一视同仁，将民营企业与国有企业（特别是政府平台公司）视为平等主体，都是社会主义市场经济的重要组成部分。要树立一切市场主体运行都应建立在平等、独立、自主的原则上的理念。要树立保护民营企业发展的意识。改变营商环境不是守规矩、设门槛。而是当民营企业出现问题时，能够在合法合规的前提下降低民营企业的损失，帮助民营企业解决困难。

二是全面清理相关政策规章。贵州省各级政府有关部门清理废除妨碍统一市场和公平竞争的政策文件，执行公平竞争审查制度情况的自查，彻底纠正现有政策措施中涉及免税免费、指定交易、市场壁垒等方面的内容。特别是在脱贫攻坚与乡村振兴战略实施进程中，要建立长久公平的生存环境，有效防止民营企业利益受到损害。贵州省政策制定上要具有延续性，要在旧政策的基础上不断修改和完善，不能相互矛盾。

三是建立公平开放透明的市场规则。营造一个公平竞争的制度环境既是政府经济工作的抓手，也是市场在资源配置中发挥决定性作用的关键点。应实行统一的市场准入制度和统一的补贴制度，改革市场监管体系；实行统一的市场监管，发挥好政府的监督作用。

四是健全民营企业公共服务保障体系。电力、自来水、燃气、通信等简化报装程序、压缩报装时间、降低报装成本、公开服务和资费标准，并按照规定向市场主体提供安全、方便、快捷合理价格的服务，不得乱收取其他费用。大力推进电力市场化交易，推动大用户直购电政策，全面清理规范电网和转供电环节收费，合理核定输配电价，落实电费降价政策，降

低用电成本。

五是增加民营企业减税降费。提高减税降费政策的公开度和透明度，全面推行网上办税服务。政府应组织协调各方力量，制定有利于行业发展、科学合理的计税方案，特别是特殊行业的税收缴纳方式要进行调整，采取申报纳程、查账增收的方式进行纳税。简化申请政府补贴的办理流程，提高补贴获得率。

六是加大市场环境保护联动机制力度。建立健全全省招商引资重点项目台账制度，积极增强项目跟踪服务工作。建立民营企业投诉处理联动机制，凡是民营企业反映的涉及政府部门的问题，要建立相应的联动机制，在规定时限内解决反映的问题。对于欺行霸市、恶意竞争、诋毁、敲诈勒索、违规执法等行为，司法部门要建立相应的联动机制，及时处理，消除隐患，维护市场竞争秩序。对于卖假货、走私等扰乱市场行为，市场监管局要及加大打击力度。

（五）加强人才环境建设，提升内生力

人才是创新创业的主体，更是营商的主体。好的营商环境与好的人才成长环境相互成就。为营造良好的人才成长环境，应做到如下几点。

一是构建人才新理念。牢固树立人才是第一资源、第一动力、第一工程的理念。要从根本上破除"民营企业人才是二等公民"的思维定式和落后心态，贵州省各级地方政府要加大人才资源政策的支持和服务力度，制定民营企业人才引进、人才配置、激励保障机制，引进管理者、专业技术和技能人员等各类企业人才，完善高层次人才、高技能人次引进以及住房、医疗、社会保险、子女入学等等配套政策。建立校企合作培养人才模式，高校及职业院校在开展招生工作以及日常教学过程中，要与民营企业发展需要相适应，积极为民营企业提供人才储备。

二是健全人才晋升通道。健全人才晋职、晋级和奖励制度，形成人才成长的职业发展通道。拓宽人才晋升渠道，为民营企业留住人才奠定

基础。

三是健全人才培训机制。健全人才成长发展的开发培训机制、学习交流机制、进修锻炼机制等；允许优秀企业家、高级管理人与职业经理人适度参与各级组织部开展的培训；鼓励高等院校、职业院校加大产业工人技能培训力度，有计划地进行校企人才培训，提升贵州省人才资源调配能力。

四是健全人才职称评定机制。积极探索人才职称评定办法，允许民营企业组成职称评定委员会，明确职称评定资格条件，允许民营企业根据实际需要，自行评定职称，并在民营企业内部通用，并根据职称制定合理的薪资标准，确定职称资格的降职制度规定。

五是健全人才奖励机制。每两年组织1次优秀民营企业家评奖，贵州省省长质量奖和贵州省品牌建设促进会颁发的质量证书奖。享有荣誉称号的民营企业家、专业技术人才、经营管理人才将享受"特殊医疗康养"服务1次。

六是夯实基层队伍，提高待遇增加机遇。通过多重途径，增加新鲜血液，加强基层干部队伍建设。推行"岗编适度分离"新机制，引导省级、地级市行政人员、科技人员、专业技术人员向基层流动。把到基层一线工作锻炼作为培育干部的重要途径，注重提拔使用实绩优秀的干部，形成人才向基层一线流动的导向。县（区）人才引进与高校毕业生"三支一扶"计划、大学生村官计划充分衔接，拓展基础人才引进渠道。继续实施学历能力提升工程，给优秀基层干部和工作骨干更多的培训、考察、交流、学习的机会。拓宽升迁渠道，防范"天花板效应"。通过多元途径打造一支精干高效具有幸福感和成就感的公职人员队伍。

（六）加强社会环境建设，提升治理力

社会环境是营商环境的基础要素。社会环境是一个地区的社会文明程度、社会治理水平、人口受教育程度、居民生活状态的综合反映，是一个

地方公共治理水平、法治环境状况、经济发展水平的综合反映。提升社会环境就是培育营商环境的基础要素，整个营商环境将进一步优化。

一是从社会管理到社会治理转变。服务型政府理念的提出，意味着政府职能要由管理到服务转变，政府要从社会管理的主体，转变为社会服务的主体，社会的主体不再是政府，而是组成社会各个领域、各个阶层的人与组织。政府与其他组织之间不再是管理与被管理的关系，而是一种平等合作的、融合与统一的关系。社会治理方式由政府独控、独管转变为多元主体共同治理。

二是均等化的公共服务。政府要负责供给完备的公共服务体系。为企业提供从事生产、生活、发展和娱乐等活动需要的基础性服务，如提供水、电、气，交通与通信基础设施，邮电与气象服务的基础公共服务；为企业从事经济发展活动提供各种服务，如科技推广、咨询服务以及政策性信贷的经济公共服务；为企业提供的稳定的生产安全服务，如开展扫黑除恶、打击整治车匪路霸等专项行动；为企业发展提供教育、科学普及、医疗卫生、社会保障以及环境保护的社会公共服务。公共服务的好与坏直接影响着营商环境的竞争力和吸引力，要按照发展需求配置公共资源，消除空间不平等，提供均等化的公共服务。

三是维护社会经济秩序。强化市场监管部门职能，将监督常态化，不定期加大对贵州省酒、茶、教育培训、医疗、生态环境保护、食品药品安全、房地产等重点行业的不正当竞争行为的打击力度，重点查处利用互联网技术进行不正当竞争行为以及虚假广告、商业贿赂行为和市场混淆行为。

（七）加强人文环境建设，提升诚信力

人文环境主要指政府主体以及企业主体在营商环境中所持的态度、观念以及信仰，是各类主体要共同遵循的内在价值理念。加强人文环境建设，具体要做到如下几点。

一是建立讲诚信、重信用共同行为准则。各级政府和职能部门要将讲诚信、重信用作为重要价值取向，保持政策的延续性及行政决策的稳定性，给市场主体以稳定预期，增强投资信心。

二是建立奖惩激励机制。各级政府与司法机构以及银行对待国有企业与民营企业要持平等态度。健全和完善对政府部门、市场主体、行业协会、商会等社会信用主体的奖惩措施，每年要对政府与职能部门违约失信问题进行全面清理和整治。建立跨部门、跨地区、跨层级的守信联合激励机制和失信联合惩戒机制。

三是构建"亲""清"政商关系。建立政府以及职能部门对民营企业定点联系制度，定期组织企业家座谈会，走访企业，宣传、解读优化营商环境的政策措施，掌握每个企业对营商环境的需求，梳理意见和建议，建立解决问题台账，打造尊商、亲商、重商、扶商、安商的社会氛围。明确政商关系底线，划分干部与企业责任人之间的交往界限，进一步保护好干部，干部要处得安心，处得放心。

四是激发创业创新活力。深化贵州省"大众创业、万众创新"企业成长促进行动，分类建立重点培育清单和扶持政策，建立小微企业孵化基地，支持企业由小变大，由弱变强。搭建企业家交流平台，推动合作，抱团发展，对带动能力较强的民营企业给予一定的融资优惠条件。

（八）加强廉政环境建设，提升公信力

"阳光是最好的防腐剂"，在营商环境中，政府是"裁判员"而非"运动员"，因此，需要梳理和界定政府权力边界，将政府及其职能部门具有权力事项进行规范化，以列表清单形式公之于众，将政府不能越线的事情以"红线"和"负面清单"公示，主动接受社会监督，促进政府行政审批权力的标准化、公开化与透明化。对国企、外企、民企、大中小微企业一视同仁，通过市场行为培育公平公正的竞争机会，以此建立"亲""清"政商关系，打破和防范部门和行业垄断，杜绝基层工作人员的"权力寻租"问题。

在现有的领导体制下,要深入领会营商环境没有最好,只有更好。更主要靠各级政府职能部门树立廉政观念,牢固树立"人人都是营商环境、事事都是营商环境"的观念,用高效廉洁营造营商环境。具体建议包括以下几方面。

一是落实主体责任。做出决策的行政首长、参与决策的领导人员及相关责任人员,无论被调离、辞职、辞退或者退休,都要终身追究责任。同样,为营建良好的营商环境,对于基层职能部门领导做出的重要决策,同样应该实施终身追责,以此防范职能部门领导不作为和乱作为导致政府失信。"官不聊生"之际,就是企业兴旺之时。各级党委和政府主要负责人是营商环境第一责任人。各个部门要将营商环境工作当作省委省政府的中心工作来抓,对本单位营商环境存在的突出问题重点解决。对重点地区重点部门和窗口、重点岗位开展日常检查与督查,及时发现问题并解决问题。

二是纳入巡视巡察范围。由贵州省营商环境领导办公室组织相关部门业务骨干、第三方评估机构、义务监督员成立营商环境巡视巡察专组,结合厦门大学、贵州财经大学营商环境的专项调查材料中反映出来的突出问题进行定期整改,梳理巡视巡察中发现的问题进行分析和处理,将报告定期向省委、省政府领导反馈。

三是纳入目标考核。各级党委和政府要建立营商环境考核指标体系,将营商环境工作纳入部门中心任务,纳入主要责任指标考核评价体系,加大分值权重,将其服务的市场主体满意度和获得感作为考核的重要内容,引入专门性的第三方评价机构科学评价各个部门和市州的营商环境,查弱项,补短板,追责任。

四是加强民主监督。明确各级人大常委会与各级政协的职能职责,充分发挥各级人大常委会与各级政协的监督作用,各级人大常委会通过专项工作报告、执法检查、专题质询、特定问题调查等方式,开展监督;各级政协要通过组织政协委员提案、视察、调研等方式,开展民主监督。

五是健全损害营商环境责任追究机制。建立党委、政府、法院、检察院联席会议制度,定期召开联席会议,针对巡视巡察、群众举报、义务监督员反映的"吃拿卡要""执法不公"等问题,要及时根据情况及时处理。对于违法案件,要及时向党的纪律检查机关和政府的监察部门提出,相关部门要依纪依法严肃追责,并向社会公布处理结果。

第二部分

分报告

贵州营商政策环境研究[*]

营商政策环境是指地方政府对投资主体办理准入的相关事项、市场销售、税收、市场管理主体以及投资主体消亡等合法行为予以制度和政策的保障。营商政策是一个国家和地区优化营商环境的关键，也是经济软实力的核心指标，是展现一个地方政治生态的窗口。有众多的政策和制度为投资主体从事投资保驾护航，一定有良好的营商环境，能够使大量资金、科技、人才和创新等要素融合到当地的发展中去，促进地方经济社会快速发展。

改革开放以来，随着我国经济体制改革目标不断深化，尤其是社会主义市场经济体制的建立，政府对市场主体的管理亦逐渐变化，营商政策经历了从"放开搞活"、简化政府行政职权、加强对投资主体后期行为的监管和全面服务的变化。党的十八大以来，党中央、国务院高度重视深化"放管服"改革、优化营商环境工作，近年来部署出台了一系列有针对性的政策措施，优化营商环境工作取得积极成效。为了更好地服务于市场投

---

[*] 近年来，贵州经济社会发展成就显著，源于省委、省政府深入学习贯彻习近平总书记关于营商环境建设的重要论述，贯彻落实党中央、国务院关于优化营商环境的部署要求，以深化"放管服"改革为抓手，坚持问题导向、目标导向，精准制定改革措施，制定出台系列改善营商环境政策措施，加大简政放权的力度，主动服务市场投资主体，打造服务和效率高于周边、成本和负担低于周边的营商环境"贵州高地"。2018年是贵州"营商环境建设年"，省委、省政府在市场投资主体的政策支持和政策服务方面做了大量工作，全省的营商环境实现了大幅度的改善。应该看到，对照国际标准和国内发达地区的标准，贵州营商政策环境还有一定提升的空间，持续发力、让政策落地、主动服务市场投资主体是今后营商政策环境努力的方向。

资主体,各地政府在深化"放管服"、持续简政放权、不断降低制度性交易成本等方面为优化营商环境提供政策保障。

贵州严格贯彻党中央、国务院营商环境各项政策和措施,坚定不移推进以"放管服"为核心的商事制度改革,深化简政放权、创新服务方式,盘活了市场经济的源头活水,释放了经济发展的内在潜力,使贵州的对外开放软环境得到更大幅度改善,投资环境进一步优化,为贵州经济高质量发展提供了重要保障。2018 年是贵州"营商环境建设年",省委、省政府出台大量优化营商环境的政策,营商环境持续改善。根据厦门大学中国营商环境研究中心的评估报告显示,2018 年贵州省营商环境的"前沿距离"分数为 66.81 分,排名相当于全球 190 个经济体的第 79 位,对比 2017 年上升了 15 位;全省 88 个县(市、区、特区)在营商环境方面形成你追我赶、争先创优的局面,六枝、修文、清镇等地通过真抓实干,营商环境排名大幅提升,成为后起之秀。①

一 营商政策环境持续改善

政策具有权威指导性,只有全面深入地贯彻实施,政策才能转化为指导实践的有力武器。随着国家治理体系和治理能力现代化的推进,完善营商环境政策体系,确保政策得到有效执行,是优化营商环境的关键。贵州严格执行党中央、国务院的相关营商政策,并根据贵州的实际情况,出台了系列改善营商环境的政策,不断简政放权,加强政府对投资主体的服务和监管,确保政策执行力度不断加大。

(一)做好优化营商环境的顶层设计

营商政策是营造良好的营商环境的制度保障。应做好营商政策的顶层

---

① 马雷:《打一场优化提升贵州营商环境的持久战》,《贵州日报》2019 年 7 月 31 日。

设计，把牢政策设计谋划第一关，切实增强政策的操作性、针对性和时效性。

2018年1月，贵州制定出台了《贵州省优化营商环境集中整治行动方案》，围绕政策法规落实不到位、政务窗口服务质量差、公用企业涉企服务不规范、政府失信行为多发、政府涉企服务效能低、第三方评估发现的突出问题等六个方面开展集中整治。① 良好的营商政策逐步向全省的深处和广处下沉，贵州的营商得到极大改善，省会贵阳市的营商环境软环境排名从全国第30名上升到第8名。

为进一步优化营商环境，加大力度补齐短板，根据国务院大督查反馈情况和第三方评估发现的突出问题，对标世界银行营商环境指标体系和国家发改委营商环境评价指标，不断改善营商环境。2019年6月，贵州出台了《贵州省营商环境优化提升方案》，采用世界银行营商环境指标体系对优化营商环境的指标做了量化，营商环境的指标包括17个方面45项具体措施，涵盖企业创业、获得场地、获得融资、日常运营阶段、矛盾纠纷解决等全生命周期的五个阶段。《贵州省营商环境优化提升方案》对优化营商环境提出切实的政策路径，明确具体措施，并聚焦目标，压实责任主体，从政策上为贵州打造营商环境高地提供了方向性的保障。

（二）不断简政放权，推进行政审批制度改革

进一步简化审批程序，健全审批服务标准化体系，精简各类审批事项，把省市级部门审批权逐渐下放，避免企业为审批事项作无谓的奔波。

贵州省转变政府职能，持续加大行政审批制度改革的力度，进一步简政放权，把政府的行政审批权力逐渐下放。2014年贵州的行政许可事项从2011年978项减少到314项。以2017年为例，47项省直部门行政许可取消，26项省直部门行政许可直接下放，省直部门行政许可减少为270项。贵州已

---

① 曾丹：《动真碰硬贵州着力整治营商环境》，《贵州政协报》2019年1月3日。

是全国省级行政许可数量最少省份之一。"同时行政审批中介服务事项逐渐减少或取消,取消84项中介服务事项,为企业或个人减负上亿元。2018年,贵州清理取消了59项贵州省自行设定的行政审批事项,非行政许可审批彻底终结,向自治州、国家级开放创新平台下放管理权限168项"。[1]

2019年,贵州全面取消企业银行账户许可。贵州省市场监管部门严格按照国务院"减证便民"有关要求,优化审批程序,不断提高审批效率,通过贵州省政务服务网实现了网上申请、网上审批、快递送达的不见面审批模式。

(三)推进商事制度改革,继续向纵深推进"最多跑一次"和"零跑动"

创新推进商事制度改革,加大"放"的力度,强化"管"的能力,提升"服"的水平,推行"最多跑一次"和"零跑动",全力打造一流营商环境高地。

贵州在"最多跑一次"和"零跑动"的具体做法是以"套餐式集成服务"作为突破口,企业办理"一件事",只需要进一扇门、到一户窗、跑一次服务。对一件事可能涉及多个事项、企业可能要跑多次的情况,为了减少企业跑动,用"套餐式集成服务"的方法进行糅合打包处理。在金沙县、赤水市、三都县等地推行"套餐式集成服务"后,办事效率不断提高,得到当地群众的高度称赞。

贵州是国家大数据综合试验区,大数据基础设施和技术条件相对完备和先进。2018年,贵州出台了《省工商局等十三部门关于贯彻落实全国统一"多证合一"改革意见的通知》,着力强化政府在服务企业方面发力,让企业在办事过程中"最多跑一次"和"零跑动"。贵州充分利用国家大数据综合试验区的有利条件,发挥大数据政务云的优势,以"一网通办"

---

[1] 刘小明:《贵州做好"减法"深化"放管服"改革》,《贵州日报》2018年8月24日。

作为"套餐式集成服务"运行支撑，最大限度减少各类申请材料，强化政府服务职能来为企业减负。2018 年，贵州全面落实"证照分离"改革，推动"照后减证"，大幅压缩涉企事项，市场主体开办服务基本实现从线下到线下线上并行、从各自办到协同办，从多次跑到跑一次甚至零跑动。2018 年，贵州省营商政策环境逐步优化，市场主体准入进一步提速，全年新设立市场主体 67.2 万户、日均 1841 户，其中新设立企业 12.27 万户、日均 336 户。2018 年，贵州开办企业指标分值为 86.1 分，排全国第 12 位，企业开办时间 7.6 天，排全国第 8 位。

（四）政策上规范职能部门行为，推动依法行政

优化营商环境，目的就是规范权力运行，让权力依照法律法规运行，遵循"法无授权不可为、法定职责必须为"，制定相应清单，对各级政府的权力进行相应的规范。

贵州为进一步简政放权，规范政府的权力和体现政府的服务职能，促进权力清单和责任清单与行政权力及时、全面衔接，保障行政权力公开透明运行，于 2018 年出台《贵州省权力清单和责任清单管理办法》，对行政权力做出了详细规范，对权力的边界做出了仔细规定，对权力行使主体的行为和责任做出了详细规定，规范了权力的运行。

2018 年，贵州建立了五个平台："投资项目在线审批监管""项目云""信用云""双随机一公开""12358 价格监管"。平台的建立，规范了政府管理，拓宽了社会监督渠道。通过"投资项目在线审批监管""项目云"两个平台全方位精准掌握项目申报流程、环节及签批进展，编码管理项目资金拨付使用、进度、质量等关键数据，实现项目审批、调度、监管工作精细化、数据化、精准化。通过"12358 价格监管"平台和"双随机一公开"监管模式固化项目监督流程，对申报项目、储存项目、在建项目、竣工项目依法将能公开的信息全面公开，接受社会公众查询监督。在线管理投诉举报，有效防范项目"违规审批、批而不建、建而不管"及干部以权

谋私、收受贿赂等腐败问题，切实对项目审批、调度和监管做到心中有"数"，线索能"收"，问题能"管"。

（五）出台市场主体平等的营商政策，释放经济发展的内在潜力

贵州省在制定营商政策时，跳出传统思维，避免相关政策的实施和执行在不同性质和规模大小不同的企业之间造成不公平的差别待遇。

为给予民间资本必要的地位，有效激发民间投资活力，2018年12月，贵州省印发《扩大民间投资专项行动方案》，着力从以下几方面为民间资本服务：开展民间投资政策落实清理专项服务行动，开展社会资本市场准入专项服务行动，开展新兴民间投资领域培育专项服务行动，开展民间投资项目审批简化程序专项服务行动，开展民间投资"三级一千"重点项目专项服务行动，对民间资本放宽市场准入条件、合理引导民间投资、积极拓宽融资渠道、切实降低企业成本、营造良好市场环境等方面展开服务，①营造民间资本准入的宽松调节机制更好地服务于民间资本，有力促进了民间投资快速增长。

（六）对标国际标准，不断提高服务企业的水平

营造良好的营商政策环境，转变政府职能，把政府过去过多管控权力转到对企业服务的监管，实现违法线索互联、监管标准互通、处理结果互认。

对标国际标准开展对营商环境的评估，形成你追我赶的局面。2017年，贵州委托厦门大学中国营商环境研究中心对贵州营商环境进行评估，评估采用世界银行《2018年全球营商环境报告》指标体系，2017年贵州营商环境"前沿距离"分数为62.44分（百分制），属于国际中等水平。

---

① 《贵州"优服务"拓展民间投资渠道》，《广西日报》2019年1月10日。

同时，对贵州省级及9个市（州）、88个县（市、区）的营商环境进行评估，并对各地评估的分值进行公开，各地对照评估发现的问题，进行了整改，形成了各地为改善营商环境你追我赶的局面。

在全省开展以"进企业、解难题、促发展"为主题的营商环境大走访活动。敢于亮相揭丑，引入媒体监督，通过多种宣传渠道营造氛围。将营商问题整治机制化、常态化，推动改革任务和相关政策落地生根为目标，建立按月调度、按季考核、年度评估的制度化推进机制。

正视存在的问题，曝光破坏营商环境的恶劣行为。依据《贵州省产业大招商工作领导小组办公室开展优化营商环境集中整治行动公告》（2018年第1号），切实保护投资主体的利益，在新闻媒体上曝光破坏营商环境的典型案件。同时相关部门开展营造良好营商环境自检自查工作，对破坏营商环境案件进行反思并吸取教训。

加大监管力度。为了营造良好的营商环境，2018年6月，贵州出台了《关于推行营商环境义务监督员制度的通知》《贵州省营商环境义务监督员管理办法》，在全省各行各业选派238名代表作为营商环境义务监督员，并对义务监督员进行相关监督知识培训，义务监督员对全省营商环境不定期予以督查，监督力度之大和覆盖面之广前所未有。

二 围绕市场投资主体进行的政策服务

打造"门槛低于周边、服务高于周边"的营商环境新高地，是贵州建设良好的营商环境的目标，亦是贵州营商政策的内容和要求。贵州不仅出台系列营商环境政策，而且围绕市场主体进行政策服务。

（一）推行服务标准化建设

一是实体服务大厅建设标准化。贵州地方政务服务中心标准化建设已经完成，建成综合性实体政务大厅总面积53.52万平方米，全省形成五级综合性实体政务大厅和便民服务站。二是行政单位进驻和行政权力授权逐渐标准化。在政务服务中心开设"综合窗口"的基础上继续开设多种形式窗口。三是办事指南编制标准化。贵州在国家要求的8个要素的基础上，印发包含100余项要素的统一模板的精编办事指南，并通过贵州省网上办事大厅集中公布，贵州办事指南准确度连续两年位列全国第一。四是政务服务文本标准化。贵州推行以行业部门为经，市县中心为纬，对全省所有政务服务事项涉及的表格、表单进行梳理，规范编制全省统一标准的示范文本、样表665个。[①]

（二）推行服务集成化建设

一是推进套餐服务集成化。实行改革，一件事跑一次，将企业办"一件事"涉及的多个审批服务事项进行整合打包，为企业和群众提供"集成套餐服务"。二是推进网厅建设集成化。贵州省的政务服务网已实现覆盖省、市州、县（区、市）三级3602个部门，以及1525个乡镇17167个村居，共计53.8万个政务服务事项、10.7万审批人员在"一张网"运行和办理，数据量达163TB，"一网"运行的集约化程度和体量在全国同行中位居前列，在省内各系统中名列第一。

（三）推行服务智能化建设

贵州坚持以政务服务数据"聚通用"为抓手，按照"六个智能"要求，扎实推进政务服务平台智能化建设，提高政务服务便利化水平，全面完成2017~2018年度国办"互联网＋政务服务"试点示范任务，受到国办电子政务办的充分肯定。一是平台功能更强大。贵州政务服务网上线，新建综合受理平台、电子文件材料库等17个系统，升级电子监察系统、电子证照批文库等6个系统，推出了在线支付、短信服务、电子印章等一批

---

① 王淑宜、冯倩：《"数字政府"当家 "一网通办"解难》，《贵州日报》2018年10月25日。

便民服务功能。同时，可通过移动 App、微信小程序、微信公众号等多渠道提供服务。二是网上数据更坚实。开展"三个千万"攻坚行动，截至 2018 年底，贵州政务服务注册用户达 2714 万，证照批文入库突破 2227 万，2018 年省级政务服务事项网上可办理率达 95.03%。三是互联互通更有效，社保、公积金、交管、预约挂号、教育等重要公共服务平台入驻，打通公安人口库、工商法人库等 13 个系统数据库连接。四是网厅应用更智能。启用人脸识别系统，为办事群众提供了全新的办事体验。贵州政务服务大数据分析平台正式上线运行，已开发办事能力、服务能力等 7 个分析模型，建成"智慧审批"服务平台，"驾驶员从业资格证换证年审""执业药师注册"等部分事项可实现"零人工"办理。在"贵博士"智能咨询服务系统基础上引入语音服务功能，实现 24 小时智能语音对话服务响应。

（四）推行政务服务便利化建设

一是减证便民便利化。贵州出台《证明材料保留清单》，累计取消证明材料 358 项，取消比例达 53.7%。二是政务热线便利化。2018 年 8 月，贵州开通了 96789 政务服务热线，企业和群众可通过拨打服务热线实现咨询、投诉及办事，热线开通以来，处理来电 10315 个，并全部通过现场答复或转接转办方式处理完毕，深获群众好评。三是邮政速递便利化。在贵州政务服务网集成邮政速递功能，各级实体政务大厅设置邮政窗口，由各级财政买单，为群众提供申请材料揽收和证照批文寄送服务，助推企业群众办事"最多跑一次"。截至 2018 年底，已实现全省 10 个政务大厅"邮政速递"窗口全覆盖，全年办理邮政速递业务 11.56 万余件，为群众节约成本 6936 万元。

（五）推行服务规范化建设

一是月度服务评价规范化。2018 年贵州编发《服务评价情况通报》12

期，报送省领导和省有关职能部门；评选月度"红旗窗口""服务之星"，通过评比，提高服务质量，被服务企业的满意度不断提升。二是暗访督导督查规范化。围绕群众反映强烈的问题，有针对性地开展政务窗口服务质量集中整治行动，对发现问题限时整改完成。三是"好差评"制度规划。建贵州省政务服务"好差评"系统，实现多渠道评价功能，把全省31万个窗口的服务人员放在"好差评"系统中接受群众评价。

三 制约营商环境改善的政策因素

在省委、省政府的领导和全省人民的共同努力下，贵州制定出台了系列营商政策，营商政策环境已经有了很大改善，贵州正在成为投资的沃土。但放眼国内发达地区，贵州的营商政策环境还有很大的改善空间，在个别地方政策执行难、政策合理性有待改善，政府服务力度有待加大等问题仍然存在。

（一）政策执行难

目前，省委、贵州省政府高度重视营商环境建设，出台了大量的政策，但是个别地方营商政策的落地执行还有难度，尤其是针对民营中小企业的政策，可操作性不强，政策配套兑现难现象依然存在。在部分区县，中央和省政府布置的各种优惠措施落实不到位，出现"政策红利"尚未兑现的现象。目前，能享受到相关政策红利的企业少之又少，很多民营企业基本不能得到实惠。

（二）政策合理性有待改善

针对广大中小企业，尤其是针对新兴科技领域制定出台的相关政策，弹性空间较小，前瞻性不强，不利于行业发展。

（三）政务服务力度有待加大

政府为企业服务时仍存在不敢为、不愿为、不会为的现象，有的政府公职人员与企业家正常沟通机会少，主动服务企业的意识不强。在服务企业过程中，对依法做出的承诺事项不兑现，相互"踢皮球"，具体执行部门或委托单位做事有始无终、虎头蛇尾。

四　改善营商环境的政策路径

（一）加大对政策执行力度的检查，及时纠正政策在执行过程中水土不服的现象

一是加大对全省营商政策执行力度检查的频率；二是对政策执行力度不够、选择性执行的地区和部门予以问责；三是不定期组织专家团队对政策落实情况进行研究；四是及时纠正和调适政策在执行过程中与贵州省情不相符的部分；五是在政策制定过程中充分考虑政策的弹性区间。

（二）完善法律规范体系，构建新型政商关系

一是规范信息公开制度，实现权力清单和权力运行可视化，确保用权有效监督；二是审批环节全面推行权力清单、负面清单、责任清单，让政商关系界限分明；三是用法律规范政府行为与企业行为，在法律框架内处理政商关系；四是规范行政执法，严格按照行政权力清单执行，法无授权不可行。

（三）继续增强政府对企业的服务意识

一是强化政府服务意识，全面推行行政许可和公共服务标准化；二是建立企业与政府的互动交流、对话机制，大力推动各种公正透明的政商互

动平台和机制建设；三是发挥工商联组织的作用，搭建政企互信、双向交流的新平台，实现"前门"交往和"台面上"联络；四是建立健全服务民营企业发展问题投诉处理机制，切实维护民营企业的合法权益；五是完善问责机制，做好正向激励工作。

（四）简政放权，继续深化商事制度改革

一是继续做好全面深化"一网通办"的统一规划和组织实施，让集成套餐服务覆盖面更广，更有成效；二是继续加大科技的投入力度，尤其是新兴技术的运用，提高企业网上办事的便捷度，让新兴科技推动营商环境改善；三是出台加快数据共享的相关政策，加快全省数据互联互通，打破条块割据的状态；四是继续下大力气推进简政放权，转变政府职能，把一些权力下放给市场和企业，减少许可事项，规范行政处罚，尽量减少行政审批事项的时间。

（五）在政策上解决民企融资难题

为更好地落实习总书记"把银行业绩考核同支持民营经济发展挂钩"的讲话精神，建议有针对性地设计一套让各级金融机构"敢贷""愿贷""主动贷"的体制机制，像考核"脱贫攻坚"和"环保责任"任务一样，对考核成绩优秀的金融机构要进行政策倾斜，让金融机构能够和企业"风雨同舟""和衷共济"，让金融机构"不愿贷"变为"主动贷"；建立财政信贷风险补偿基金，由财政、银行共同审核，为符合经济结构优化升级方向的、有前景、有市场的民营企业，提供融资兜底支持，一定比例地分担、补偿金融机构的"呆坏账"，让金融机构从"不敢贷"变为"不怕贷"。

贵州营商法治环境研究[*]

习近平总书记强调"法治是最好的营商环境",贵州省在优化营商环境工作中,结合民营企业权益保护工作,大力优化营商法治环境,发力立法、执法、司法、守法和法治监督等系列环节,有效表达民营企业等市场主体利益诉求、有效规范和保障民营企业等市场主体经营发展、有效提供法律救济、有效营造全社会守法等营商法治环境;着力降低企业经营法治成本,保障企业家合法权利和利益。

一 营商法治环境的基本现状及评价

近年来,贵州省不断出台优化营商环境法规、政策规范性文件,对国家营商环境相关政策法规予以细化落地,促进营商法治环境构建。2017年出台地方法规《贵州省外来投资服务和保障条例》,规定了投资服务、权益保障、诚信建设、投诉调处、投资环境评估预警等系列优化营商环境的保障措施,以进一步保障省外(境外)来黔投资主体合法权益,推动国家

---

[*] 研究报告在总结贵州省营商法治环境基本现状基础上,聚焦营商环境中的不同所有制、不同规模市场主体现实法治困难和问题,以此为视角分析总结当前营商法治环境存在的问题:各类市场主体合法权益平等保护力度仍待加强;各类市场主体市场准入仍需强化实质平等;对市场主体合规运营要求仍需更具针对性;各类市场主体在行政执法过程中仍需强化平等对待程度;各类市场主体在司法过程中亦需加强平等对待程度等;在此基础上,分析并有针对性地提出相关改进建议。

内陆开放型经济试验区建设。2018年专门出台《贵州省优化营商环境集中整治行动方案》,从办理施工许可、执行合同、办理破产等领域突出问题入手,推进贵州营商法治环境优化。2019年又出台了《贵州省营商环境优化提升工作方案》,从市场监管、执行合同、办理破产、保护知识产权等方面进一步推进营商法治环境优化。贵州省各级法院、检察院从优化营商环境的关键环节——保护民营企业和企业家合法权益出发,出台系列接地气的保障措施,切实化解企业家等投资者的后顾之忧。贵州省检察院近年来探索制定了《关于充分发挥检察职能保障和促进非公有制经济健康发展的二十条措施》《关于加强产权司法保护的二十条措施》等规范性文件,切实保障市场主体和企业家合法权益。从2019年"贵州省百企营商环境状况"抽样调查数据可以看出,企业对贵州开展的系列营商法治环境促进工作总体上是认可的,在企业对当前"扫黑除恶专项斗争"的满意度方面,有68%的企业"满意",还有23.2%的企业比较满意,满意率达91.2%;在企业对营商法治环境的总体评价方面,有49.6%的企业认为"好",还有40%的企业认为"较好",认可率达89.6%;在企业对政府依法行政的评价方面,有44.8%的企业认为"好",还有41.6%的企业认为"较好",认可率达86.4%;在企业对审判机关办理涉企案件公正与效率的评价方面,有46.4%的企业认为"好",还有38.4%的企业认为"较好",认可率达84.8%。

二 营商法治环境存在的不足

从调研情况来看,少部分企业反映营商法治环境存在执行难、执法不规范、多头执法、选择执法等不足。企业营商法治环境与企业生产经营中的各个环节密切相连、相互伴随、相互影响,具体表现主要有以下五方面。

（一）各类市场主体合法权益平等保护力度仍待加强

一是民营企业合法权益保护常受到不平等对待。首先，民营企业具有灵活性，相比国有企业，更容易采用甚至创造新业态、新模式，在实现对传统业务创新的基础上，又会生成一些新兴财富和利益。比如电子商务中大数据手段应用，让大量互联网企业拥有了规模巨大的数据库，这些数据经收集、存储、加工和处理后蕴含巨大的经济利益和社会利益，但这些利益如何得到依法确认和保护，在现实中仍是复杂的法律难题。因而，在此之上的企业权益只能由企业先行自力保护，缺乏应有的法律保护。其次，民营企业利益受损时所采取的行政执法举报、司法报案、司法诉讼等行为，尽管目前已在很大程度上破除了立案难的问题，然而由于涉及的是私有财产权益保护，较国家财产权益保护而言，客观上常常得不到更加及时的保障和救济。涉及国有企业时，由于涉及防止国有资产流失、国家利益受损等问题，行政执法、司法裁判人员往往会考虑更多的责任追究风险，从而优先对国家企业权益进行保障救济，客观上导致民营企业权益保障靠后。最后，民营企业合法权益受保护的力度得不到充分实现。当民营企业合法权益受损而进行报案时，公安执法机关更多会倾向于按民商事纠纷处理，尽量不以刑事或治安案件立案，使得民营企业更多选择时间成本更长的民事诉讼方式维护自身合法权益。而当国有企业合法权益受损而进行报案时，公安执法机关更多会考虑国有资产流失、国家利益受损带来的社会危害，为免受行政处分和纪律责任追究，更多会主动采取行政执法手段来尽快制止损失或防止损失扩大。

二是民营企业运营中的现实维权能力常受到各种因素制约。民营企业通常体量小、运营成本高、利润总量小，常常没有足够的力量承担专业的维权支出；同时民营企业经营人员法律专业水平和意识通常不高，常常不能适度预防法律风险；同时在风险发生、权益受损时，常常又无法寻求及时有效的途径和手段进行维权；往往费尽力气、成本和时间找到法律救济方法时，又因时间成本、经济成本过高转而放弃对自身合法权益的维护。而国家企业经营人员通常为避免可能的管理责任追究风险，在企业经营合法权益受损时，不论维权时间成本、经济成本有多高，都会优先考虑通过法律途径继续维权，采取刑事治安手段维权不成亦会采取诉讼等法律手段维权。从而客观上导致民营企业合法权益受损更为易发和普遍。

三是民营企业获取及时有效的公用事业服务的法律救济力度受限。一般国家企业通常在获取水、电、气及排水、通信等公用事业服务方面较民营企业更为便利。一般国家企业经营管理人员与公用事业企业单位经营管理人员同属国有企业人员，业务联系便利。一般国家企业与公用事业企业单位多有或多或少的历史、业务等联系，利益联系密切。民营企业则与上述水、电、气及排水、通信等公用事业单位在人员、权益上大多没有什么联系，故在获取公用事业服务方面，被更多地要求按规则、条件和时限办事，落实到具体的公用事业单位人员，又有个体理解差异，公用事业单位人员为了降低个人工作责任，在执行过程中极易利用自由裁量权，增加更多的条件限制或循环证明等隐性壁垒。

（二）各类市场主体市场准入仍需强化实质平等

一是国有企业在市场准入方面具有先天优势。我国实行改革开放、发展市场经济尽管已有40多年时间，然而国有企业伴随新中国发展全过程，基于历史和现实的因素，在市场准入方面，国有企业具有天然的优势。同时，随着国有企业进一步做大做强，对于投资大、回报周期长的领域，国有企业在市场准入的现实实现上亦有足够优势。

二是民营企业在市场准入方面具有先天劣势。客观来说，民营企业每进入一个新的市场准入领域，都是一次新的尝试，经验、责任、技术、实力等方面均需要一个不断由小到大、由生到熟、不断试错的过程。故而民营企业的市场准入实践过程并非一个顺利的过程，必然面临着风险、事故和责任，一旦发生负面事件，监管部门必然面临社会压力，故而对民营企业的市场准入更多持审慎态度。

三是外资企业在市场准入方面具有严格控制。在市场准入环节，外资企业面临的困境与民营企业有些相似；同时，由于涉及国家主权、国际竞争力、经济发展等宏观利益考量，对于特定领域，尽管外资企业力量强大、技术成熟、经验丰富，仍会受到管控；这一管控是动态发展的，相应的法律制度亦是动态发展的，故及时实现国家外商投资管控发展调整亦是营商法治环节的应有之义。

（三）对市场主体合规运营要求仍需更具针对性

一是国有企业体量大，营利压力没有民营企业迫切。国有企业的设立多具有特定社会责任或国家战略考量，通常体量较大，同时为职业经营管理人员具体运营，故其并非仅仅以营利为目的，同时在运营中时时处处都讲究按程序和法律办事，以免被追究管理责任。

二是民营企业体量参差不齐，营利压力迫切。民营企业会面临更现实的市场竞争压力，要尽可能多地营利，如果企业亏损，即使企业所有经营环节合法合规，亦无法生存。故在企业规模较小、企业发展初期，其合规经营程序风险控制是排在营利之后的，企业首先要生存，其次才是逐渐成熟的规范发展，这是客观现实也是自然规律，必须客观面对这一现象。

三是法律合规要求门槛形成时对小微民营企业实际合规能力考虑不足。通常意义的法律合规要求，是需要具有法律专业知识的专门人员或第三方专业机构的专业服务实现的，获取这一专业服务的成本对于不同规模的企业影响是不同的。对于初创阶段的小微企业，有时这些成本同其他直接成本一样将直接影响企业生存；而法律风险后果通常不会立即出现，也不会必然发生，其他生产成本支出则是必然支出的。故在此情况下，机会成本就必然成为企业考虑的事项。

（四）在行政执法过程中仍需进一步平等对待各类市场主体

一是民营企业常面临更大范围、更快速度、更多不确定性的责任追究风险。民营企业在市场竞争中常常结合自身优势寻求差异化竞争，也就是更多创新，采用更多的新模式、新业态；而这些新兴领域常常没有现成的法律规则去遵守、没有现成的法律风险去防范，同时也存在更多不断试探法律底线的经营现象；一旦出现不良社会影响，就会出现新的法律规制手段或原有法律规范被解释用于规制这类现象，进而追究民营企业、管理人员、投资者企业家的法律责任。

二是国有企业常常有更多优势化解法律风险。国有企业多从事传统或成熟市场业务，在市场竞争中也没有充分的动力去试探法律底线，故其市场经营行为的法律风险较民营企业更少且可控；同时，一旦出现法律风险苗头性问题，出于防止国有资产流失、国家利益受损等大局考虑，执法和司法部门人员通过与国有企业经营管理人员及时沟通提醒等方式，促使国有企业主动改进，消除风险，进而避免出现严重违法后果。

（五）在司法过程中亦需进一步平等对待各类市场主体

一是在司法裁判中仍需进一步破除地方保护主义。基于本地经济社会发展、劳动用工、社会影响等考虑，司法裁判中的地方保护主义倾向仍不同程度存在。有些地方为保护本地知名企业、知名品牌、知名商品，进而促进当地经济发展、社会稳定，难免对涉及本地企业利益的司法案件进行自由裁量权之内倾向性裁量。这种现象过去由于司法文书未普遍公开、自由裁量失当无确切标准而较多发生，随着司法文书全国范围内统一公开、自由裁量权逐渐规范，这种现象有所控制，但无法完全杜绝。

二是在司法裁判中仍需破除不同所有制区别对待的惯性思维。基于国家利益考虑，对国有资产、国有权益进行及时、全面、有效保护，是十分必要的；然而，在当前司法裁判案多人少的情况下，裁判人员要实现法律效果、政治效果和社会效果统一，既要保护国家利益、照顾百姓民生，又要平等保护各类权益，民营企业权益保护力度、效率难免会受到影响；同时，不少人仍受国有、私人区别对待的惯性思维影响，在民营企业权益保护具体案件中主动性不够。

三是在司法裁判执行中仍需大力降低企业成本。当前随着司法案件的大量增加，案多人少的矛盾更为突出，企业在立案、一审、二审、执行等程序环节排队进行，一个案件从审理到执行到位要花去不少时间，同时也要消耗大量人力和财力，严重的将会影响一个企业的存亡。

三　优化营商法治环境的对策建议

针对企业营商法治环境存在的上述主要问题，可以采取针对性的措施，破解营商法治环境难题，从而优化营商环境。

（一）加大各类市场主体合法权益平等保护力度

一是加大和加快民营企业合法权益保护的力度和速度。在立法、政策制定环节就要充分听取民营企业等市场主体的利益诉求，要听取专业的第三方研究机构的科学建议，更要听取初创企业、小微企业投资人、企业家的意见。在执法环节，要将平等保护各类所有制市场主体的合法权益落到实处，采取服务对象评价、第三方评估等方式促进执法和司法机关加大平等保护力度。

二是增强民营企业运营中的现实维权能力。鼓励法律服务创新、创造，减少对法律宣传服务等市场的限制，促进丰富多样的法律服务样式，降低法律服务成本，同时增强民营企业通过法律服务维权的能力。设置初创、小微企业公益法律服务项目，通过政府购买公益服务方式降低民营企业法律应用成本，从而增强初创、小微企业法律风险把控能力。

三是加强民营企业获取及时有效公用事业服务的法律保障。加快市场主体及时有效获取公用事业服务的法律法规制定工作，将约束公用事业单位慢作为、不作为的机制法制化，把控公用事业提供行为的自由裁量空间。设置企业获取公用事业服务法律监督便捷投诉通道，降低民营企业维权成本、提高维权效能。加强对公用事业服务的行政执法监管，通过多种方式激励公用事业服务单位主动作为。

（二）为各类市场主体提供实质平等的市场准入

一是加大国有企业在市场准入方面的审慎法律审查力度。审慎控制国有企业市场准入，避免国有企业在能够实现充分的市场竞争领域过度参与，同时更大程度、更为及时地放开市场竞争机制正常发挥效用的领域，减少自然垄断行业领域范围。

二是增加民营企业在市场准入方面的实践能力。形成更加宽松的投融资法治环节，创新各种市场方式；放宽产业发展基金设置的法律限制；使得初创、小微企业市场开拓能力、实践能力放大增强，从而在事实上促进市场主体尤其是民营企业业务在更广领域的展开。

三是更大力度积极放开外资企业市场准入。加强专业第三方机构对外资市场准入范围的动态论证，动态调整外资市场准入限制；对标国际标准和其他国家地区做法，用好各类试验区，不断试验并缩小外商投资负面清单。

（三）更加务实地确定市场主体合规运营要求

一是鼓励国有企业提高自身合规要求。通过国资监管机关主动作为，对国有企业提出更高的合规要求，使其不能仅仅满足于国家法律法规对一般企业的最低管控；从而实现国有企业带头遵守并引领法律合规的现象和风气；同时，间接影响和提高民营企业合规水平。

二是为小微民营企业提供差异化合规服务。引导市场法律服务主体开发不同合规服务，鼓励新业态、新模式创新，克服对法律服务行业的强管控惯性行为，从而促进法律服务行业创新小微民营企业差异化合规服务。

三是进一步优化法律合规要求。加大法律规范的宣传、教育力度，增强企业投资者、企业家法治思维意识和法律应用能力；改进市场化法律应用服务业态模式，进而增强全社会市场主体法治应用能力；针对不同阶段、不同体量的市场主体设置差异化的法律合规要求，对初创、小微民营企业简化合规条件和流程。

（四）在行政执法过程中切实平等对待各类市场主体

一是增强民营企业责任追究风险预期。保持法律法规政策的相对稳定性，保持规范性文件的透明度，对新模式、新业态的调整和管控要包容审慎，新的规范出台要充分征求意见，明示规范出台计划，并保留足够的市场主体自行调整区间。

二是有效规范市场主体非市场行为。大企业除市场竞争行为外，还履行着社会责任，有不少非市场行为，这些非市场行为看似与市场行为没有直接关联，但实际运转中却能在无形中转化为市场利益或为市场竞争提供铺垫。比如，在某个市场不成熟的领域进行大笔投资，有可能是为了帮助特定管理者提升政绩，进而赢得该地域的其他优厚市场机遇，从而形成大企业对小微企业的非对称竞争。对此，法律可以从公平竞争角度发挥积极作用。

（五）在司法过程中更加平等对待各类市场主体

一是破除司法机关地方保护主义。通过落实司法机关在财务、人事上与所辖区域的独立性，减少司法机关独立行使司法职权的阻碍因素。通过更为完善的司法公开、司法责任制、统一司法裁量等方式，克服地方保护冲动；增强跨地域管辖、异地指定管辖等方式应用，减少地方保护"土壤"。

二是打破司法机关所有制区别对待的惯性思维。增加司法裁判机关人手，畅通法律职业共同体人力资源流动，增加资金投入，实现人力资源与司法裁判事务动态平衡状态，使各种所有制经济合法权益保护的司法裁量工作有充足人力资源支撑。利用新技术、新手段，使主体维权行为客观留痕，进而约束区别对待的不规范执法、司法行为。

三是降低司法裁判执行成本。充分运用新技术辅助执行工作，加强必要信用约束与激励，加大涉及被执行主体财产线索数据的整合共享与联动，提高执法效率；同时，加大破产、重整等市场主体退出、再生机制，依法终结执行不能案件。

总之，营造良好的营商法治环境要坚持以习近平新时代中国特色社会主义思想为指导，以改善民营经济、企业、投资者、企业家公平法治环境为重点，紧抓当前影响和制约民营企业和企业家合法权益保障的突出问题，着力改善营商法治环境，从而促进我国经济社会健康持续发展。

贵州企业纳税环境研究[*]

纳税营商环境是从企业纳税人角度定义的，目的在于全面反映影响企业合理纳税的因素。根据相关学者的研究理论，纳税营商环境是指影响企业遵从税法规定、合理纳税的相关环境条件，具体包括法律环境、人文环境和管理环境。纳税营商环境又可分为硬环境和软环境。硬环境是指影响企业合理纳税的客观物质条件，包括税务管理的机构设置、人员配置、设施装备（包括计算机网络）等。软环境是指影响企业合理纳税的非物质条件因素，包括法律制度、社会意识和习惯、税务人员的观念态度和作风等。[①] 按照世界银行的计算方法，以纳税个数、纳税时间和税费负担这三个指标的简单加权值为衡量标准。高水平的纳税营商环境，具有税收依法征纳、税负水平合理适中、纳税服务高效便捷、征纳关系和谐、税收环境公平公正的基本特征。纳税营商环境与法治、效率、成本、公平、社会满意度等因素息息相关，税收法治指数、税收管理效率指数、纳税成本指数和税收满意度指数，是评价纳税营商环境综合指标体系的四大基点。[②]

---

[*] 纳税环境是反映区域营商环境的重要一环。贵州在2017年提出了打造全国一流营商环境的发展目标，开始大力实施减税降费，连续开展便民办税行动。2018年第三方评估显示，贵州纳税环境排名比上年提高了52位。2019年4月开展的百企大调查显示，当前多数企业表示贵州纳税环境有较大幅度改善。提升纳税营商环境的主要途径是依法征收、杜绝摊派、提高科技水平、改善服务态度。

[①] 王绍乐：《税务营商环境问题研究》，中国税务出版社，2015，第3页。

[②] 王绍乐：《税务营商环境问题研究》，中国税务出版社，2015，第26页。

一　企业纳税环境的现状

党的十八大以来，党中央、国务院把营商环境建设提高到国家战略层面，做出了实施营业税改征增值税的重大部署，按照试点先行、循序渐进的改革原则，在2016年5月实现营改增试点的全面推开，基本建成了在世界范围内具有先导意义的现代增值税制度。这项改革以大幅减税降费为核心内容，它结束了我国66年的营业税征收历史，共减轻市场主体负担3万多亿元。

全面推开营改增试点后，中国进一步改革完善增值税制度，做好税率简并以及增值税立法等相关工作，加快推进适应国家治理体系和治理能力现代化要求的财税体制改革。2018年政府工作报告提出进一步减轻企业税负。2018年11月1日，《在民营企业座谈会上的讲话》中，习近平总书记指出，在我国经济发展进程中，要抓好6个方面政策举措落实。其中一项就是要减轻企业税费负担。要加大减税力度，推进增值税等实质性减税，而且要简明易行好操作，增强企业获得感。2018年11月19日，国家税务总局印发《关于实施进一步支持和服务民营经济发展若干措施的通知》，提出一系列实用管用的改进举措，力求纳税服务水平再有大提升、税收营商环境再有新改善。2019年政府工作报告提出要实施更大规模的减税。普惠性减税与结构性减税并举，重点降低制造业和小微企业税收负担。同年，财政部、国家税务总局和海关总署就深化增值税改革连续出台第14、第15、第39号多项文件，为2019年的减税降负工作规划了蓝图。

党的十八大以后，全国各地纷纷行动起来，把营商环境建设作为提升地区软实力的重要手段大张旗鼓地深入推进。2012年，广东省出台了《建设法治化国际化营商环境五年行动计划》，提出用5年左右时间，基本建立法治化国际化营商环境制度框架，形成透明高效、竞争有序、公平正义、和谐稳定、互利共赢的营商环境。2013年，山东省提出了"创造国内领先的营商环境"战略目标，把营商环境作为在新一轮科学发展竞争中赢得竞争优势税务营商环境问题研究的制胜法宝。2018年11月20日,世界银行和普华永道在北京发布《2019年世界纳税报告》,报告显示2017年中国纳税改革表现亮眼,各项关键指标均取得进步,尤其是纳税时间同比下降31.4%,缩短为全年142小时,明显优于全球平均值237小时;纳税次数缩短为7次,而全球平均值为23.8次。

贵州省从2017年开始,加大了营商环境的整治力度,提出要打造全国一流的营商环境,通过三年左右时间,将贵州建设成为"门槛低于周边、服务高于周边"的营商环境新高地。贵州省委书记、贵州省人大常委会主任孙志刚提出,贵州要大力实施改革推动、开放带动、创新驱动、产业拉动,在加速发展中实现加快转型、提质增效。

为了系统掌握全省的营商环境情况,摸清"家底",查找出与先进地区的差距,贵州省投资促进局在2017年委托厦门大学中国营商环境研究中心对全省营商环境进行第三方评估,得出贵州省2017年营商环境的"前沿距离"分数为62.44分,相当于190个经济体中的第94位,处于国际标准的中等水平。[①] 在此基础上,省委、省政府制定出台了《贵州省优化营商环境集中整治行动方案》,针对政策法规政务窗口服务质量、公用企业涉企服务效率、政府失信行为、政府涉企服务效能、第三方评估发现突出问题等六个方面重拳出击,开通投资投诉热线085196355和举报邮箱及时受理企业和个人诉求;出台《贵州省营商环境整治明察暗访工作实施方案》,通过明察、暗访两种形式深入基层对省、市(州)、贵安新区、县(市、区)所属行政部门,对服务窗口单位、公共服务类企业营商环境进行监督检查,直接面对企业听取意见建议;聘请人大代表、政协委员、新闻媒体记者、商会会长及企业代表在内的403名同志作为营商环境义务监督员,对全省营商环境建设进行监督。2018年全省通过自查共发现问题1667个,制定整改措施1857条,完成问题整改1482个,省级查处破坏营

---

① 根据贵州省税务局提供材料。

商环境典型案例43起,先后在媒体公开曝光13起破坏营商环境典型案例。全省244家单位被通报,302人被问责,20人被给予党政纪处分,8人被立案调查。通过一年的整治,2018年底贵州再次委托厦门大学中国营商环境研究中心对省级营商环境改善性情况进行评估,得出贵州省2018年营商环境的"前沿距离"分数为66.81分,排名第79,比2017年上升了15位。其中,排名上升的指标包括"开办企业"(上升30位)、"获得电力"(上升41位)、"登记财产"(上升21位)、"纳税"(上升52位)、"跨境贸易"(上升48位)、"办理破产"(上升4位);排名下降的指标是"办理建筑许可"(下降2位,分数下降2分)、"获得信贷"(排名下降5位但分数保持不变)、"保护少数投资者"(排名下降7名但分数保持不变)、"执行合同"(排名下降60位,分数下降19.68分)。[①] 这些数据说明贵州营商环境整治取得了阶段性成效。2018年11月,贵州省政府又委托贵州财经大学对9个市(州)88个县(市、区)营商环境进行了评估排序。

2019年4月20~30日,贵州省政治协商委员会社会与法制委员会启动了百企营商环境大调查,委托贵州省统计局对贵州省9个地、市(未包括贵安新区)的125家各类企业进行随机问卷调查,在纳税环境问卷调查表设置了6个问题,每个问题附设4~5个选项,要求被选定的调查企业相关工作人员根据实际情况和亲身感受,对问题做出回答。调查结果显示,在本次百企纳税环境大调查中,83.2%的被调查企业认为本地税费额度合理,73.6%的被调查企业没有缴纳法定税费之外的其他摊派,79.2%的被调查企业享受了税收减免政策,72.8%的被调查企业对本轮减税降费感受明显,91.2%的被调查企业对税务部门的办事效率和服务态度感觉比较满意,79.8%的被调查企业缴纳的法定税费占企业税前利润的30%以下。因此,可以得出以下基本判断:一是绝大多数的本地企业对贵州纳税环境感

---

① 《贵州省2018年营商环境第三方评估报告出炉,兴仁市排名县(市、区、特区)第二》,《黔西南微报》2019年3月6日。

觉良好；二是绝大多数的本地企业享受到了税收减免和本轮减税降费的改革红利；三是仍有超过10%的本地企业需要缴纳利润50%以上的税费。这些调查结果为贵州省进一步优化纳税环境指明了方向。

二 改善纳税环境的主要做法

近年来，贵州省税务系统勇于创新、开拓进取，持续推进"放管服"改革，在简政放权上做"减法"，大幅度削减税务行政审批事项，进一步优化审批流程，精简涉税资料，有效便利了纳税人；在后续管理上做"加法"，加快转变税收征管方式，出台系列工作规范，依托金税三期系统和增值税发票管理新系统加大信息管税和风险管理力度，建立健全事中事后管理体系；在优化服务上做"乘法"，大力实施减税降费工作，持续开展"便民办税春风行动"，增强了纳税人获得感。

（一）大力实施减税降费工作

省、市、县三级成立了实施减税降费工作领导小组，在全省构建起"1个省级领导小组机构、11个市级领导小组机构、104个县级领导小组机构"的减税降费组织体系，为推进全省减税降费工作提供坚强的组织保障。出台《关于充分发挥税收职能作用助推贵州决胜脱贫攻坚的实施意见》，从七个方面提出20条措施，精准对接"易地扶贫搬迁、产业脱贫、绿色贵州建设、基础设施建设教育医疗、社会保障兜底脱贫"等"六大攻坚战"。坚持凡属于省级税务机关掌握幅度的扶贫领域税收优惠一律按上限执行。在国家出台地方税费减免政策后，立即收集数据进行预测评估，广泛研究讨论，联合省财政厅向省政府建议对全省增值税小规模纳税人应缴的地方六税及两项附加减按50%征收，在国家出台减税政策后的短短9天时间内，贵州省政府便批复同意按照国家规定"顶格"执行，实现最大幅度减征，认真落实好月销售额10万元以下（含本数）的增值税小规模纳税人免征增值税政策，并及时对政策落实效应进行跟踪。截至2019年4月18日，贵州省税务局1~3月累计有730124户小规模纳税人申报享受免征增值税优惠9600041万元，其中，因此次提高免征额（月销售额3万~10万元、季销售额9万~30万元）累计带来50156户小规模纳税人享受免征增值税优惠21522.37万元。

（二）连续6年开展"便民办税春风行动"

以"长流水、不断线、打连发、呈递进"工作节奏，统筹规划，梯次推进，层层落实，着力解决纳税人办税过程中反映的堵点、难点问题。2017年发布贵州税务"最多跑一次"清单，对166个涉税事项，纳税人提供资料齐全，符合条件的即时办结，最多只跑一次。2019年，继续推进"最多跑一次"服务，争取年底前实现70%的办税事项纳税人"最多跑一次"即可办理。自2018年3月12日起，对符合条件的纳税人，简化省内跨市、县变更税务登记流程，通过直接变更信息的方式，便利市场主体自由迁移，截至2018年12月31日，全省共有119户纳税人办理迁移时享受到优化的办理流程，办事负担大幅减轻。对于申请办理延期缴纳税款的业务，将原来需要报送的10类资料取消5项、优化2项，仅保留了3项，精简幅度约为90%，并对纳税信用级别为A级、B级或M级的纳税人推行"承诺制"容缺办理。2019年推出4类13项52条便民办税服务措施。省税务局根据《国家税务总局关于扩大小规模纳税人自行开具增值税专用发票试点范围等事项的公告》（税务总局公告〔2019〕8号）工作要求，小规模进行纳税人自开专票试点工作。

（三）全面落实《全国税务系统纳税服务规范》

紧紧围绕"流程更优、环节更简、耗时更短、效果更佳"目标，立足《全国税务系统纳税服务规范》（下文简称《规范》）编制全省统一的《办税指南》，对服务事项、办税流程、服务规范、资料提供等进行统一规范，并通过二维码向社会公开，实现全省地税系统服务一把尺子和办税一个标准。2018年7月10日，全省县级税务新机构挂牌后，对原国地税办税服务厅进行整合，统一标识标牌、统一窗口设置、统一办税流程、统一导税服务、统一网上办税平台、统一宣传咨询，实现办税服务厅"一个标识""一窗通办""一次办结"，大大提高了办税效率。办税服务厅根据纳税人办税实际，合理分类设置窗口，设立简事快办、综合服务特事专办、"套餐式"服务、改革事项服务等窗口，并与排队取号进行对应，根据业务量大小合理调配窗口资源，使简单的业务快速办，复杂的业务仔细办。如省税务局推行的"简事快办"服务，在全省所有办税服务厅设置1~2个"简事快办窗口"，将税务登记类、发票管理类等七类24个事项纳入"简事快办"的服务范围，在业务系统运行正常的情况下，每个事项办理时间不超过3分钟，有效减少纳税人办税等候时间。

（四）积极开展网上办税工作

2018年11月20日，贵州省税务局电子税务局正式在全省运行，在传统办税业务的基础上，推出办税专题、模糊查询、智能导航、完税证明打印等全新业务功能，界面更加人性化，操作应用更加个性化，纳税人足不出户，便可通过统一的电子税务局门户办理相关涉税事务。充分借助信息化、智能化手段，建成了以电子税务局为中心、自助办税终端、"智慧税务"App有效补充的非接触式多元办税方式，形成网上办税大厅、实体办税大厅、移动客户端、自助终端等多渠道、多形式相结合的办税服务一张网，实现了涉税业务线上线下同质化办理，打造了以网上办税为主、自助办税为辅、实体办税服务厅兜底的纳税服务新格局，让纳税人多跑网络、少跑马路。2018年电子税务局共计办理申报业务534475笔，缴款156745笔，报送财务报表366140户，办理其他涉税业务4173次。受理纳税人咨询6800人，纳税人线上参与电子税务局满意度调查1107人次。推行发票网上申领工作。认真做好增值税发票的库房管理发票发放和供应工作，实行发票领用分类分级管理制度,督促各级税务机关在发票领用和发放的过程中认真核对发票种类、发票代码和发票号段,推行发票网上申领工作,为纳税人领用增值税发票提供便利。截至目前,省税务局累计为全省发放增值税普通发票 110 万份,发放增值税专用发票 127 万份,保障了全省纳税人增值税发票的使用需求。大力推行网上预约服务。在部分地区试点应用 App、微信等开展预约办税,纳税人可以实时查看办税服务厅等候办理情况和预约办税,节省大厅等候时间。强化"一次性告知"制度。在办税服务厅配齐配强咨询导税人员,对资料齐全的、符合办理规定的快速引导办理,对资料不齐全的,不符合办理规定的一次性告知补正资料或不能办理的原因,杜绝纳税人"多次跑"的现象。开展多元化办税,方便纳税人,加强办税服务社会化协作,拓展办税服务渠道。在大厅配置自助办税终端、在人流量较大的场所开设 24 小时自助办税服务厅,为纳税人提供自助代开发票服务;加大委托邮政代征税款代开发票工作的推行力度,邮政代开网点基本覆盖全省城乡,切实让纳税人享受到"家门口办税"的便利;推行网上申领发票邮政速递配送业务,建立市州级寄递中心为纳税人提供线上线下办税服务。

(五)强化银税合作

将纳税信用评价结果数据作为企业、个体工商户授信的依据,简化贷款流程。目前贵州省税务部门与 16 家省级金融机构签订了税银互动合作协议,16 家金融机构相继推出了基于企业纳税信用的"税易贷""税源贷"等 18 种金融创新产品。中小企业无须担保抵押,即可获得最高为纳税额 9 倍的贷款,截至 2019 年 3 月,全省已有 14955 户纳税人凭借税务信用获批贷款 252.16 亿元。

三 企业纳税环境存在的不足

从本次针对全省 120 余家企业关于营商环境的调查问卷回收表反映情

况来看，目前贵州省纳税环境有很大改善，绝大多数企业对贵州省目前的纳税环境持满意态度，但是纳税环境的改善依然存在提升空间。在本次百企纳税环境大调查中，仍然有部分被调查企业认为税费额度不太合理、税收减免政策获得感不够强、税负比例稍高。造成这个问题的原因主要有三点：一是某些企业税、费不分。他们将企业员工缴纳的社会保险费、公积金等与税收混为一谈，视为企业成本，统一归为税负。二是当前的降税力度依然不够。由于我国特别是贵州省正处于大扶贫和大开发的阶段，政府每年需要大量的税收收入来维持正常运转。虽然开始了全国范围的降税减费，但1~3个百分点的额度依然不能让多数企业满意。三是传统产业和新兴产业结构不合理。由于全省高科技产业还处于起步阶段，主要产业结构依然停留在传统行业，因此税收来源集中在烟酒、矿产等高税负行业。在本次百企大调查中，贵州百灵制药股份有限公司、黎阳国际制造有限公司、中航贵州飞机有限责任公司等高新科技行业对享受免税和低税优惠政策感觉明显。

四 企业纳税环境的优化路径

税收是国家公共财政最主要的收入来源，其征收标准主要依据国家法律和相关政策，地方政府在这方面并没有多少自主权力。从贵州省的实际情况来看，目前对纳税营商环境的优化路径主要从以下几方面入手。

一是继续提高信息化办税水平。通过提升科技手段减少企业的纳税时间、优化企业的纳税体验、减少企业的纳税成本。

二是加快产业结构调整转型。改善营商环境是一个综合治理工程。纳税营商环境的优化也不能仅仅依靠税务部门的单独努力。通过打造新的产业集群获取更多的税收来源，不仅可以为新一轮更大力度的降税减费提供空间，而且新兴的产业可以获得更多的税收优惠政策，从而让更多企业切身体会到税收负担的减少。

三是继续加大银税合作力度。从本次调查的结果来看，绝大多数中小企业认为他们面临的最大营商困难不是税负而是融资，因此加大银税合作，增加企业通过纳税信用获得贷款的额度和途径，是提升企业对纳税营商环境满意度的一个极好破局口。

四是研究制定更加简单合理的营商环境调查指标。目前贵州税务部门对营商环境的学习停留在世界银行《营商环境报告》上，税务工作人员和企业人员对全国营商环境的考核范围、考核指标、指标内涵、计算方式等的认识和了解都处于模糊状态，如纳税时间、纳税次数的计算方式没有明确标准口径，被调查对象各自理解不同，难以准确填写操作。

五是继续加强政府部门工作作风建设。一方面，采取各种督察手段杜绝地方政府向企业摊派法定税率之外的其他费用；另一方面，通过改善税收机关等政府部门工作作风，让企业真切感受新时代政企之间的"亲""清"合作。

贵州融资环境研究[*]

营商环境是城市吸引力、竞争力和创造力的外在体现,是最能够被企业所感知的环境载体,营商环境的优化可以吸引企业集聚,促进企业发展。近年来,贵州省以推进内陆开放型经济试验区建设为契机,大力优化全省营商环境,全面实施提升企业融资便利化的系列措施,外商投资企业发展势头强劲,全省资本市场对接平台越来越广阔,企业融资服务机制和金融机构考核机制逐步完善,金融服务政策落地实施成效显著,贵州融资环境有明显改善。

一 融资环境的现状

"获得信贷"是世界银行营商环境评价指标中用以衡量担保交易中借贷双方的合法权利,以及评价征信信息覆盖面和在信贷业务中的使用等。近年来,贵州省主动对标世界银行营商环境的评价指标,在"获得信贷"

---

[*] 融资环境是企业开展经营活动的重要环节,融资便利度是营商环境的重要内容,近年来,贵州省以推进内陆开放型经济试验区建设为契机,大力优化营商环境,全面实施提升企业融资便利化的系列措施,取得了显著成绩。但与东部沿海城市相比,按照贵州省委、省政府对全省优化营商环境建设的要求,要为贵州企业融资提供便利,促进企业为地方发展做出更大贡献,贵州省的融资环境仍有许多瓶颈亟待突破。应进一步完善融资体系,积极构建综合融资服务平台,最大限度解决企业的融资需求,扩宽企业融资渠道,解决企业融资难、融资贵、融资负担重等难题,缓解经济下行压力,加快构建企业信用服务体系,全面深化对内对外开放,全力提升贵州企业投融资便利度。

方面进行了拓展和延伸，各级政府部门从产业基金、政府融资平台、股权交易、银行信贷、贷款贴息等多渠道持续发力，企业融资环境得到了切实有效的改善。

（一）金融服务政策落地见效

贵州省委、省政府为优化全省投融资环境，先后制定印发了《关于进一步促进民营经济发展的政策措施》《关于加快绿色金融发展的意见》《关于支持我省地方金融机构"五个全覆盖"工程实施方案》《贵州省引进重大外资项目支持办法（暂行）》《关于进一步激发社会领域投资活力的实施意见》《贵州内陆投资贸易便利化试验区建设工作方案》等一系列政策文件，实施多层次融资对接，开展融资政策进民企宣讲活动，创新推广金融产品，开展银企结对帮扶等，切实推进金融服务民营经济。除省级层面出台政策措施外，省级单位从各自工作实际出发，紧跟省委、省政府安排部署，大力推进全省投融资环境改善。贵州省商务厅深化区域合作，提升对内对外开放水平，不断强化顶层设计，逐步完善有关政策体系。出台《促进开发区改革和创新发展的意见》，在开发区管理、营运、人事、财税、考核等方面提出了一系列改革创新举措，进一步激发开发区内生动力；出台《进一步扩大进口促进对外贸易平衡发展的通知》，《贵州省外贸量质同步提升实施方案》等文件，从壮大外贸经营主体、推进平台建设、优化进出口结构和强化财税金融支持等方面提出了一揽子含金量较高的政策措施，为推进全省外贸健康发展奠定了坚实基础；出台《加大利用外资力度推动经济高质量发展的实施意见》，并出台《贵州省引进重大外资项目支持办法（暂行）》《贵州省外商投资企业投诉及处理办法》《贵州省国际合作园区评定办法（试行）》《贵州省跨国公司地区总部、功能性机构评定办法（试行）》等4个配套文件，在优化外商投资环境、健全外资促进机制等方面提出了具体措施，着力打造富有吸引力、自由便利的投资环境；出台《贵州省推动企业沿着"一带一路"方向"走出去"行动计划

(2018—2020 年)》，充分发挥企业主体作用，进一步扩大走出去规模；贵州省地方金融监管局制定出台《贵州省小额贷款公司审批工作指引（试行）》《贵州省融资性担保公司设立变更审批工作指引》《贵州省融资性担保机构经营许可证管理指引》等规范性文件，大力支持贵州省贷款审批和融资担保等工作。

(二) 外商投资企业发展势头强劲

贵州省商务厅着力推进融资体制改革，全面实行外商投资准入前国民待遇加负面清单制度；建立外商投资企业设立申请"一窗受理"制度；外资企业商务备案与工商登记实现"一口办理"，备案时间缩短至 3 个工作日内，降低企业办事的时间和精力成本；开展外商投资股权投资企业试点；建成国际贸易"单一窗口"，无纸化办公和通关覆盖率达到 100%，缩短通关时间 1 个工作日以上；印发《贵州省优化口岸营商环境促进跨境贸易便利化工作实施方案》，在海关特殊监管区全部实现先入区、后报关等通关便利化政策，实现口岸"管得住"和"通得快"双提升。贵阳瑞树投资管理有限公司获批开展外商投资股权投资管理业务试点，贵阳跨境电子商务综合试验区、贵安新区深化服务贸易创新发展试点、贵州（双龙）检验检疫试验区获得国务院和国家有关部委批准。

(三) 资本市场对接平台广阔

贵州省地方金融监管局积极搭建资本市场对接平台，全面落实与沪深证券交易所、全国中小企业股转系统签署的《发挥资本市场作用服务脱贫攻坚的战略合作备忘录》，推动贵州省政府与香港交易所签署《贵州省人民政府与香港交易及结算所有限公司合作备忘录》，做好金融"引进来"和"走出去"工作，进一步扩大贵州省金融总量，实现区域经济金融融合发展。贵阳国家级经开区、遵义国家级经开区在 2018 年 219 个国家级经开区综合考评中分别位列第 36、第 50，新增百亿级开发区 3 个，64 个开发区被列入《中国开发区审核公告目录（2018年版）》，数量在西部地区位列第6；贵州是西部地区综合保税区最多的省份，遵义新舟机场航空口岸正式开放审批取得积极进展，铜仁凤凰机场获批延长临时开放，开通贵阳至莫斯科首条洲际航线，国际航线达24条；建立"国际陆海贸易新通道"运营服务平台，班列成功试运行，并逐步实现常态化，贵阳铁路口岸建设加快；建立肯尼亚、马来西亚、柬埔寨、印度、吉尔吉斯斯坦、意大利和瑞士7个境外商务代表处；编制完成《贵州省外贸转型升级示范基地建设发展规划》，率先启动升级外贸基地认定工作，获批建设2个国家级外贸基地，认定37个省级外贸基地，实现外贸基地市州全覆盖。

（四）全面建立融资服务体系

贵州省地方金融监管局优化民营企业融资服务，逐步完善融资服务机制。一是强化精准融资对接，开展产业大招商活动，深入民企调研，了解具体困难问题，为民营企业提供发展平台，帮助民营企业拓宽融资渠道；推动贵州省领导联系服务重点民营企业与金融机构开展专项金融对接；积极推动开展"百名行长进民企"专项行动，组织全省银行机构行长、副行长与民营企业建立"一对一"长效服务机制，主动为民营企业搞好融资规划，解决融资难题。二是大力推进民营企业借力资本市场壮大发展。一方面，加强与中国证监会等部门工作对接，推动省政府与中国证监会签署了《战略合作备忘录》，明确10条支持贵州省资本市场工作具体意见，为贵州企业利用多层次资本市场、积极引入资本市场资源等方面提供政策支持，积极协调兑付了贵州省2012~2017年12家企业3210万元省级上市政策奖励资金，进一步激发贵州省企业利用资本市场加快发展的积极性和主动性。三是将权限内融资性担保机构和小额贷款公司的设立、变更、终止等事项的行政审批工作，全部归入贵州省政府政务服务中心省地方金融监管局窗口，大力推行政务服务"一站式受理""一次性告知""一次性补正""一次性通过""一条龙服务"等。将权限内融资担保、小额贷款公司的部分审批权、证照办理下发至市（州、贵安新区）办理，取消了小额贷款公司、融资性担保公司设立审批过程中的有关证明手续。对符合西部地区鼓励类产业项目的融资担保机构可减按15%税率缴纳企业所得税。自2014年税收优惠政策实施以来，贵州省累计共有90余家融资担保机构申请享受税收优惠政策，共计享受所得税优惠3500余万元。

（五）高度重视金融机构考核激励

贵州省地方金融监督管理局完善金融机构考核激励机制，印发《贵州省金融机构支持实体经济创新金融产品奖励暂行办法和金融机构考核办法》，连续两年开展银行机构支持实体经济发展考核和创新金融产品评选活动，鼓励金融机构积极创新金融产品、优化金融服务，加大对实体经济特别是民营经济服务力度。2018年贵州省共评选出创新金融产品奖励名额41个。2019年，贵州省地方金融监管局继续开展银行机构支持实体经济发展考核和创新金融产品评选活动，在评价指标体系上加大服务民营经济的评分权重，进一步引导金融机构服务民营经济。

二 融资环境存在的不足

近年来，尽管贵州省加大融资优化的力度，采取了政策制定、搭建平台、构建服务体系、加大考核激励等系列举措，但贵州融资环境仍需重视和解决以下问题。

（一）企业融资难、融资贵

编写组采取抽样调查的研究方法，向贵州省内企业发放《贵州省百企营商环境调查表》，在融资环境板块，从企业融资需求、融资原因、融资渠道、近三年来的融资情况、融资难度以及融资困难的原因等方面进行了问卷调查，从企业自身情况来看，存在着融资需求大、融资渠道窄、融资贵、融资难的现象。

1. 融资需求大

一是资金需求数额巨大。抽样调查的企业中，某些特殊行业在资金需求上相对较大。比如医药类公司因其产品研发周期长，药物研发费用巨大，新药研发需要10年甚至更长的时间推向市场，所需资金数额巨大。二是扩大发展规模资金紧缺。贵州在大数据战略背景下，许多企业发展驶入信息化、智能化快车道，大量资金投入到新厂区建设、新设备购买、新技术研发中，经营流动资金紧缺，甚至存在部分企业资金缺口越拉越大的情况，造成短时间停产。问卷分析结果显示，被调查的125家企业中，有很大融资需求和有一定融资需求的企业共109家，占总数的87.2%，没有融资需求的企业16家，仅占总数的12.8%；而在融资原因的选择上，39.8%的企业用于扩大生产，30.9%的企业用于更新技术，可见有超过70%的企业融资是用于寻求自身发展。

2. 融资渠道窄

贵州省企业在融资渠道上大多来自内源融资（自身积累）和国有银行贷款，地方性商业银行、信用社贷款较少，少部分会选择小额贷款公司、担保公司等融资或其他方式，极少部分会向其他企业借款。因融资渠道单一、平均融资成本较高，企业融资基本依靠银行流动资金贷款及设备融资租赁方式，企业融资渠道较窄。调查问卷分析结果表明，贵州省企业内源融资（自身积累）占总数的34.7%，在国有银行贷款的最多，占比42.2%，地方性贷款占比15.7%，小额贷款公司、担保公司等融资占比3.3%，向其他企业借款仅占0.8%。

3. 融资难度大

一是受行业政策及资产负债率较高影响，一些特殊行业类公司融资较为艰难，有的企业固定资产基本上均做了设备融资租赁的融资业务，可提供增信方式只剩下股东担保，融资担保落实困难，火电、焦化均被认定为"两高一剩"产业，受国家政策影响，各金融机构对上述行业融资政策持审慎态度。二是政府融资挤占了银行资金大部分额度，企业可融资额度少。三是贷款手续烦琐，虽说近年来相关政府部门和银行在逐步实现客户"最多跑一次"的目标，企业在获得信贷时的相关办理环节已相对简化，但在实际调研过程中，有企业反馈称各市州存在贷款相关手续要求不一致的情况，且手续仍然繁杂、时限仍然较长。四是劳动密集型投入企业融资担保合规资产难以形成。农业产业为劳动密集型投入企业，进入生产阶段后需要大量资金投资，且形成的固定资产较少，多数为生产性生物资产，在整个融资过程中国家行政部门及金融部门缺少对生物资产的评估作价机制，无法形成融资担保合规资产，而惠农脱贫贷、特惠贷等金融产品又以脱贫资金的名义需要企业通过股份稀释等方式与农户合作而获得，导致企业融资成本高昂，融资陷入两难境地。例如，某县猕猴桃产业发展过程中形成的土地流转合同、园区建设完成的土地整治、立架拉网等投入均无法量化为满足银行融资需求的合规资产，导致产业发展无法融资。五是招商引资缺乏针对性。贵州大力开展招商引资工作，出台了系列招商引资优惠措施，但调研中发现，招商引资工作存在"一刀切"现象，重复投资、同质化现象严重，制约了企业发展。事实上，招商引资工作应注重贵州各地资源禀赋、统一规划和市场配置等实际来开展。六是政府部门整体协作不够。当前，涉及企业投融资的政府部门之间的协调及统筹还局限在部分共通领域，且是在业务办理时有涉及才会主动对接，在整体协作和信息共享上都还处于初级信息汇总阶段，各部门数据还未做到互联互通，企业在业务办理过程中仍需要对接各个部门。近三年来，企业从银行申请贷款全部获得的占调查总数的25.8%，部分获得的占53.2%，没有获得贷款的占4.8%，没有贷过款的企业占16.1%，企业从银行贷款还是存在一定难度。问卷分析结果显示，认为融资难的占总数的12.6%，认为融资较难但可以争取的占47.9%。企业认为融资难的原因中，觉得贷款成本高的占26.5%，认为贷款手续烦琐的占18.9%，认为抵押品要求高的占17.7%，认为抵押折扣率高的占7.2%，认为中小企业融资渠道少的占8.4%，部分认为风险投资机制不健全，缺少税收优惠、财政补贴和贷款援助，民间借贷不规范等。

4. 融资负担重

目前，中小企业融资成本一般包括贷款利息（基本利息和浮动部分），浮动幅度一般在20%以上，抵押物登记评估费用一般占融资成本的20%，担保费用一般年费率在3%，绝大多数金融机构在放款时，风险保证金利息均以预留利息名义扣除部分贷款本金，以1年期贷款为例，中小企业实际支付的利息在9%左右。企业的融资成本包括利息支出和相关筹资费用，由于金融机构对企业的融资需求多采取抵押或担保方式，企业需要付出诸如担保费、抵押资产评估等相关费用，无形中加重了企业融资负担。

（二）金融机构放贷难

1. 信贷业务萎缩

对于银行信贷来说，在经济下行压力下，银行的征信业务、投行资管业务、市值管理业务，受制于地方政府隐性债务的监管和《资管新规》，信贷业务也在萎缩。近年来，金融机构不断压缩授信规模，企业资金到位率低，资金接续存在安全风险。有的企业由于长期亏损，偿债能力下降，银行授信评级越来越低，银行收贷、限制用信的现象越来越普遍，企业在新一年的授信获批时间越来越长，融资环境越来越紧张。

2. 贷款周期短、放款时间慢

银行贷款属于市场行为，其本质是追逐利润和防御风险。拿固定资产投资来说，因大多企业项目建设周期时间较长，且建成后不一定立即产生效益，金融机构在固定资产投资贷款上通过审批的概率不高，续贷手续相对来说也比较麻烦，存在材料审批时间长、贷款期限短的问题。

三 融资环境的评价

金融服务水平是影响一个城市企业经营环境的重要因素，一个城市的金融服务水平主要是看该城市企业的融资效率与融资规模。

（一）政府资金扶持力度获得感强

调研发现，企业在营商环境中获得感最强的是政策及资金扶持、法制环境保障以及许可证办理方面。就资金扶持来说，近年来，贵州省不断加大政府资金扶持力度，企业从相关政府部门获得了较多的项目资金支持及奖励资金等。如六盘水盘州市，"全力帮助工业企业申报上级资金"，2018年全年累计争取上级补助8.95亿元、奖励资金4317.22万元。贵铝彩铝公司在2017年曾获得贵州省经信委（现省工信厅）、贵阳市市科技局、白云区科技局、贵阳市经信委（现贵阳市工信局）等相关政府部门的项目资金扶持340万元，2018年获得100万元。为真正解决民营中小企业融资难、融资贵问题，贵州省政府2016年成立了贵州脱贫攻坚投资基金扶贫产业子基金，惠水县金融机构提出特惠贷等金融服务项目。

（二）金融服务政策体系逐年完善

贵州省高度重视营商环境优化，出台《关于加快绿色金融发展的意见》《关于支持我省地方金融机构"五个全覆盖"工程实施方案》《贵州省引进重大外资项目支持办法（暂行）》《关于进一步激发社会领域投资活力的实施意见》等，切实推进金融服务民营经济。市州层面，纷纷结合各自实际出台配套政策文件，大力推进市州一级金融服务体系建设。2015年，六盘水市盘县人民政府印发《关于支持县域工业企业加快发展若干政策措施的实施意见》，规定"要加大金融政策支持，搭建银企对接平台，努力帮助企业缓解融资压力，县内各金融机构对符合条件的工业企业要尽可能给予贷款利率优惠；允许企业采取借新还旧、展期、分期还贷等方式帮助渡过难关，不得简单采取收压贷款规模、调低授信等级等行为"；降低企业偿还债务、还本付息的资金压力；印发《关于印发〈盘州市市属国有投融资企业管理办法（试行）〉的通知》，大力支持企业招商引资。黔南州在民贸民品贴息、贵园信贷通融资、云税贷等政策方面也积极响应，为企业创建了相对宽松的融资环境，获得了较低的利息优惠，有效降低了本地企业融资成本。

（三）政府金融服务质量有所提升

贵州省各级政府部门采取了一系列利民举措，政府金融服务迈上了新台阶，得到了企业的高度认可。一是将行政审批手续实行并联审批。对于需要多部门审批的投资事项，由政务服务中心组织相关部门集中审批、同步办理，实行"一站式"办公，"一条龙"服务。二是行政审批手续实行网上预审。企业申报材料可通过远程审批系统上传到政务服务中心办事窗口，根据审批人员意见将申报资料备齐后进行一次性受理。三是实行"首问负责制"，在办理有关的各项行政审批手续时，受理机关一律实行"首问负责制"，且对项目资料齐全、属地区内办理的手续，有关部门在5个工作日内办理完毕（法律法规另有规定的从其规定）。四是符合国家政策和相关法规的金融服务需求的，金融机构积极、快捷、优质地为企业提供金融服务。若存在有非常规的、较为重大的金融服务事项时，贵州省人民政府金融服务办公室指定专人帮助协调，鼓励金融机构对投资者提供信贷资金支持，对提供较大信贷资金支持的区内金融机构，由政府金融服务办公室提请政府协调在财政存款和优质信贷项目推荐等方面给予支持。

四　优化融资环境的对策建议

一个国家或地区的金融信贷服务水平越高，企业面临的融资约束就越小，企业经营活动才不受限制，解决好企业投融资困境问题有利于提高企业的生产效率，激发企业活力。贵州地处西南内陆，在先天条件不足的情况下，要因地制宜，按照加快构建内陆开放型经济试验区的总要求，以建设高标准、高水平的营商环境为目标，聚焦融资环境，努力改善所面临的困境，参照其他省市地区的先进经验，采取具有针对性、务实性和操作性的对策措施，大力优化投融资环境，不断提升贵州省融资便利化水平。

（一）进一步完善融资体系

一是积极引导政府资金促进企业融资，成立发展小额贷款公司，通过小额委托贷款、贷款担保等形式，解决中小企业融资困难等问题。二是积极发挥财政资金杠杆作用，通过阶段参股等方式引导社会资本支持天使投资群体和创业投资机构发展。三是在产业政策上根据不同区域特点，细分产业支持政策，特别是贵州省支柱产业中的煤、电等行业，应协调金融机构进一步加大融资支持力度。四是多方式、多渠道设立产业（绿色）基金并扩大其规模，结合资本市场实际，科学合理控制基金回报。五是放开政府可调控的金融资源，加大金融支持力度，建立激励金融机构支持民营企业发展的机制，引导金融企业简化抵押、担保手续，降低评估费用，对符合条件的企业发放信用贷款，扩大授信额度，不断优化融资环境。

（二）积极构建综合融资服务平台

一是依托贵州大数据发展战略，充分利用互联网先进技术，积极构建综合融资服务平台，整合信用系统与金融信贷系统，以"线上税银互动平台"等方式有效整合、精准对接企业融资需求与银行、创投等各类金融服务机构资本供给，缓解企业融资难题。二是指定专门机构牵头，成立一个服务企业的省级平台，搭建企业直通车，加强政府与企业之间的互动交流，提升企业办事及兑现各类政策的效率，降低企业融资时间成本，帮助企业及时抓住发展机遇。三是定期召开经济运行分析会，及时解决企业发展过程中遇到的资金、技术、人才等问题，保障企业正常运营，实现企业生产效益最大化。

(三) 加快搭建企业信用服务体系

一是加快搭建企业信用服务体系,对企业的信用信息进行统一管理,制定企业信用统一标准。二是积极探索企业信用评价体系,运用信息技术手段,实现与企业信息及数据的共享,加强金融机构与企业之间的沟通交流,增强两者互信度。

贵州物流水电环境研究[*]

众所周知，良好的营商环境是一个国家或地区经济软实力的重要体现，是一个国家或地区提高综合竞争力的重要方面。营商环境通常包括影响企业活动的法律要素、政治要素、经济要素和社会要素等。其中，经济要素又包含物流环境、用水环境、用电环境等方面的内容。那么，经过几十年发展，贵州营商环境中的物流水电环境如何？发生了哪些变化？对企业发展产生了怎样的影响？广大企业对物流水电环境做何评价？当前仍存在哪些方面的困境与障碍？针对这一系列问题，本报告利用2019年"贵州省百企营商环境状况"抽样调查数据，旨在真实反映当前贵州物流水电环境的发展形态及所处阶段，并致力于寻求进一步优化和提升物流水电环境的对策建议，以便为贵州企业发展提供更加优质的生产要素服务。

一 物流水电环境的基本现状

营商环境的优化程度，不仅是衡量一个国家或地区综合竞争力、经济

---

[*] 在积极深化"放管服"改革的背景下，通过对贵州物流水电环境的客观考察，旨在间接审视当前营商环境的基本形态及特征，并由此研判贵州营商环境发展所处的实际阶段与水平。调研表明，改革开放尤其是"十三五"以来，贵州物流水电环境经历了不断改善的过程，并呈现"政策得力""成效显著""满意度高"的特征；同时贵州企业也面临着"物流成本高""获得水电难""用水用电贵"的现实困境。从优化物流水电环境的未来取向看，必须着力于健全政策法规、改进体制机制，致力于构建起一个高效、迅捷、低廉的物流水电环境。

软实力的重要指标，在一定程度上也是反映一个国家或地区的党风、政风、民风的指示器。为此，贵州各级党委政府历来十分重视营商环境的优化工作，科学研制出优化物流水电环境的各项政策措施，并抓好各项政策措施的落地生根，取得了积极而显著的成效。

(一) 政策措施

改革开放以来，尤其是进入21世纪以来，贵州省为了切实改善和优化营商环境，为企业或投资者提供良好的经济平台，省委、省政府先后制定出台了《贵州省优化营商环境集中整治行动方案》《贵州省营商环境整治明察暗访工作实施方案》《2019年贵州省营商环境大提升行动方案》等一系列的政策措施。不仅如此，贵州省各级职能部门也有的放矢地制定了更加具有针对性的政策举措，旨在共同加速推进贵州营商环境的切实改善。

在物流环境方面，贵州省交通运输厅通过推进"放管服"改革、制定实施相关优惠政策与措施，进一步优化了营商环境，减轻行业企业负担，促进行业健康发展。如在降低物流成本、减轻企业负担方面，一是按照《关于降低企业物流成本的若干措施》精神，落实货车通行高速公路优惠政策。二是落实好国家高速公路绿色通道政策，对运输《鲜活农产品品种目录》内的产品的货车实行高速公路通行费减免。三是规范海事航务收费行为。全面取消了港口行政事业性收费，切实减轻港航企业负担，强化水路交通保障能力建设，进而服务我省经济社会发展。四是实施降低货运企业成本相关措施，包括印发《关于贯彻落实降低企业物流成本若干措施的通知》《关于规范挂车管理工作的通知》《关于规范挂车审验工作的通知》等，让企业享受高速公路通行费优惠更加便利，制度性交易成本显著降低，多式联运、无车承运等先进运输组织模式快速发展，总体施行较好；五是深入贯彻落实交通运输部等14个部门制定印发了《关于加快推进道路货运车辆检验检测改革工作的实施意见》(黔交运〔2018〕19号)，积极推进货运车辆"三检合一"，切实减轻经营者负担。

与此同时，贵州省商务厅以推进内陆开放型经济试验区建设为契机，牢牢抓住改革开放关键一招，有序推进投融资体制改革，全面实行外商投资准入前国民待遇加负面清单制度，建立外商投资企业设立申请"一窗受理"制度；大力优化营商环境的流通环节，印发了《贵州省优化口岸营商环境促进跨境贸易便利化工作实施方案》，在海关特殊监管区全部实现先入区，后报关等通关便利化政策，实现口岸"管得住"和"通得快"双提升。

在水电环境方面，由贵州省投资促进局拟定，省政府印发的《2019年贵州省营商环境大提升行动方案》，参照《中国营商环境评价实施方案（试行）》中"开办企业""获得电力""获得用水用气""跨境贸易"等营商环境评价指标，把其中的"获得电力""获得用水用气"等2项合并，并提出了17个有关指标改革举措，对改革任务做了量化，明确各项指标的牵头单位、责任单位和完成时限，形成部门协同、上下联动共同作战的合力，通过年底第三方评估考核倒逼实现整改成效，让企业实实在在享受改革红利。按照这一方案的要求，通过深化"放管服"改革，坚持问题导向、目标导向，深入开展整治提升行动，降低市场运行成本，旨在打造服务和效率高于周边、成本和负担低于周边的营商环境"贵州高地"。

（二）显著成效

改革开放以来尤其是"十三五"以来，贵州通过坚持改革创新、以评促改、以改提优的有效举措，达到了全面优化营商环境的预期与目标。按照省委、省政府对全省优化营商环境建设的要求，各级各部门紧紧围绕市场主体反映的突出问题、第三方评估发现的问题进行集中整治，坚持目标导向、问题导向和效果导向，形成了一套目标责任明确、系统协同推进的有效做法，营商环境整治取得了明显的成效。

根据有关营商环境专题评估报告中指标度量的结果显示，在贵州营商环境中"获得电力"的评价指标值，由2017年的53.98分提升至2018年的70.15分，其在世界经济体中的相对位置也由第143位迅速提升到等

102 位，整体上升了 41 位；同时，反映物流环境的"跨境贸易"评价指标值则由 2017 年的 66.52 分迅速提升到 2018 年的 82.48 分，其在世界经济体中的相对位置由第 114 位迅速提升到第 66 位，整体上升了 48 位。[①]

上述数据变化可见，伴随着中国营商环境整体快速改善，贵州地区的营商环境也随之而发生明显的改善。值得一提的是，作为中国内陆省份的贵州，在国家大战略方针的支持下，在物流水电环境的发展上呈现出"跨越式"的发展进程，尤其在道路交通基础设施建设上，贵州在西部地区率先实现了县县通高速的发展目标，不仅为贵州企业或投资者的发展提供了有利条件，促进了企业物流水电环境的优化，而且大大缩短了时空距离，节约了企业成本。

二　物流水电环境及企业成本

物流水电环境及成本高低，直接影响着一个企业的生存与发展状态。在贵州，由于受多重因素的制约，企业在背负企业成本方面呈现出自身的区域性特征，并具体表现在物流成本、用水成本和用电成本之上。

（一）物流环境及成本

1. 物流环境

交通配置及条件的好坏，在一定程度上影响着一个企业的发展状态。在贵州，从交通环境条件看，县县通高速的目标达成，很大程度地改善了贵州整体交通环境条件，这一过程也相应地驱动着交通次干线及网络的建成。所有这些，都在很大程度上为企业周边交通环境条件的改善与配置提供了有利条件。问卷调查显示，在被调查企业中，认为企业周边交通配套"完善"、"一般"和"不完善"的比例分别为 52.8%、39.2% 和 8.0%（见

[①] 《贵州省 2018 年营商环境第三方评估报告出炉》，《贵州日报》2019 年 3 月 4 日。

表1）。这表明，从整体上看，超过半数的企业认为贵州企业周边交通配置情况是完善的，也是较好的，而明确表示企业交通配置不完善的不足一成。

表1　企业周边的交通配套情况

单位：个，%

交通配套\基本状况	频次	百分比	有效百分比	累计百分比
完　善	66	52.8	52.8	52.8
一　般	49	39.2	39.2	92.0
不完善	10	8.0	8.0	100.0
总　计	125	100.0	100.0	

资料来源：2019年"贵州省百企营商环境状况"抽样调查数据。本表中，有效样本125个。

进一步看，在大的物流环境中，贵州企业又涉及哪些方面的物流业务呢？问卷调查显示，在被调查企业中，表示企业涉及的物流业务为"运输"的占38.3%，"仓储"的占21.6%，"包装"的占7.4%，"搬运装卸"的占11.7%，"流通加工"的占3.2%，"配送"的占12.4%，"物流信息管理"的占4.3%，"其他"的占1.1%（见表2）。

表2　企业涉及的物流业务

单位：个，%

物流业务\基本状况	选择人次	选择人次占总选择人次的比例	选择人次占有效样本的比例
运输	108	38.3	86.4
仓储	61	21.6	48.8
包装	21	7.4	16.8
搬运装卸	33	11.7	26.4
流通加工	9	3.2	7.2
配送	35	12.4	28.0
物流信息管理	12	4.3	9.6
其他	3	1.1	2.4
总　计	282	100.0	225.6

资料来源：2019年"贵州省百企营商环境状况"抽样调查数据。在本表中，有效样本为125个。

2. 物流成本

物流成本的高低，是反映一个国家或地区企业营商环境好坏的重要指标之一。这一指标的状况，也影响着一个国家或地区经济发展的吸引力。那么，在贵州，广大企业或投资者所担负的物流成本又如何呢？调查显示，在被调查企业中，表示物流成本占企业总成本的有效百分比情况如下："5%以下"的占49.2%，"5%~10%"的占29.5%；"11%~15%"的11.5%、"16%~20%"的占6.6%，"20%以上"的占3.3%（见表3）。为了更进一步精准把握企业物流成本的高低，我们对调查数据进行了"区间值"的折算，综合测算出贵州企业的物流成本占被调查企业总成本的7.26%（均值），标准差为5.36564。显然，这一物流成本的比例，是相对较高的，其无疑会加重企业自身的成本负担。

表3 物流成本占企业总成本的比例大小

单位：个,%

物流成本所占比例 \ 基本状况	频次	百分比	有效百分比	累计百分比
5以下	60	48.0	49.2	49.2
5~10	36	28.8	29.5	78.7
11~15	14	11.2	11.5	90.2
16~20	8	6.4	6.6	96.7
20以上	4	3.2	3.3	100.0
总计	122	97.6	100.0	
缺失	3	2.4		
总　计	125	100.0		

资料来源：2019年"贵州省百企营商环境状况"抽样调查数据。本表中，有效样本为122个，缺失值为3个。

那么，对于相对较高的物流成本比例，贵州企业对此物流成本所占的比例又有何感受呢？问卷统计显示，在众多被调查企业中，明确表示物流费用属于"很高"、"高"和"较高"的比例分别为14.4%、29.6%和

44.8%，三者累计比例高达88.8%，而认为企业物流费用是"正常"和"低"的比例分别为9.6%和1.6%，两者比例之和仅占一成左右（11.2%）（见表4）。显然，这种对客观事实的主观感受，充分反映了当前贵州物流费用过高的事实。对此，正如调研走访时企业反映的情况一样，贵州物流环境给企业所带来的物流成本相对于全国及其他省份来说是偏高的。以公路运输为例，省外的运输成本通常平均不到2元/公里，而进入贵州境内的运输成本则通常平均超过3元/公里；又如以铁路运输为例，目前企业在铁路方面的运费非常高，其已占到货物价值的7.0%。这种省内外存在的巨大反差问题，是广大企业和投资者共同关心的问题，也是贵州营商环境中的一块短板，须引起必要的重视，并采取实实在在的政策举措加以解决。

表4　企业对物流费用的感受

单位：个,%

基本状况 物流费用感受	频次	百分比	有效百分比	累计百分比
很高	18	14.4	14.4	14.4
高	37	29.6	29.6	44.0
较高	56	44.8	44.8	88.8
正常	12	9.6	9.6	98.4
低	2	1.6	1.6	100.0
总　计	125	100.0	100.0	

资料来源：2019年"贵州省百企营商环境状况"抽样调查数据。本表中，有效样本125个。

值得关注的是，到底是什么原因造成贵州企业物流成本偏高呢？调查发现，在被调查企业中，有31.6%的企业认为"燃油价格上涨"是造成物流成本升高的主要原因；认为是"人工费用上涨"造成了物流成本升高的占34.4%；而认为"车辆各项税费上涨""过路过桥费过高""乱罚款现象严重""其他"是造成企业物流升高的主要原因的占比分别是13.1%、17.7%、0.7%和2.5%（见表5）。这表明，当前造成贵州企业物流成本升高的原因,主要集中在"人工费用上涨""燃油价格上涨"两大方面,两者合计比例超过六成,高达66.0%。

表5 导致企业物流成本升高的主要原因

单位:个,%

主要原因 \ 基本状况	选择人次	选择人次占总选择人次的比例	选择人次占有效样本的比例
燃油价格上涨	89	31.6	71.2
人工费用上涨	97	34.4	77.6
车辆各项税费上涨	37	13.1	29.6
过路过桥费过高	50	17.7	40.0
乱罚款现象严重	2	0.7	1.6
其他	7	2.5	5.6
总计	282	100.0	225.6

资料来源:2019年"贵州省百企营商环境状况"抽样调查数据。在本表中,有效样本为125个。

(二)用水环境及成本

1. 用水环境

用水环境的好坏,通常可以利用获得用水的方便程度来衡量。在贵州,经过不断努力,企业的用水环境条件得到了明显改善。问卷调查显示,贵州企业获得用水的时间为"3天以内"的占41.5%,"3~7天"的占12.2%,"8~15天"的占7.3%,"16~30天"的占12.2%,"30天以上"的占26.8%(见表6)。这表明,当前贵州企业获得用水时间主要集中在"3天以内"和"30天以上"两头,两者的比例之和超过六成(实为68.3%)。为了更精准地了解企业获得用水时间的长短,通过对调查数据进行"区间值"的折算,综合测算出当前贵州企业获得用水的时间15.53天(均值),标准差为15.92785。由此说明,这一用水时间相对是较长的,不仅如此,当前仍有超过1/4(26.8%)的企业获得用水的时间是超过一个月的,对此应引起重视。

表 6　企业获得用水的时间

单位：个,%

基本状况 获得用水时间	频次	百分比	有效百分比	累计百分比
3 天以内	51	40.8	41.5	41.5
3~7 天	15	12.0	12.2	53.7
8~15 天	9	7.2	7.3	61.0
16~30 天	15	12.0	12.2	73.2
30 天以上	33	26.4	26.8	100.0
总计	123	98.4	100.0	
缺失	2	1.6		
总　计	125	100.0		

资料来源：2019 年"贵州省百企营商环境状况"抽样调查数据。本表中，有效样本为 122 个，缺失值为 3 个。

2. 用水成本

用水成本的高低，是反映企业营商环境质量不可或缺的指标之一。就贵州而言，广大企业或投资者所承担的用水成本的具体情况是怎样呢？问卷调查显示，在被调查企业中，认为用水成本占企业总成本的比例为"5%以下"的占 80.5%，"5%~10%"的占 13.8%；"11%~15%"的占 4.9%；"20%以上"的占 0.8%（见表 7）。为了更进一步把握企业用水成本的高低，我们对调查数据进行了"区间值"的折算，综合测算出贵州企业的用水成本占被调查企业总成本的 4.29%（均值），标准差为 3.16746。显然，企业这一用水成本所占总成本的比例不算太低，并增添了企业的实际成本及负担。

表 7　企业用水成本占总成本的比例

单位：个,%

基本状况 用水成本所占比例	频次	百分比	有效百分比	累计百分比
5 以下	99	79.2	80.5	80.5

续表

基本状况 用水成本所占比例	频次	百分比	有效百分比	累计百分比
5~10	17	13.6	13.8	94.3
11~15	6	4.8	4.9	99.2
20以上	1	0.8	0.8	100.0
总计	123	98.4	100.0	
缺失	2	1.6		
总　计	125	100.0		

资料来源：2019年"贵州省百企营商环境状况"抽样调查数据。本表中，有效样本为123个，缺失值为2个。

进一步看，同一调查发现，在被调查企业中，尽管高达85.6%的企业表示除了正常缴纳的用水费用以外"没有"其他费用，只有6.4%的企业明确表示还"有"其他方面的用水收费；此外还有8.0%的企业认为是"不好说"的（见表8）。由此可见，在现实生活中，企业不同程度地遭遇非常规性用水收费是存在的，这种不合理性因素的存在对企业发展是不利的。

表8　企业通水缴纳正常费用之外的其他费用情况

单位：个,%

基本状况 其他费用	频次	百分比	有效百分比	累计百分比
没有	107	85.6	85.6	85.6
有	8	6.4	6.4	92.0
不好说	10	8.0	8.0	100.0
总　计	125	100.0	100.0	

资料来源：2019年"贵州省百企营商环境状况"抽样调查数据。本表中，有效样本为125个。

（三）用电环境及成本

1. 用电环境

在现实生产生活，能否获得正常的用电环境，对企业的发展来说是很重要的,也是不可或缺的。好的用电环境,有利于为企业的发展提供便利。经过长期的努力,贵州利用自身的电能优势,不断改善企业的用电环境及条件。在用电时间方面,问卷调查显示,当前贵州企业获得用电的时间为"3天以内"的占41.8%,"3~7天"的占12.3%,"8~15天"的占6.6%,"16~30天"的占9.0%,"30天以上"的占30.3%(见表9)。可见,当前贵州企业获得用电时间主要落在"3天以内"和"30天以上"这两个时段上,二者的合计比例超过七成(实为72.1%)。那么,到底贵州企业获得用电的时间是多久呢？在这里,通过对调查数据进行"区间值"的折算,我们综合测算出当前贵州企业获得用电的时间16.28天(均值),标准差为16.71129。不难看出,与企业的用水时间相比,贵州企业获得用电的时间更长一些,平均多了0.75天,不仅如此,当前获得用电时间超过一个月(即"30天以上")的企业比例也高于获得用水的相应比例,前者比后者高出了3.5个百分点。

表9 企业获得用电的时间

单位:个,%

基本状况 获得用电时间	频次	百分比	有效百分比	累计百分比
3天以内	51	40.8	41.8	41.8
3~7天	15	12.0	12.3	54.1
8~15天	8	6.4	6.6	60.7
16~30天	11	8.8	9.0	69.7
30天以上	37	29.6	30.3	100.0
总计	122	97.6	100.0	
缺失	3	2.4		
总　计	125	100.0		

资料来源:2019年"贵州省百企营商环境状况"抽样调查数据。本表中,有效样本为122个,缺失值为3个。

2. 用电成本

用电成本的高低,从一定程度上影响着企业的发展状况。那么,在贵州,广大企业或投资者在发展过程中的用电成本的具体情况是怎样呢?问卷统计显示,在被调查企业中,表示企业用电成本占总成本的比例为"5%以下"的占58.1%,"5%~10%"的占29.8%;"11%~15%"的占8.1%;"20%以上"的占4.0%(见表10)。为了更直观地了解企业用电成本的实际状况,我们对调查数据进行了"区间值"的折算,并综合测量出贵州企业的用电成本占企业总成本的6.04%(均值),标准差为4.96007。显然,贵州企业用电成本所占总成本的比例是相对较高,已超过总成本的5个百分点,加重了企业的成本负担。

表10 企业用电成本占总成本的比例

单位:个,%

用电成本所占比例 \ 基本状况	频次	百分比	有效百分比	累计百分比
5以下	72	57.6	58.1	58.1
5~10	37	29.6	29.8	87.9
11~15	10	8.0	8.1	96.0
20以上	5	4.0	4.0	100.0
总计	124	99.2	100.0	
缺失	1	0.8		
总 计	125	100.0		

资料来源:2019年"贵州省百企营商环境状况"抽样调查数据。本表中,有效样本为124个,缺失值为1个。

进一步看,在被调查企业中,表示除了正常缴纳的用电费用以外"没有"其他费用的企业占92.0%,明确表示还"有"其他方面的用电收费的企业占1.6%;而认为"不好说"的企业占6.4%(见表11)。这说明,在现实生产中,企业在获得用电上整体环境是好的,但不同程度遭遇非常规性用电收费的现象仍然存在,而这种不合理性现象的存在,必然影响营商环境的优化和改善,应引起重视。

表 11　企业通电缴纳正常费用之外的其他费用情况

单位：个，%

基本状况 其他费用	频次	百分比	有效百分比	累计百分比
没有	115	92.0	92.0	92.0
有	2	1.6	1.6	93.6
不好说	8	6.4	6.4	100.0
总　计	125	100.0	100.0	

资料来源：2019年"贵州省百企营商环境状况"抽样调查数据。本表中，有效样本为125个。

三　物流水电环境的企业评价

改革开放40年来，贵州经济社会发展取得了巨大成就，其物流水电环境也相应发生了较大改善。然而，人们更关心的是广大企业是如何看待贵州物流水电环境的发展与变化的，其对物流水电环境的满意度评价又如何？通过对物流水电环境的主体态度的考察，旨在客观反映该领域所处的阶段与实际发展水平。

（一）企业对物流水电环境的综合满意度评价

从总体上看，在被调查企业中，有38.7%的企业对当前贵州物流水电环境感到"满意"，表示对物流水电环境感到"较满意"的企业占43.4%（"众值"所在），而明确对物流水电环境持"不满意"态度的比例不足一成（实为4.1%），此外还有13.8%的企业则认为贵州物流水电环境为"一般"（见表12）。不难看出，当前广大企业对贵州物流水电环境的总体评价倾向"满意"（包括"满意"和"较满意"），其累计比例超过八成（82.1%），表明企业对该领域环境条件的满意度是相对较高的。以上数据从很大程度上反映了贵州物流水电环境的实质变化和较大改善。

表 12　企业对贵州物流水电环境的总体满意度评价

单位：人，%

满意评价 \ 基本状况	频次	百分比	有效百分比	累计百分比
满　意	143	38.7	38.7	38.7
较满意	160	43.4	43.4	82.1
一　般	51	13.8	13.8	95.9
不满意	15	4.1	4.1	100.0
总　计	369	100.0	100.0	

资料来源：2019 年"贵州省百企营商环境状况"抽样调查数据。

进一步看，为了更准确了解广大企业对贵州物流水电环境的综合满意程度评价状况，在这里，将问卷调查中有关物流水电环境的满意度评价的选项指标分别按"满意"等于4、"较满意"等于3、"一般"等于2，"不满意"等于1进行赋值，那么可测算出企业对当前贵州物流水电环境评价的综合满意度指数为3.17（均值）（综合满意度指数为1~4，数值越大，则表示满意程度越高），标准差为0.75269，处于"较满意"与"满意"之间，但更接近于"较满意"的刻度（见图1）。由此可见，正如企业对贵州物流水电环境明显变化的现实感受一样，被调查者也深深地感受到来自该地区物流水电环境的快速改善，并总体上持"较满意"的态度。

图 1　企业对贵州物流水电环境的综合满意度评价

资料来源：2019 年"贵州省百企营商环境状况"抽样调查数据。

（二）企业对物流水电环境的满意度差异评价

问卷调查显示，在被调查者中，企业对贵州物流环境表示"满意""较满意""一般""不满意"的比例分别为 19.2%、46.4%、24.8% 和

9.6%；对贵州供水环境表示"满意"、"较满意"、"一般"和"不满意"的比例分别占47.9%、44.6%、5.8%和1.7%；对贵州供电环境表示"满意""较满意""一般""不满意"的比例依次是49.6%、39.0%、10.6%、0.8%（见表13）。不难看出，企业对贵州物流环境、供水环境、供电环境的满意度评价的"众值"依次落在"较满意"、"满意"和"满意"之上，分别占46.4%、47.9%和49.6%，表明企业对这三类环境条件的满意度都相对较高，但是三者之间又存在着一定的差异，表现在从"众值"上看，企业对贵州供水环境、供电环境的满意度评价明显高于物流环境；从持"满意"（包括"满意"和"较满意"）的态度上看，三者之间按照比例由高到低依次为供水环境为92.5%、供电环境为88.6%、物流环境为65.6%。

表13 企业对物流水电环境的综合满意度评价

单位：%

物流水电环境 \ 基本状况	满意	较满意	一般	不满意	合计	综合满意度指数（均值）
物流环境	19.2	46.4	24.8	9.6	100.0	2.75
供水环境	47.9	44.6	5.8	1.7	100.0	3.39
供电环境	49.6	39.0	10.6	0.8	100.0	3.37
总　体	38.8	43.4	13.8	4.1	100.0	3.17

资料来源：2019年"贵州省百企营商环境状况"抽样调查数据。本表中，三者的有效样本分别为125个、121个和123个；其中，"物流环境"中的"不满意"包括"不太满意"和"不满意"。

依据前文赋值方法，将表13中有关物流环境、供水环境、供电环境的满意度评价的选项指标分别按"满意"等于4、"较满意"等于3、"一般"等于2、"不满意"等于1进行赋值，那么可测算出企业对当前贵州物流环境评价的综合满意度指数为2.75（均值），对供水环境评价的综合满意度指数为3.39（均值），对供电环境评价的综合满意度指数为3.37（均值），三者的标准差依次为0.87672、0.67542和0.70593。由此表明，企业对当前贵州物流水电环境的评价中，其综合满意度评价指数由高到低分别是供水环境、供电环境和物流环境。

不难看出，无论企业对物流水电环境满意度评价的比例关系，还是对物流水电环境综合满意度评价指数的量化结果，都反映了当前贵州营商环境中物流、水、电三大要素的真实形态及现实水平。

四　物流水电环境建设存在的问题

改革开放尤其是"十三五"以来，贵州在推进物流水电环境建设方面的投入力度较大，取得了显著成效，企业发展所获得的环境条件是有利的。但是，受经济、文化、社会、区位等众多因素的影响，贵州物流水电环境在建设过程中仍面临着自身的困境与问题。

（一）物流困境

调研发现，尽管贵州物流环境的整体改善情况较好，但仍存在着现实中的困境与障碍。正如上述分析表明一样，贵州物流成本偏高几乎成为绝大多数企业的共同感受，因此在当前贵州物流水电环境的评价中，物流环境对物流环境的综合满意度评价指数偏低，这也从侧面反映出贵州物流环境建设存在不足。具体而言，当前贵州物流环境面临的困境主要体现商业贸易方面：一是受整个营商环境大气候的影响，物流企业之间仍存在非理性竞争，致使其服务质量不高；二是陆海新通道（多式联运）仍存在线路衔接、货源畅通对流等问题；三是机场、港口等领域物流费用的收费标准的透明度不足；四是因多式联运没有补贴，加之铁路等方面的运费较高，大大增加了企业的成本及负担；五是退税流程复杂、时间偏长，退税额度有限额、存在补税后不能抵扣等方面的问题。

（二）用水困境

如前所述，当前贵州企业在获得用水上，呈现获得用水时间长、成本高等方面的问题。具体来看，在供水环境上，贵州企业获得用水上仍面临着以下几方面的困境：第一，从提出用水申请到获得用水供给的时间仍较长。调查表明，当前贵州企业获得用水的时间仍超过了两周，其实际获得用水的时间达 15.53 天（均值），标准差为 15.92785。第二，贵州企业获得用水的成本仍偏高，其用水成本占企业总成本的比例超过 4 个百分点（实为 4.29%）。

（三）用电困境

获得电力是企业运行发展过程中不可或缺的重要条件。然而，从总体上看，当前贵州企业面临的供电环境仍不容乐观。具体来看，在获得电力上，贵州企业仍面临着以下几方面的问题：第一，从用电申请到供电方案答复的时间长；第二，施工时间长，成本高；第三，中心城区选站址很难，拉线涉及部门多、手续难、时间长；第四，企业实际用电成本偏高。

五　优化物流水电环境的对策建议

物流环境是现代企业运行过程的输血管道，其畅通程度决定着企业正常运转的效率与速度；与之相比，水电环境的保障水平，则犹如企业运转的血液或能量，缺乏水电，企业将无法运转。由此而言，好的物流水电环境是企业正常运转、充满活力、保持健康的重要基础及条件。未来数十年间，如何优化提升物流水电环境将成为贵州不可回避的一个重要现实问题。为此，如何面对新形势、新任务、新要求，在举全省之力实现脱贫攻坚、同步小康的同时，贵州省共同聚焦改善营商环境这一议题，并致力于寻求科学有效的优化路径与发展策略，是十分重要而必要的，具有不可忽视的特定意义与价值。在这里，笔者秉持客观、真实之精神，在真实还原当前贵州物流水电环境的发展图景的基础上，寻找"病症"，开出"药方"，为构建起一个高效、高速、高质的物流水电环境而努力。

（一）从宏观上看，须建立健全政策法规，改进体制机制

1. 健全政策法规

从未来发展看，要进一步优化贵州营商环境，就必须从顶层设计的战略高度，切实致力于营商环境的改革与发展，并提供全方位的政策法规支持。与此同时，贵州省委、省政府必须始终遵循习近平总书记对优化营商环境的重要指示精神，即"优化营商环境，对标国际一流水平，营造稳定公平透明的营商环境，缓解民营企业和中小微企业融资难题"[1]，切实有效地推进各项优化营商环境的改革与创新。具体建议：第一，健全更加完善的贵州物流水电环境政策支撑体系；第二，结合省情特点，制定符合贵州本土化的政策法规；第三，顺应新时代发展的客观需要，充分将全国有关物流水电环境方面的政策法规进行本土内化，以提升相关政策法规的普适性水平。

2. 改进体制机制

对贵州而言，优化物流水电环境，重点在于体制机制，难点也在于体制机制。鉴于此，贵州必须切实从以下两大方面切入，共同致力于企业营商环境中有关物流水电环境的优化与提升。第一，从改进体制机制入手，突破物流水电环境改善的制度性"篱笆"。当前，贵州企业遭遇物流水电环境的困境，其根本原因在于相关传统体制机制的惯性制约，致使企业发展的负担过重、成本过高，难以寻求自身的发展优势。鉴于此，贵州必须进一步切实研究和探索改进物流水电环境条件的相关体制机制及改革思路与方法，以便顺应现代物流水电环境建设的要求。第二，从"放管服"改革创新入手，围绕痛点难点持续发力。以创新促进改革，以改革促进体制机制的创新，积极深化"放管服"改革进程。探索设立"综合服务窗口"，

---

[1] 习近平：《贯彻新发展理念推动高质量发展　奋力开创中部地区崛起新局面》，http://www.xinhuanet.com/politics/leaders/2019-05/22/c_1124529225.htm，2019年5月22日。

构建"多规合一"工作机制,搭建"低物流、低水电"供给机制,积极为企业或投资者减负,让企业或投资者可以把更多的时间和精力投入生产经营之上。

(二)从微观上看,须优化软硬件条件,降低物流水电成本

物流水电企业应不断探索提升服务质量与便利指数的管理举措,以实际行动减少环节、缩短时间、降低费用,满足各类型企业的发展诉求,加快营造规范化、便利化、透明化且具有成本竞争力的良好营商环境,助力现代化经济体系的建设,为促进贵州经济高质量发展增动能、夯基础、提成效。

1. 获得用水建议

从影响"获得用水"的二级指标来看,要想提升"获得用水"指数,从根本上看,着重在于做好以下几方面的工作:一是优化办理环节,简化办理手续;二是压缩办理时间,增加并联环节;三是降低接入成本,规范市场行为;四是开通网上支付系统,降低用水成本;五是合理增加缴费窗口,提高事故抢修效率;六是提高用水可靠性,提升供水服务水平。

2. 获得电力建议

从影响"获得电力"指数的四个二级指标来看,"获得电力"指数的提升,根本在于供电企业软硬件管理的提升上。在硬件上,只有建设坚强电网,同时在客户办电的流程、环节上做减法,才能让客户又快又好地用上电;在软件上,只有加强服务创新,利用"互联网+服务"上做加法,才能提升客户的用电体验和获得感。

第一,精简办电手续,减少办理环节。精简办电手续的关键是压减流程环节,如以创新实行中小微企业用电零审批管理举措,针对中小微企业的接电需求,通过先进的自动服务平台给客户量身定制个性化的服务方案,同时精简报装资料的种类和数量,一次性现场收取所有报装资料,并取消中小微企业内部工程图纸审核环节,缩短接电时间。在减少办理环节

上，电力部门应主动与政府相关部门对接，实现信息共享，严格核查营业执照、环评、土地及规划许可等批复性文件，确保客户项目合法合规。

第二，压缩接电时间。压缩接电时间的关键是要变被动服务为主动服务。例如针对低压报装客户，电网企业的共性举措是改变工程前期手续办理的主体。以前由客户自行办理，现在由供电公司统一向政府部门申请办理，由电力企业会同政府相关部门出台施工道路开挖政策等，减轻企业的负担。具体操作中，电网企业要不断强化客户经理的职责，让客户经理提前了解客户潜在需求，提前告知相关的报装接电手续，使客户提前准备好相关文件和必要手续。在客户供电方案的设计制作中，由客户经理进行积极引导，使其符合电网规划，避免后期返工。同时，启动业扩配套项目建设，缩短接电时间。

第三，降低用电成本。深化投资界面延伸是降低中小微企业接电成本的关键。在优化营商环境，提升企业"获得电力"幸福指数的过程中，电网企业将工作的重点落在了投资界面的重新划定上。建议160千瓦及以下低压接电项目，因接入电网引起的表和表箱及以上配电网工程都由电力公司全额投资，客户无须投资建设外电源工程。建议将传统高压客户改低压供电，将原来投资界面延伸到客户红线高压侧，又进一步向前延伸到低压侧，降低企业接电成本。这些举措将会大大减少客户的接电费用，降低了客户前期投入成本。

第四，大力推广互联网业务。将"互联网＋供电"思维引入供电服务领域，通过网上营业厅、微信公众号等实现网上申报、网上缴费，强化远程业务受理核对确认及闭环管理，实现客户随时随地线上办电，逐步实现简单业务"一次都不跑"，复杂业务"最多跑一次"的服务，让客户真正享受到省时、省心、省力的电力接入服务。

第五，加大电网建设力度，提高电力供应可靠性。贵州省供电总公司应加大力度解决地方电网建设不平衡的投资力度，做优做足项目储备，全力推动"十三五"电网规划项目顺利实施完成，"天灾"有预案、"人祸"

要打击、"企业损失"要赔偿,全面提升供电可靠性。

第六,提高获得电力"透明度"。变内部考核为外部评价,建立科学有效的社会评价体系,让服务对象参与供电项目的调查研究、设计、实施,参与费用收取的各个环节,由服务对象完全参与服务人员、工作部门的年终考核评价,在服务区域公示评价结果,以提升服务对象的话语权来提高供电的"透明度",从而提升企业的满意度。

贵州企业行政许可审批事项办理环境研究[*]

一 企业行政许可审批事项办理的现状

为深入贯彻落实《国务院办公厅关于聚焦企业关切进一步推动优化营商环境政策落实的通知》《贵州省优化营商环境集中整治行动方案》等文件精神，贵州省采取严格明确职责分工、全面优化办事流程、积极推行"一站式办理"、持续推进网络办理、切实做好过程保障支撑等措施，不断优化企业许可事项审批办理环境，让企业真正得实惠。

（一）严格明确职责分工

首先，调整许可事项。2018年以来，《国务院关于取消一批行政许可等事项的决定》《国务院关于取消和下放一批行政许可事项的决定》下发后，贵州省高度重视规范行政许可审批工作，2019年6月26日省政府研究调整并出台了《贵州省人民政府关于调整行政许可等事项的决定》，按取消、下放等规定调整了一批行政许可等事项（其中，取消19项、下放

---

[*] 为落实"简政放权、放管结合、优化服务"要求，贵州省以"放管服"为抓手，采取明确职责分工、优化行政审批流程、规范"一站式"审批模式、改革行政审批方式、持续推进网络办理等创新方式，制定实施相关政策措施保障和服务企业发展，持续推进行政许可审批制度改革，进一步优化营商环境，提高了公共服务质量和效率。

19 项、转变管理方式 6 项、合并或拆分涉及 9 项），省直部门继续实施的行政许可事项 266 项。2018 年，省住房和城乡建设厅清理废止了《贵州省建筑施工企业安全生产许可证办理有关事项的通知》等 8 个文件和相关证明事项 12 项。其次，明确职责分工。贵州省以省领导小组办公室名义印发通知，明确省公安厅、省财政厅、省文旅厅、省卫健委、省民政厅、省商务厅、省住建厅等多家部门单位集中研究，将"193 号文件"明确的任务要求细化分解落实到相关业务处室，明确任务分工、责任单位和完成时限，以此为抓手，落实规范行政审批工作。如在不动产登记方面，明确要求省住房和城乡建设厅、税务部门配合落实一窗办服务、简化材料、优化流程、信息共享等工作；省公安、民政、市场监管等部门提供信息共享，支持不动产登记提速增效；协调省住房和城乡建设厅、省税务局，要求各地将房屋交易管理、核税缴税纳入内部流程，1 个工作日办结。

（二）优化行政审批流程

为全面贯彻落实习近平总书记在民营企业座谈会上的重要讲话精神，贵州省深入推进放管服改革，通过下放行政审批权限，减少行政审批事项，压缩行政审批时限，优化行政审批流程，保障和服务企业发展。省级下放（委托）贵阳市市级行政许可事项 100 项，市级现有行政许可事项 129 项；职业技能鉴定认定工种从 2015 年的 186 项减少到 26 项；工商登记全程电子化试点和"多证合一""证照分离"改革不断推进，企业开办时间由原来的 15.3 个工作日缩减至 8.5 个工作日以内。一是下放审批权限。各单位和部门认真贯彻落实中央和省关于"放管服"的有关文件，结合部门职能，深化简政放权放管结合优化服务改革，将部分审批权限和证照办理下发至市（州、贵安新区）办理，切实方便企业办事。如省公安厅制定"公安行政审批事项目录"清单，减少行政审批事项。将银行业金融机构营业场所、金库安全防范设施建设方案等一系列审批权限下放到市、县级公安机关，提高了办事效率。截至 2018 年，省公安厅行政审批事项由原来的29项减少到当前的14项，审批时限平均缩短5个工作日。并将部分审批事项改为即时办理。二是简并审批环节。一些单位和部门取消了部分行政审批环节，如省生态环境厅采取将建设项目竣工环保验收审批制改为备案制、取消建设项目环保试生产审批的措施，减少了行政审批环节。省市场监管局深化商事制度改革，于2019年5月1日在全省推行企业名称自主申报改革，取消企业名称预先核准行政许可，建立全省统一规范企业名称自主申报系统，明确企业名称自主申报程序，完善企业名称争议处理机制，进一步提高企业名称登记便利化服务水平，压缩企业开办时间。2018年11月，国务院第五次大督查营商环境7项重要指标调查结果发布，贵州省压缩企业开办时间指标为86.1分，排名全国第12位。其中企业开办环节4.9个，排名全国第14位；企业开办时间7.6天，排名全国第8位；企业开办提交材料17件，排名全国第20位，提前完成国务院2019年上半年全国企业开办时间压缩至8.5天的目标。省地方金融监管局对权限内融资担保、小额贷款公司的部分审批权、证照办理下发至市（州、贵安新区）办理，取消了小额贷款公司、融资性担保公司设立审批过程中的有关证明手续。此外，按照《中共贵州省委贵州省人民政府关于支持民族自治州脱贫攻坚同步小康的意见》《中共贵州省委贵州省人民政府关于加快推进毕节试验区新一轮改革发展的意见》《贵州省人民政府关于支持贵阳市加快经济社会发展的意见》等文件精神，将辖内小额贷款公司变更名称、组织形式和经营场所，融资性担保公司设立、变更和终止等事项，继续下放至黔南州、黔西南州、黔东南州金融办核准审批；将辖内注册资本人民币2亿元以下的融资性担保机构、小额贷款公司继续下放至毕节市金融办审核审批；将辖内注册资本人民币2亿元以下的融资性担保机构下放至贵阳市金融办审核审批，切实方便企业和群众办事。三是压缩审批时限。贵州省研究并下发《贵州省人民政府办公厅关于进一步压缩企业开办时间的通知》，明确压缩企业开办时间，大力推行"一窗受理、并行办理"，简化企业注册登记程序，公章刻制备案纳入"多证合一"，压缩申领发票时间，完善企业社会保险登记业务流程等。省住房和城乡建设厅以贵阳市为试点，对所有新建、改建、扩建的房屋建筑和城市基础设施等工程项目大幅压缩审批时限。计划到 2019 年底，贵阳市审批时限压缩至 80 个工作日以内，其他市（州）、贵安新区力争压缩至 80 个工作日以内，确保达到 100 个工作日以内。省地方金融监管局制定出台了《省政府政务服务中心窗口行政审批工作制度（试行）》，将以往的行政审批工作流程缩减了一半，办结时间缩减 80%，大大提高了审批效能。2019 年，省地方金融监管局在依法受理的审批事项中有 95% 的审批事项在当场、当天予以办结，5% 的审批事项比原有审批时限缩短一半，大大提高行政审批效率，不断提升企业、群众满意度。

（三）规范一站式审批模式

积极推进行政审批标准化、制度化、科学化建设，制定行政审批事项工作制度和服务指南，统一规范全省行政许可审批事项办理流程，主要采取以下做法。一是设立行政许可审批办事窗口。坚持"行政审批进中心，中心之外无审批"的工作原则，大部分单位和部门均在省、市（州）、县（区）各级政务服务中心设立办事窗口，并自上而下打通行政许可审批窗口服务渠道。截至目前，省级具有行政审批和公共服务职能的 51 家省直部门 2127 项政务服务事项已进驻政务大厅并授权。省市场监管局着力建立健全涉及企业登记环节的制度规范，先后印发《贵州省工商局关于进一步深化注册登记便利化改革优化营商环境的意见》《贵州省工商局关于进一步加强工商企业登记窗口规范化建设的意见》等文件，探索建立注册登记管理长效机制，进一步规范注册登记管理工作，持续提升全省企业登记便利度和服务效能，推动营商环境集中整治取得实效。二是制定行政许可审批工作制度。省政府将单位和部门的部分行政许可审批工作归入政府服务中心，并制定《省政府政务服务中心窗口行政审批工作制度（试行）》，以确保行政许可审批工作规范、透明、便民、高效。三是统一行政许可审批手续模式。实行简单事项大厅办理、复杂事项规范流转和多个行政审批事项"集成套餐服务"大厅运行模式，对于需要多部门审批的行政事项，由政务服务中心组织相关部门集中审批、并联审批、同步办理行政许可事项，实行"一站式办理"。省地方金融监管局将权限内融资性担保机构和小额贷款公司的设立、变更、终止等事项的行政审批工作，全部归入省政府政务服务中心省地方金融监管局窗口，按照便民高效的要求，大力推行政务服务"一站式办理""一次性告知""一次性补正""一次性通过""一条龙服务"等全方位贴心服务。四是实行行政许可事项公开。在办事大厅通过电子显示屏、触摸屏等方式对行政许可相关事项进行公示。五是推行"互联网+政务服务"。建设贵州政务服务网，建成"智慧审批"服务平台，开通96789政务服务热线，企业满意度不断提升。目前有53.8万个政务服务事项、10.7万审批人员在"一张网"运行和办理。

（四）改革行政审批方式

深化企业"多证合一"和企业经营许可事项"证照分离"改革，使企业更便捷拿到营业执照并尽快正常运营，克服了企业"准入不准营"的现象。一是积极推进"证照分离"改革。按照《国务院关于在全国推开"证照分离"改革的通知》（国发〔2018〕35号）文件精神，贵州省积极安排部署，深入推进"证照分离"，加快行政许可审批改革。省交通运输厅对7项优化准入服务事项、1项实施告知承诺事项进行了梳理，制定并发布《贵州省交通运输厅关于印发〈贵州省第一批推开"证照分离"改革举措事项政策措施〉的通知》，通过公开审批标准、压缩审批时限、优化服务方式、精简申报材料等服务方式，提高了审批效率，进一步优化了营商环境，减轻了企业负担。省住房和城乡建设厅印发《落实"证照分离"改革推进燃气经营许可证核发管理的工作方案》《落实"证照分离"改革全面实行从事生活垃圾经营性服务许可告知承诺的工作方案》，对燃气经营许可和生活垃圾经营性服务许可两项进行"证照分离"改革。2018年国务院大督查反馈意见中，贵州省"用水报装"指标分值为 83.7 分，全国排名第 13；"用气报装"指标分值为 86.9 分，全国排名第 11。二是持续推进"多证合一"改革。2018 年 6 月，省市场监管局会同发展改革、公安等十三部门联合印发《省工商局等十三部门关于贯彻落实全国统一"多证合一"改革意见的通知》，在全省实行"三十四证合一"改革，将公章刻制备案、税务登记、社会保险登记、统计登记证等涉企证照事项纳入"多证合一"改革事项。同时，取消企业名称预先核准行政许可，建立全省统一规范企业名称自主申报系统，明确企业名称自主申报程序，完善企业名称争议处理机制，进一步提高企业名称登记便利化服务水平，压缩企业开办时间，并对享有办理投资所需的行政审批手续产生的费用一律实行零收费。

（五）持续推行网络办理

紧密结合大数据战略加强行政许可审批改革，进一步简化了企业办事流程、缩短了企业办事时间。一是大力推行行政许可审批事项公开。坚持"公开是原则，不公开是例外"的原则，及时在各单位及部门网站上公布行政审批事项及其运行流程，包括受理、办理进展和结果，确保审批在阳光下运行，实现行政许可事项运行过程的电子化、网络化、透明化。省地方金融监管局采取"六公开"方式，即审批事项公开、审批依据公开、办理流程公开、申报材料公开、办理时限公开、收费标准公开，极大方便企业办事。截至目前，省公安交通运输厅已将 23 项行政职权、各地公安机关 4434 项行政许可审批事项全部向社会公布。二是行政许可审批手续实行网上预审。企业的申报材料可通过远程审批系统上传到政务服务中心办事窗口，根据审批人员意见将申报资料备齐后进行一次性受理。办理投资所需的行政审批手续产生的费用一律实行零收费。三是实施企业工商登记全程电子化改革。贵州省创新企业登记方式，在全省全面实施企业登记无纸全程电子化改革，进一步推进登记注册便利化。2018 年省市场监管局先后印发了《省工商局关于全面实施企业登记无纸全程电子化改革工作的通知》

(黔工商注〔2018〕17号）及《省市场监管局关于全面启动企业登记无纸全程电子化改革有关工作的通知》，建设完成全省统一规范的无纸全程电子化登记系统，实现了内资企业（自然人出资）设立登记的无纸全程电子化登记，降低了办事成本，提升了服务水平。省自然资源厅建设了全省统一的不动产登记信息云平台，实现了不动产登记电子化；同时，为进一步促进电子商务数据和电子政务数据共享交换，正在探索"互联网＋不动产登记"的"最多跑一次"服务，在银行完成抵押登记、融资贷款的"不动产登记不见面"服务。四是开展企业开办全程网上办改革试点。统筹推进"压缩企业开办时间"与"企业开办全程网上办改革试点"两项重点工作，在贵阳市、铜仁市开展试点，全力推动落实以企业开办"一网通"为核心的工作部署，实现"数据网上行、部门协同办、审批零见面、群众少跑腿"，进一步提升企业开办便利度，不断优化营商环境。

（六）强化过程保障支撑

强化五项举措以保障行政许可审批顺利进行。一是建立行政许可审批责任一揽子机制。对重大项目实行集中审批、并联审批、特快审批和限时办结制，严格兑现行政许可审批事项执行报告书、报告表的限时承诺办结制，同时对企业行政许可审批手续一律实行受理机关首问负责制和责任追究制。遵义市习水县深入推进"解放思想有担当、真抓实干有作为"主题教育活动，政务服务系统开展"满意在群众、服务在心中"主题活动，县、乡、村政务服务窗口干部统一佩证晒职责、亮办事程序，承诺办理时限等。二是实行特别项目全过程跟踪服务。对企业投资项目，有关部门从项目签约、申报、核准（备案）、建设直至营运等过程进行全程跟踪服务，主动上门了解项目进展情况，及时帮助企业协调解决其在建设和生产经营过程中出现的问题。三是强化行政许可审批事项监督。省公安厅、交通运输厅修改完善《贵州省公安机关行政审批事项自由裁量标准》，对自由裁量幅度较大的行政处罚案件的裁量尺度进行细化，并将其植入信息系统，有效规避了人为操作因素，规范了民警执法行为。组织开展涉企收费专项清理规范工作，制定并公布《贵州省公安机关执行的行政事业型收费目录》，增强了涉及企业的知情权，进一步规范了涉企收费行为，减轻企业负担。四是实施特色项目审批"绿色通道"。省生态环境厅对民生工程、脱贫攻坚工程、易地扶贫搬迁工程及"双千"工程、基础设施建设实施"绿色通道"优先办理。对符合国家和地方法律法规及环评技术导则要求的环评文件审批实现零积压。同时，对于地方环保局审批的项目，加强业务指导和技术支持，加快环评审批进度，推动项目尽快落地建设发挥效益。五是实施行政许可专项执法交叉检查。省市场监管局坚持问题导向，聚焦突出问题和薄弱环节，采取实地检查、网上检查和到相关单位了解情况相结合的方式，深入全面排查，持续推进全省系统优化营商环境集中整治。重点检查各级登记机关商事制度改革和"放管服"改革相关政策法规落实情况、商事制度改革以来的行政许可工作情况、注册登记窗口办事服务质量和涉企服务效能等内容，及时研究并提出整改措施。

2018年贵州省百企营商环境专项调查工作覆盖全省6个市、3个自治州，有效调查样本共计125个企业。其中，私营企业81个，占64.8%；国有企业23个，占18.4%。专项调查涉及企业政策服务和政策扶持、法治、纳税、物流、投融资、水电、许可事项办理等方面的基本状况，本专题只针对行政许可事项办理状况进行分析。调查结果显示，从企业办理行政审批事项需要跑的次数来看，绝大多数的企业表示最多只需要跑2次；近七成企业认为行政许可审批事项在数量和环节方面都"合适"；近六成企业认为行政审批事项实际耗费时间倾向于"合适"；近九成企业对办理工商注册登记便捷程度的总体评价比较满意；近八成企业表示办理土地许可较便捷；超八成企业表示办理规划许可、建设许可、消防许可、行业资格准入"便捷"；近九成企业对办理各类行政审批事项表示"满意"。

二 企业行政许可审批事项办理存在的不足

(一) 要素保障有待加强

一是行政审批窗口人员力量不够。在各级政务大厅，企业登记窗口排队人数多、办事等待时间长等现象不同程度存在。省市场监管局表示商事制度改革以后，全省市场主体总量呈井喷式增长，但窗口人员并未同步增加。特别是机构改革以来，县级市场监管局编制缩减、职责增加，登记窗口长期处于人手不足或超负荷运转的状态，人员少、任务重、新手多已成为影响登记队伍建设的因素。二是行政审批窗口开设不多。全省各级企业登记注册窗口均已进驻各级政府政务服务中心，部分地方政务中心面积太小设置不合理、承载能力有限等原因造成登记窗口开设较少、登记窗口与档案查询分设两地等问题，导致窗口排队等候时间长、办事往返跑。省自然资源厅表示贵安新区至今未实现一窗受理，只有一个登记服务窗口，群众和企业办事要多次跑、重复交资料。

(二) 流程尚未优化到位

一是办事流程需进一步公开。只有少数单位在办事大厅通过电子显示屏、触摸屏等方式对行政许可相关事项进行公示，大部分单位部门办事窗口未提供免费电脑、平板电脑和打印等自助服务。二是行政审批流程仍需精简。个别县（市、区）"开办企业"银行开户时间长，跨区变更、注销的要求经常变动，注销需要材料烦琐。涉及压缩企业开办时间工作的企业登记、印章刻制备案、申领发票、参保登记等各环节，由企业分别到各部门申请并提交相关材料，存在材料重复提交的问题，未实现"一窗受理、并行办理"工作要求，影响企业开办时间，增加企业负担。三是行政许可审批时限仍可缩短。如"办理建筑许可"存在用地方案审查、工程规划证审批、施工图审查、施工许可审批时间很长等问题，工程建设中需要破路施工的，企业对破路的行政审批能否办理或者破路作业的时间存在不确定性。四是行政许可审批环节仍需简化。虽然全省实现一窗受理，但有些地区却仍在收取两套申请资料、办事环节还没有减少。

（三）数据共享存在壁垒

政策的变更导致各部门衔接不起来，导致企业反复准备材料和提交材料。目前，省政府层面的大数据共享平台尚未建立，难以实现横向部门信息的数据共享，导致企业在一些办事环节上如交税需重复报送材料。省自然资源厅表示信息共享的网络通、数据通存在一定的技术、机制障碍。交易、登记部门信息共享工作滞后，各地房屋交易系统不统一，形成信息孤岛，住房和城乡建设部门最基础的房屋平面图数据也未传送给不动产登记部门。由省大数据局统一负责不动产登记平台信息化项目的改造升级、统一收件系统开发的立项、资金尚未落实，如何申请资金、建设还不明确。同时相关部门责任分配不清、互相推诿、不敢担当，给企业办理行政许可事项带了极大的不便。

三 改进行政许可审批事项办理的对策建议

结合政府部门改革行政许可审批事项的困境和企业感受，提出如下建议。

（一）继续深化许可审批事项改革

继续深入推进企业行政许可事项改革相关工作，进一步压时限、缩环节、减材料。

1. 压时限

进一步压缩企业行政许可审批时限。统一建立行政许可事项登记模型，进一步优化工作流程，制定全省统一的申请资料收件清单、部门并行办理业务流程图，在全省范围内统一减少申请资料、办事环节，合理压缩办理时限，保证服务质量，提高服务效率。继续深入推进工程项目审批制度改革。指导各市（州）制定本行政区域工程建设项目审批制度改革实施方案及事项清单并向社会公布，确保各项审批改革工作按时完成。

2. 缩环节

进一步缩减企业行政许可审批环节。继续简化房地产交易办证环节。对全省房地产交易办证环节的办理环节、收费情况进行摸底排查，通过明察暗访、调研、通报等方式推动房地产交易制度改革。精简施工许可办理环节，将建设项目分为不同类型制定不同的政策；在"两规合一"基础上，构建"多规合一"协同平台，减少办事环节，优化办事流程。继续缩减企业开办环节。目前贵州省已取消企业名称预先核准环节，申请人办理企业设立登记时，可以选择通过企业名称自主申报系统提交拟登记的企业名称，也可以在办理企业设立登记时直接向登记机关提交拟登记的企业名称。加强市场监管、公安、税务等部门的协商，优化公章刻制办理及涉税事项办理环节。

3. 减材料

进一步精减企业行政许可审批材料。继续精减企业开办材料。取消企业名称预先核准环节后，在办理营业执照环节可精减企业名称预先核准申请书、企业名称预先核准通知书等2件提交材料，市场监管部门办理营业执照所需材料缩减至7件。申领发票环节，目前所需材料4件，印章刻制环节目前所需材料4件，加强市场监管、税务、公安等部门沟通协调，结合企业开办"一窗受理、并行办理"工作模式，认真梳理各部门间相同或相近材料，以部门信息共享代替企业重复提交，争取最大程度合并同类项，最大限度精减企业开办提交材料。

（二）加快实现部门数据共享共用

1. 全面深化"一网通办"

加快智能审批，进一步提升行政审批便捷度。依托贵州政务服务网及

"云上贵州"系统平台，做好全面深化"一网通办"平台的统一规划和组织实施，做到"应纳尽纳"，登录一个网站即可实现企业行政许可审批的在线处理。推行推进企业开办全程网上办和联合审批，将企业设立登记、公章刻制、申领发票等涉企服务事项归集到"一网通办"，实现企业开办全部环节所需事项的在线填报。

2. 加快部门数据共享

坚持统一规划、统一部署、统一标准，充分考虑地方和部门的不同需求，充分考虑数据汇聚、共享、调用的统一标准，推进数据共享共用工作，加快推进部门专网、独立审批服务信息系统的整合接入，加快实现数据互联互通，切实解决数据共享推进慢的问题。建议集成跨部门制度规定，建设跨部门的管理服务系统，彻底解决资料重复报送和多部门跑的问题。

（三）优化政务中心行政事项流程

继续深入推进政务服务大厅"一站式"行政许可审批事项改革，并按照"前台综合受理、后台分类审批、综合窗口出件"模式，实现企业必须要现场办理的事项"只进一扇门""一次性办成"。

1. 深化"一站式"办理改革

严格执行省政府并联审批的要求，继续推动建立"一窗受理、并行办理"工作模式，进驻政务服务中心，依法依规将行政审批手续纳入政府政务服务中心统一办理，简化审批过程。

2. 完善"一站式"办理制度

政府政务服务中心应建立起综合咨询台，公开行政许可审批事项办理流程，以对企业办理各项手续提供一个大致指引，更好地服务企业。

3. 推进"一窗式"审批办理

建议各级政府建立部门联动的共同协商工作机制，强化部门联动。政务服务中心内部应建立部门审批联动机制和预警预报机制，各部门审批信息互联互通，对尚未办理相关手续的项目提出预警预报，提醒项目业主及时办理所缺审批事项。

在企业项目环评审批方面，严格执行省政府并联审批的要求，依法清理取消违反法律法规规定设置的环评审批前置条件。建设项目的前置条件就是符合环境功能区划和规划环评审查意见的要求。精简环评流程及技术评估内容，按照建设项目环境影响评价总纲要求，取消由其他部门负责的事项，如卫生防护距离等，并按照建设项目对生态环境可能产生的影响程度，实施会审、函审等技术审查方式，简化审批过程。此外，建议各级政府建立以发改、经信、国土、环保、住建、林业、农业、安监等部门组成的建设项目共同协商联动工作机制，从项目引入的规划布局、产业政策、准入标准环保要求等方面进行系统分析，既更好地服务企业，又在项目立项伊始就督促企业完善环保审批手续，杜绝未批先建情况的发生。政务服务中心内部应建立审批联动机制和预警预报机制，从根本上杜绝"未批先建"违法行为的发生。对存在部门限制因素的项目，环保部门应要求企业在环评阶段充分论证各部门限制因素对环境的影响及其可行性，通过充分论证环境不可行的，依法依规实施退出机制，切实守好环境保护底线。

贵州人才环境研究[*]

人力资源是企业生产经营的重要生产要素，也是一种投入要素。用工环境的好坏主要是用来衡量一个城市企业经营环境的劳动力资源供应的情况。我国经济快速增长，教育水平大幅度提高，全国各地对人力资源的竞争日益凸显。贵州属于后发赶超地区，与发达沿海城市相比，在地理位置、经济实力、资源禀赋上明显处于劣势，对人才的吸引力相对较弱。2015年以来，贵州以大数据战略为契机，省、市及高新区在人才引进和培养方面均出台了相应的政策措施，大力优化企业用工环境。

一 企业人才环境现状

发展是第一要务，人才是第一资源，创新是第一动力。党的十八大以来，贵州坚持把人才工作放在全省大局中谋划推进，通过各类平台和知名引才品牌广开进贤之路、广纳天下英才，为各类人才创新创业创造广阔空间。随着经济社会的快速发展，今天的贵州，正在持续加大人才培养引进

---

[*] 人才环境的好坏主要是用来衡量一个城市企业经营环境的劳动力资源供应的情况。近年来，贵州全力实施"大扶贫、大数据、大生态"三大战略行动，以大数据战略行动为契机，省、市及高新区在人才引进和培养方面均出台了相应的政策措施，用工环境得到大力改善。但由于政府相关人才服务力度不足、人才引进培育政策不匹配等现象存在，贵州企业用工难、用工贵、人才留用难的问题依然严峻，并成为制约企业发展的基础性问题，贵州省用工环境亟待优化。

力度、优化人才结构、保证人才投入，持续支持创新人才发展，持续保障社会人才稳定，持续夯实高质量发展所需的才智支撑，省内企业发展所需的人力资源有了较强保障。

（一）企业充分发挥用工主体作用

企业要发展，人才是关键。企业是用工主体。近年来，贵州企业在人才培养、人才储备及发展上充分发挥用工主体作用。一是通过猎头、招聘网络、各级人才市场招聘与储备人才。二是通过外训、内训以及外出考察学习培养人才，组织开展多层次、多渠道的各类培训，加强有针对性地培养，提高培训的个性化。三是通过竞争上岗激励人才，企业通过建立竞争上岗制度，坚持对重要岗位实行竞争上岗，重点考察德、能、勤、绩各方面，择优录取，达到选好人用好人的目的，通过竞争，企业逐渐形成用人的良性循环。四是通过编制人才发展规划保证人才供给，企业通过编制人才发展规划，可以优化人力资源供需预测，在组织体系、岗位体系、用工体系、人才配置流动体系和员工培训、评价、激励体系上都自成一套，为企业发展过程中人才的及时、充足供应提供坚实保障。

（二）政府高度重视招才揽才育才

1. 出台系列人才引进培养政策

随着大数据战略行动的全力实施，贵州对专业技术人才求贤若渴。近年来，贵州省、市州层面纷纷制定了一系列人才引进培养的政策，大力优化贵州用工环境，为企业用工做好顶层谋划。从省级层面来看，2014年，出台了《贵州省高层次创新型人才遴选培养实施办法（试行）》《贵州省"黔归人才计划"实施方案》；2015年，出台了《专业技术人才知识更新工程（"653"工程）实施方案》《贵州省外国专家管理办法（试行）》《贵州省"5个100工程"人才支撑计划实施方案》《贵州省高层次人才引进绿色通道实施办法（试行）》；2016年，出台了《贵州省农村青壮年劳动力规范化技能培训实施方案》；2017年，出台了《贵州省人民政府关于统筹推进一流大学和一流学科建设的意见》《贵州省关于深化人才发展体制机制改革的实施意见》《贵州省高层次人才服务指南》；2018年，出台了《贵州省人民政府办公厅关于改革完善博士后制度的实施意见》《贵州省"百人领军人才""千人创新创业人才"评审认定跟踪考核实施细则（试行）》；2019年，出台了《贵州省高层次留学人才创新创业项目择优资助管理办法（试行）》《贵州省农民全员培训三年行动计划（2019—2021年）》《贵州省职业技能提升行动实施方案（2019—2021年）》。市州层面，遵义市在2014年出台了《遵义市引进急需紧缺人才实施办法（试行）》《"凤还巢"计划实施方案》；安顺市在2013年出台了《安顺市人民政府关于加强人才培养引进加快科技创新的实施意见》；铜仁市在2013年出台了《关于加强人才培养引进加快科技创新的实施意见》，在2014年出台了《铜仁市引进高层次人才绿色通道实施办法（试行）》《关于加快推进社会工作专业人才队伍建设的实施意见》《关于进一步加强技术技能人才队伍培养使用的实施意见》《铜仁市人才开发试验区建设实施方案》《铜仁市雁归工程实施方案》；黔南州在2015年出台了《黔南州高层次和急需紧缺人才服务办法（试行）》等。

2. 积极搭建人才培育平台

人博会招才引智。贵州人才博览会已在贵阳连续成功举办七届，2019年4月27日至28日举办的第七届人博会通过"绿色通道"让入黔人才落地无忧，大力推进人力资源服务机构助力人才招揽，进一步支持各用人单位开展"猎头"引才，开通人博会官方网站"贵州人才交流合作网"，以及贵州省人才引进政策、人才需求、人才推介等板块，为扩大贵州"人才高地"影响力提供了强大平台。

人才小镇集聚高端人才。贵阳市将于2019年在数博大道沿线打造智谷人才小镇、科技人才小镇及太阳湖人才小镇，吸引高端人才集聚，为高端人才提供优质、丰富、多元、便利的工作及生活配套服务，为贵阳高水平开放、高质量发展提供智力支撑和人才引领。

二　人才环境存在的不足

贵州省民营企业人才环境经过几年的努力，虽然取得了很大成就，但仍存在一定的不足，具体表现在以下几方面。

（一）引进人才政策不尽完善

无论是出台相关人才引进政策措施还是搭建人才引进培育平台，贵州省在人才引进问题上仍然面临着诸多困境。一是高层次人才引进政策不完善。贵州地处祖国西南内陆，虽然近年来"贵漂"成为新的热门词汇，但从实际看，贵州在地理区位上没有优势，许多特色的资源禀赋也未加以充分利用，长期以来发展缓慢，对人才的吸引力还是不强。特别是县级层面和农村地区，因其交通、技术、信息相对闭塞，文化、医疗、教育、科研环境滞后，在引进高层次人才中吸引力太低，人才引进的总量、素质、层次远远不能适应现实发展需要，特别是高层次、创新型、复合型人才（团队）"引才难"问题十分突出。二是人才引进乏力。贵州省受区域化市场竞争力差异的因素制约，与一线、二线城市相比，三线、四线城市在人才引进方面后劲不足，对具备大型企业管理经验的高层次人才需求日益凸显，而由此导致的"青黄不接"的尴尬现状，使得贵州省国有企业的整体战略发展规划在执行层面还面临诸多压力。三是人才引进不平衡。贵州引进的高层次人才不平衡，主要是向政府、事业单位和学校输送，而对于专业、意向、薪酬待遇不相符的自收自支的企业来说，引进人才没有优势，难度较大。

（二）人才匮乏

贵州省人才匮乏已是共识。一是专业人才匮乏。对于许多专业性领域来说，人才的缺位严重制约其发展。比如医药行业，贵州省中医药发展势头强劲，由于医药研发涉及诸多学科知识与技术，对于相关专业人才、复合型人才需求较大，而专业内的管理人才更是少之又少。在云计算、大数据等互联网技术领域，随着大数据战略的全力实施，对领域内的专业技术人才更是求贤若渴。二是企业人才重视程度不够。部分民营企业在快速发展、扩大经营之际，人才需求剧增，但由于缺乏长远发展战略眼光，忽视了人力资源的开发及对员工、高管、技术人才的培养，导致民营企业人才储备严重不足，无法满足企业扩大发展中的人才需求。三是特作人员缺乏。特殊行业企业对特种作业人员的需求长期得不到满足，如煤矿行业，特作人员配备充足、持证上岗是煤矿安全生产的必备条件。煤矿生产属于特殊行业，由于有证人员不愿干、年纪大或证件超期未复审等，有效持证人数越来越少，新办证的入门条件提升到必须具有高中文凭，而对于煤矿工人来说，大部分仅有小学或初中学历，高中文凭的条件设置显然较高，而满足此文凭条件的人大都不愿从事煤矿生产工作，因此，缺乏特作人员是煤矿企业当前遇到的普遍难题。

（三）用工困难

人才是企业发展的第一资本，随着社会不断发展，科技不断进步，市场竞争越来越激烈，企业对人才素质的要求也越来越高，市场经济的竞争也是人才的竞争。就民营企业而言，大都存在资金不足、发展条件限制以及区域性劣势这三大困境，导致行业内的专业技术人才难以引进、留用。当前，用工难、用工贵、人才留用难成为制约企业发展的基础性问题。一是用工成本高。就业人员工资成本逐年递增及五险一金缴费基数的不断上升，大大增加了企业的用工成本及人才培养成本。拿农业类企业来说，企业选址一般在农村，大多数务工人员年龄偏大，劳动力不足，劳作效率也不高，企业需要支付的务工成本相对就高。二是无法满足用工需求。民营企业普遍缺乏技术人才，尤其缺乏有技术研发能力和创新能力的高技术人才。调研发现，贵州在县级层面专业技术人才缺乏的现象尤其突出，且同时存在着人才流失性大的实际问题。从另一个角度来看，民营企业普通员工大多是文化程度不高且流动性较大的农村剩余劳动力，普遍提高的社会生活水平甚至导致许多年轻的农民工觉得工资不高、福利待遇不好而不愿务工或务工时间不长久，员工刚教会就辞职的情况非常普遍。再者，就农业企业来说，大多都是老弱劳动力，在生产过程中有一定的安全隐患，部分使用机械设备的工种很难找到合格的人员进行操作。三是没有用工选择。在劳动力少及劳动力文化水平普遍不高的背景下，企业没有用工选择。需要特别强调的是，对于当前许多扶贫政策下发展起来的涉农企业，如果在用工时不考虑当地人，容易造成农户阻工，致使农事活动无法正常开展，这也是造成企业没有用工选择的原因之一。四是劳动可靠性低。同样因为劳动力少及劳动力文化水平普遍不高，员工学习能力也较低，对企业长期用工而言，无法形成长期固化的劳作队伍，劳动可靠性低下，易造成无法完整实施公司技术方案，导致产品质量难以把控、产量下降等恶性循环。根据实际调研发现，一些民营企业所招收的本地农民工，常以生活作息习惯、家庭事务为由，不遵守上班纪律或随意请假，增加企业管理难度。五是职工队伍不稳定。企业的工作环境、工资待遇大都与职工的心理预期有一定距离，职工流失率较高，有的企业重要的生产工序人手趋紧，核心操作工人、核心工程技术人员出现断层的现象。

（四）人才结构不合理

贵州企业大多存在人才队伍结构性矛盾。主要表现为高层次、高技能人才和复合型人才匮乏，企业所需的各类人才比例严重失衡。比如水电、火电、电网、煤炭等行业需要大量的高技能人才，个别企业员工虽然上千名，但高层次、高技能人才和复合型人才三类人才占比不足15%。另外，企业还存在人才队伍年龄结构极度不合理的现象。特别要指出的是，对于国有企业而言，人才队伍结构不合理的现象更为突出，主要原因是薪资待遇受所在地区国资委严控，无法与同类企业相比，高学历大学生难以吸纳，专业人才引进基本卡在待遇上。国有企业虽然每年都到贵州省内各大高校进行校园招聘，但收获甚微。如铜仁市贵州重力科技环保有限公司，在人力资源配置方面，员工平均年龄偏大，年轻员工数量占比小，老龄化现象严重，大部分员工文化程度不高，人才结构的不合理导致国有企业无法进行人才储备。

造成上述诸多困境的原因主要表现在以下三方面。一是人才服务力度不够。从全省来看，贵州缺乏与企业发展战略相匹配的人力资源管理体系，缺乏科学、高效、适应现代管理的用人制度、分配制度和激励机制；从企业来看，民营企业大多财务管理不够规范，财务成本控制薄弱，管理模式僵化、管理观念陈旧，一定程度上影响了企业的高效运转。以经营猕猴桃的涉农企业为例，企业内部明显存在种植专家数量不足、领域不全的现象，而猕猴桃产业对于贵州来说属于大力发展的特色产业，企业在引入国外或省外专家时，政府在补贴标准及项目支撑上比重较低。二是人才政策不配套。企业通过到高校开展人才引进工作以缓解高层次人才不足和人才结构不合理的状况，但在实际操作中却面临着重重困难。首先是政府人才引进的机制不够具体，相关的引进政策和措施不够细化，操作性不强。其次是人才引进的吸引条件设置不尽合理，在引进待遇以及技术创新奖励等条件设置上对外来人才的吸引力不够，相同条件下人才更倾向于去沿海城市。最后是引进的高层次、专业技术人才等对工作生活环境以及社会保障等的相关福利条件不满意，企业难以留住人才，出现引进人才流失的问题。三是人才培养条件不足。贵州在教育资源方面与中部、东部地区相比差距较大，在人才的培养上"先天条件"不足。首先是无法提供更好的人才培养条件，贵州省内各高校综合实力不强，在人才培养的条件上相对不足，特别是在职业教育上，贵州还有很长的路要走；其次是人才培养意识还不够，长期以来"书—课堂—黑板"的人才培养模式让贵州缺乏开放式、前瞻性的培养意识，人才培养仍然靠"自觉"。

三 优化企业人才环境的对策建议

(一) 大力推进"校企合作"

大力推进贵州"校企合作"。采取省内学校与企业协作的方式,不断加大全省人才培养力度,培养和集聚适应各类企业发展所需的管理人才、专业技术人才和营销人才等,通过政府主导,深入推进科研院所与园区、企业合作,创建"产学研"基地,结合生产经营实际,培养专业人才,助推企业发展。

(二) 完善人才培养保障机制

出台相关政策支持企业人才引进。引导企业完善人才引进绿色通道制度,设立人才专项引导基金;支持举办企业高层次人才招聘会、人才交流会,引进企业急需专家和高层次人才;对企业引进的高层次人才,与政府、事业单位、科研院所等一样给予奖励补贴,给予办理落户手续,提供配偶就业、子女入学和医疗保障等待遇;从政策上吸引优秀高等院校毕业生到贵州企业就业,对到贵州省内企业就业的普通高等院校本科以上毕业生,给予相应的生活补贴。

(三) 鼓励企业自有人才培养

对于脱产培训提升专业工作技能的员工,企业应遵循技能提升补贴政策,给予每人每天一定金额的补贴;推动校企培训深度合作对接。鼓励企业建立见习基地,吸纳全国普通高等院校毕业生就业见习,对接受高校毕业生见习的企业见习基地,按照每人每月不低于当地最低工资60%的标准,给予最长不超过6个月的见习补贴。出台政策支持各类职业技术院校与企业联合开展"订单式""定向式""冠名式"培训,打通企业招才引智通道。

(四) 为企业做好用工服务

完善企业用工介绍激励政策。对各类具有资质的职业中介机构为企业免费推荐介绍各类劳动者就业的，可按实际就业人数按季向各级人力资源和社会保障部门申请职业介绍补贴；普通本科院校、各类职业技术院校和技工学校为用人单位介绍急需的应届毕业生就业并签订1年以上期限劳动合同的，可向用人单位所在市人力资源和社会保障部门申请一次性职业介绍补贴；对采取有效措施不裁员、少裁员提供稳定就业岗位的企业，按不超过该企业及员工上年度实际缴纳失业保险费总额的50%给予稳岗补贴；企业当年新招用就业困难人员，或者企业当年新招用应届高校毕业生的，给予1年至3年的社保补贴等。

(五) 创新人才引进方式

根据企业的业务性质，积极探索科研团队式、工作平台式、项目课题式、借助外力式等多种引进方式，提升引进的针对性和实效性；积极开展赴高校、国内外招才引智活动，充分利用猎头公司、人才服务中心等，广纳海内外高层次人才，有效提高人才引进的精准率和成功率。

第三部分

企业篇

"营造国际一流营商环境"的中国承诺，贵州营商环境优化势在必行。优化营商环境是一项系统工程，它不仅体现在政务环境、法治环境、市场环境、政策环境、纳税环境、社会环境以及人文环境系统的优化和改善，更体现在政府对一个个企业服务质量和服务效率的提升上，体现在企业利润的提升和生产成本的降低上；体现在企业家获得感和满意度的提升上；最终体现在贵州省经济发展的竞争力的增强上。贵州省9个市州政协根据《国民经济行业分类》国家标准，共抽取农、林、牧、渔业8家，采矿业7家，制造业49家，电力、热力、燃气及水生产和供应业6家，建筑业5家，批发和零售业6家，交通运输、仓储和邮政业2家，住宿和餐饮业2家，信息运输、软件和信息技术服务业2家，房地产业2家，租赁和商务服务业6家，科学研究和技术服务业2家，水利、环境和公共设施管理业3家，居民服务、修理和其他服务业1家，教育1家等15个行业102家企业[①]作为贵州营商环境样本介绍。

---

① 贵州省政协社会与法制委员会请9个市州政协组织县市区政协共收集125家企业材料，鉴于篇幅所限，编写组最终选择102家企业材料编入本书。在此，对各地材料组织者、提供者表示感谢。

农、林、牧、渔业

贵茶公司：让天下人喝干净茶

作为集茶叶种植、研发、生产、营销及茶区旅游于一体的现代茶企，农业产业化国家重点龙头企业，贵州贵茶有限公司肩负着带动贵州特色产业的发展，引领贵州茶走向全国、走向世界的责任。

营商环境建设涉及工商、税收、发改、商务、科技创新、工业信息等多个部门，每个部门都出台有各自的政策文件，由于缺乏更高级别机构的统筹协调，这些政策文件总体上难免呈现碎片化特征，系统性、兼容性、精准性不高，企业和个人获得感不强。

贵州贵茶有限公司（以下简称"贵茶公司"）成立于2010年4月，是一家集茶叶种植、研发、生产、营销及茶区旅游于一体的全产业链现代茶企，也是农业产业化国家重点龙头企业。贵茶公司坐落于中国十大古茶树之乡、中国十大最美茶乡、中国十大茶旅目的地的贵阳市花溪区久安乡小山村。公司自成立以来始终秉承"让天下人喝干净茶"的使命，在"标准化、规模化、智能化、品牌化、全球化"上下功夫、做文章。旗下有7家全资子公司及1家控股公司，拥有14万亩欧盟标准专属茶园、贵州省最大的茶叶冷藏库、世界上最大的单体抹茶精制车间。坚持460多项欧盟质量标准，坚持研发创新。目前，贵茶公司已具备年产精制红绿宝石3000吨、抹茶4000吨、大宗茶10000吨的综合产能。公司旗下主打产品"绿宝石绿茶""红宝石红茶"畅销国内"北上广深"等30多个大中城市；出口到美国、加拿大、澳大利亚、德国、沙特阿拉伯、新加坡等 10 多个国家及地区。贵茶公司与世界最知名的两家茶叶公司——日本寺田与川崎制作所合作，根据红绿宝石专利工艺量身定制生产线，茶叶生产全程不落地，每条生产线可日产干茶 2.5 吨。自动化智能生产线利用高精度的传感器来模拟还原大师手工制茶，实现了茶叶的规模化、标准化、清洁化生产，确保产品质量。

当前，制约贵茶公司发展的因素主要来自两个方面。一是内部因素。贵茶公司人员素质参差不齐。对照现代企业制度的要求，贵茶公司一些领导干部、管理干部和员工在思想素质、专业技能、科学文化知识、技术水平、心理状态、社会交际等方面存在着不同程度的差距，有的差距还十分明显。人员的素质与职务、岗位要求不匹配，工作缺乏创造性、主动性和创新精神，容易产生满足现状、因循守旧、人浮于事、效率低下的状况，严重地影响着企业综合竞争力的提升。二是外部因素。第一，原材料价格上涨。从供给侧角度来看，一些环保不达标、低端落后的产能被淘汰了，而短期需求又大致稳定，供需结构发生变化，导致原材料价格出现一定程度的上涨。在高质量发展要求倒逼机制下，达标的高质量产能可能一时间难以满足现在的需求，而相对低端的企业也有技术改造以达到环保质量要求的过程。第二，技术型及科技型人才紧缺。地域环境、文化的差异，导致西部城市与沿海城市之间在技术型及科技型人才发展上不平衡。西部城市在农林牧渔业、加工制造业的发展上遇到人才使用瓶颈，各种人才不能满足企业的高速发展。第三，市场恶性竞争。部分企业不遵循市场、行业规则，企业之间形成乱价，导致产品的质量下降、售后服务差，扰乱市场的健康可持续发展。

营商环境建设涉及工商、税收、发改、商务、科技创新、工业和信息化等多个部门，每个部门都出台有各自的政策文件，由于缺乏更高级别机构的统筹协调，这些政策文件总体上难免呈现碎片化特征，系统性、兼容性、精准性不高，企业和个人获得感不强。鉴于此，建议加强营商环境的政策体系建设，为企业营商环境提供政策保障。政府抓营商环境建设，最重要的是千方百计做好企业服务，维护企业正当合法权益，涉企部门要多下基层、进车间、察实情，全力帮助企业解决实际困难，但在当前反腐高压态势下，多数干部只是做到了与企业家保持清白关系，亲商劲头不足、兴商办法不多，应加强政企联合，打通政企沟通渠道。

贵州山野公司：切实推动"黔货出山"

　　贵州山野公司是一家集农业技术研究、种植、农产品加工于一体的民营企业，贵阳市农业产业化重点龙头企业，也是贵州民营企业"千企帮千村"精准扶贫行动观摩项目。贵州山野农业开发有限责任公司经过20余年的发展，从单一的营销型企业发展成为多种经营的现代化企业，走上了良性发展的运营轨道。

　　贵州山野农业开发有限责任公司（以下简称"山野公司"）是一家集农业技术研究、种植、农产品加工于一体的民营企业，是贵阳市农业产业化重点龙头企业，也是贵州民营企业"千企帮千村"精准扶贫行动观摩项目。公司本着发展有机食品、绿色食品的理念，致力于促进黄花菜、水果蜜饯等产品的产业化、标准化、规范化的生产和经营。种植示范基地位于开阳县永温镇坤建村，占地面积600余亩，主要作为黄花菜的引种及规范化示范栽培。山野公司经过20余年的发展，从单一的营销型企业发展成为多种经营的现代化企业，走上了良性发展的运营轨道。

　　山野公司在自身发展及服务社会方面虽然取得了一些成绩，但与国内优秀同行相比，还有很大的差距。在以后的发展过程中，还会面临诸多困难与挑战。虽然公司在开阳8个乡镇种植了黄花菜，但基本属于推行试种阶段，规模化种植还没有形成，公司加工原材料缺乏；农村外出务工人员较多，留守劳动力少，农民种植水平不高，农民增收难以达到预期效果；

因公司地点在农村，工作主要在农村开展，引进人才难度大，技术力量相对薄弱，在指导种植和产品研发上力不从心；公司产品绿色环保，品质较优，但由于宣传力度不够，市场竞争力还不强；民营企业在当前大扶贫战略中的特色优势尚未得以很好发挥，在针对低收入困难户的参与、受益上还需进一步完善机制凸显帮扶作用。今后，公司将在各级各部门的关心和支持下，把贵州的优质农产品推广到全国，打响"春净草"的金字招牌，为全省农林发展贡献绵薄之力。

天茂智慧：全力做好猕猴桃产业

  贵州天茂智慧农业发展有限公司着重打造以猕猴桃产业为主的产、学、研、冷链物流、市场营销、旅游开发为一体的现代科技农业项目。经过4年建设，形成了体系化的管理团队和技术支撑体系，发展渐渐进入良性循环。

  营商环境塑造应以提升企业获得感为目标，以市场为导向，沿着企业主导、政府服务的途径推进。

  贵州天茂智慧农业发展有限公司成立于2014年，着重打造以猕猴桃产业为主的产、学、研、冷链物流、市场营销、旅游开发为一体的现代科技农业项目。经过4年建设，园区逐渐产生效益，同时在4年的积累过程中，公司形成了体系化的管理团队和技术支撑体系，其发展渐渐进入良性循环。

  公司在发展壮大的同时还面临着许多困难和挑战。一是融资难。目前，公司总计投入5000余万元，形成的固定资产较少，多数为生产性生物资产，国家行政部门及金融部门缺少对生物资产的评估作价机制，公司在整个融资过程中无法形成融资担保合规资产，导致融资工作无法推进。二是道路设施建设滞后。目前，基地需要新硬化机耕道6公里、排水沟5公里、生产便道5公里，希望相关职能部门协调机耕道用地及落实机耕道项目。三是水利设施匮乏。目前园区缺乏灌溉用水，急需修建总计2000立方米蓄水池解决基地生产用水问题。四是用工困难。鉴于当地精壮劳动力多外出务工，留在家中务农者多为老弱劳动力，给基地用工造成了较大困难。

从公司注册至今，当地营商环境明显快速优化，政府办事效率得以提高，公司注册手续得以简化，给企业发展提供了极大便利，但部分领域推进速度仍然跟不上企业发展需求，主要体现如下。部分政策兑现不够及时。企业招商引资进入后，在招商引资协议落实条款中部分条款兑现不够及时，如省内招商引资土地奖补项目兑现等条款。人才服务力度不够。以猕猴桃产业发展为例，省内专家存在明显的数量及研究领域不足，而企业在引入国外或省外专家时，政府在补贴标准及项目支撑上未能适当增加比重，降低企业偿付成本仍待解决。产业政策宣传及解读力度不够。目前，有许多国家及省内产业奖补政策，但多数企业获取信息的途径不够通畅，不能及时了解；就算了解了奖补项目，在奖补项目落地补贴时，很多企业由于对政策解读不够全面，很难达到奖补标准。

营商环境塑造以提升企业获得感为目标，以市场为导向，以企业主导、政府服务为途径。为塑造良好的营商环境，公司提出以下建议。一是强化政府市场配置作用。一般而言，企业在选择产业时遵循以市场需求为导向，在产业投资过程中需要花费大量精力做市场调研。因此，政府在招商引资过程中，可将省内具有较大市场空间的项目做统一调查，降低企业考察成本，企业进入后具有较好市场作为支撑，利于走上良性发展道路。二是合理规划产业布局。近年来，在选择产业带动脱贫过程中，一旦形成示范作用，政府便大力引导农户进入相关产业，然而，散户小体量资金投入无法形成体系化的生产能力，达不到市场对产品质量、生产效率的需求，同时在成本管控、政府管控等环节失去控制，短期内容易形成产能过剩或品质失控的尴尬局面，难以培育出优秀品牌。建议政府在引进龙头企业的同时，合理规划好农户及企业的利润分配，真正实现产业扶贫、农户增收、企业获利的良性发展。三是强化信息流通建设。应充分利用贵州大数据产业高速发展，提升市场信息配置功能。通过强化信息流通建设，企业可通过购买信息服务等形式获知真正的消费需求，实现定制化生产。四是积极探索市场红利反补实现增收。通过政府市场资源配置作用及信息流通能力的建设提升，企业及农户以资源输出方参加市场竞争，可将冗长产业链中流通环节利润划拨给企业及农户，增加销售收入及利润，实现利润反补。在壮大集体经济的过程中，农户可以集体股东的形式与企业合资运营，通过利润分配实现共同增收。五是优化融资结构。放开政府可调控的金融资源，加大金融支持力度，建立激励金融机构支持民营企业发展的机制，引导金融企业简化抵押、担保手续，降低评估费用，对符合条件的企业发放信用贷款，扩大授信额度，不断优化融资环境。

贵州茅贡米业：优质粮油的贡献者

贵州茅贡米业是一家种、产、销一体化的粮油加工企业，致力于从基地种植、加工、销售等环节不断提升产品品质，为消费者提供满意优质的产品。

营商环境方面，得益于政府商事制度改革，落实减费降税政策，良好的法制环境，灵活、宽松的融资政策，使申报项目得到较大力度的支持。

贵州茅贡米业有限公司成立于1997年，是一家种、产、销一体化的粮油加工企业，公司现有年产18万吨精米加工生产线、年产4.2万吨米粉生产线及5万吨储备库的生产规模，主要经营高、中、普各档次大米及菜籽油、米粉，年产值超3亿元。贵州茅贡米业有限公司秉承"艰苦创业、勤俭办企"的企业精神，通过不懈的努力，取得了辉煌的成就。贵州茅贡米业有限公司继续利用原生态的地理环境优势，结合现代化的企业管理模式，立足国内庞大的市场需求，逐步开拓国内及国际高端市场，公司将秉承"以市场为导向，以顾客为中心，以诚信为根本，以质量求生存"的企业宗旨和"追求卓越品质，用心服务至上"的经营理念，致力于从基地种植、加工、销售等环节不断提升产品品质，一如既往地为顾客提供满意的产品和服务。

贵州茅贡米业有限公司对营商环境的整体评价：一是政府服务方面，

办理市场监管方面的程序比较简单、办理时间较少、成本低、手续简单；二是纳税环境较好，降税的政策已经落实；三是法制环境好，企业所涉及的商业纠纷能够得到较快的处理和执行；四是物流水电方面，物流成本偏高；电力方面，由于湄潭县县城周边的电力基础设施较差，故障性停电频率较高；五是融资方面，公司得到了农业发展银行、农村信用社的大力支持，还得到了贵州省农业基金1000万元的支持，融资额度较大，融资政策灵活、宽松；六是在政策扶持方面，公司近三年通过的项目申报，获得了较大的政策支持，如《贵州省科技小巨人申报》《优质稻集中育秧及高效栽培技术示范与推广》《国家农业综合开发产业化经营贷款贴息项目》《日产120吨米粉厂建设项目》《优质稻农业科技示范园项目》《仓储信息化建设项目》《米粉研发科技创新券项目》。

制约贵州茅贡米业有限公司发展的因素有内在因素和外部因素，其中内在因素有以下方面，一是人才因素，随着企业的不断发展，企业的人才队伍不能满足企业的发展所需；二是资金因素，由于近几年企业在基地建设、生产扩能方面的固定资产投入了1.5亿元，企业资金紧张，在品牌建设、营销方面没有资金投入，制约了企业的进一步发展。制约企业发展的外部因素是企业"三边工程"产权办理难度较大，产权至今未取得，希望政府予以协调，解决产权办理问题。

推动贵州企业发展营商环境塑造的建议：一是要从顶层设计上下功夫，进一步优化部门间的信息共享和信息合作，简化工作流程，提高工作效率；二是要加强对基层部门领导及工作人员的培训，有些基层部门领导及工作人员对支持民营经济的发展认识不足，对民营经济存在偏见和歧视，认为民营经济是否得到发展与自己无关，没有充分认识到民营经济在国家经济发展中起到的作用。

贵州湄潭兰馨茶业：绿茶的新力量

贵州湄潭兰馨茶业是贵州知名茶企，拥有贵州茶叶企业第一枚中国驰名商标。贵州湄潭兰馨茶业不断拓展市场，在全国建立实体销售终端1600多个，同时，引领贵州茶行业风气之先，率先开通电子商务业务，已成为贵州绿茶的领军者之一。

营商环境方面，融资贵、融资难，用工难、用工贵，人才留用难等环境需继续优化。

贵州湄潭兰馨茶业有限公司以生态茶园建设、标准化茶叶加工、品牌化茶叶经营为工作主线，不断壮大发展；逐渐发展成一家集茶叶种植、研发、加工、销售于一体的知名茶企集团。公司旗下"兰馨"商标为贵州茶叶企业第一枚中国驰名商标。公司于2006年被评为中国茶叶行业百强企业，2007年被评为贵州省重点龙头企业，2008年被评为农业产业化经营国家级重点龙头企业，2010年被评为全国茶叶行业十强龙头企业，2014年被评为中国茶叶行业综合实力百强企业，排名全国第32位，是贵州茶企历年来取得的最好业绩。2012年"兰馨"商标被评为中国驰名商标。同年被评为贵州省知识产权优势企业培育工程实施单位，同年公司企业技术中心被认定为省级企业技术中心，2013年被评为贵州省创新型企业，2014年被评为全国五一劳动奖状单位，2017年被评为国家林业产业化经营重点龙头企业。

制约贵州湄潭兰馨茶业有限公司发展的内外因素，一是自主创新方面，首先是创新能力不够。贵州湄潭兰馨茶业有限公司正处于成长阶段，公司领导深知创新是企业长远发展的基础，也十分重视科技创新工作，但由于缺少创新必需的人才和资金，常常心有余而力不足。同时，受到创新平台设备及技术资讯无法及时更新的限制，创新未能发挥企业想要的效果。其次是创新体系执行困难。贵州湄潭兰馨茶业有限公司虽然先后制定并完善了《科技创新激励办法》《名牌产品驰（著）名商标管理办法》等机制，但企业人员流失性大，导致制度无法得到很好的实施。另外，对于"产学研"合作，首先是合作的经费对于企业来说相对较高，同时，由于专家们的工作地点往往是在他们的工作的单位，与企业的沟通交流时间少，科技成果很大程度上不太适于落地及量产，从而影响了中小民营企业开展自主创新的动力和活力。二是融资贵、融资难成为制约企业发展的瓶颈。三是用工难、用工贵、人才留用难成为制约企业发展的基础性问题。民营企业普遍缺乏技术人才，尤其缺乏有技术研发和创新能力的高技术人才，特别是县级城市，还存在着人才流失大的实际问题。同时，就业人员工资成本逐年递增及五险一金缴费基数不断上升，企业的用工成本及人才成本大大增加。四是人才引进难，严重制约了企业技术提升及创新。民营企业存在资金、条件及区域性这三个硬伤，使得专业技术人才难以引进及留用，致使企业技术创新整体实力弱，拥有自主知识产权核心技术少，制约了企业的技术提升及创新能力。五是固定资产证照办理手续难、时效慢，严重影响企业融资，制约了企业经营及发展。

推动贵州企业发展营商环境建议如下。当前，贵州茶产业面临供给侧改革和高质量发展双重挑战。在供给侧改革方面，深化利益联结机制刻不容缓。基地是茶产业第一车间，目前80%以上由农户分散管控，与企业联结得不够紧密，农民管产不管销，盲目追求数量增长，潜伏质量安全隐患。深化利益联结机制，把农户与龙头企业绑在一条船上，实施茶树病虫害统防统治，才能做实"生态茶""干净茶""欧标茶"这张贵州茶产业名片。茶区"三变"改革①亟待破题,目前的确权颁证工作停留于土地所有权、承包权、经营权三证,茶树是多年生作物,有较高的固定年化收益,成林茶园不能办理"茶园证",其固定年化收益价值就得不到客观公允的体现。因此,结合茶园证确权颁证,让贵州茶叶基地"三证变四证",才能深化茶区"三变"改革,让沉睡的 700 万亩茶园量化为 700 亿元以上的产业资本,从根本上破解当前茶产业发展面临的有资源无资金、融资难融资贵等瓶颈问题。在高质量发展方面,打造智慧茶园,将一般的甚至过剩的茶园变为生态的、稀缺的茶园,是贵州茶产业高质量发展的重要战略选择。融入大数据战略,坚持走在线茶园、智慧茶园、可追溯茶园这样的道路,依托得天独厚的自然生态环境,为定制式发展、一二三产业融合发展奠定基础;走精深加工全价利用之路,是贵州茶产业高质量发展的又一重要战略选择。

---

① "三变"改革:是针对贫困地区,通过"资源变资产、资金变股金、农民变股民"路径,盘活集体资源,撬动社会资本,壮大集体经济,把贫困户纳入集体经济保障范围,实现集体收惠及全体农民群众的改革。

贵州天赐贵宝食品公司：小刺梨，大产业

立足农村，面向世界，将小刺梨做成大产业，在公司发展的同时带动农民致富，是贵州天赐贵宝食品公司的追求方向。

天赐贵宝不断发展壮大与政府的关心和帮助密不可分，未来的进一步发展还需要政府的鼎力支持。

贵州天赐贵宝食品有限公司位于安顺经济技术开发区双阳产业园区双新路一号，是一家集金刺梨生产、研发、销售于一体的新型健康食品公司，现已建成全智能标准化生产车间6个，共计1.8万平方米，标准化生产线6条，实现年产能加工30000吨金刺梨鲜果，具备年生产金刺梨系列产品10万吨能力，产品研发实验室900平方米，冷库1000平方米，建成集鲜果清洗、压榨、精滤、杀菌、配料、灌装、杀菌、成品包装于一体的标准化生产系统，及金刺梨产品检测检验中心、产品展示中心、员工配套生活区。公司自成立以来相继获得贵州省林业龙头企业、安顺市林业农业龙头企业、国家森林生态标志产品试点单位、安顺市脱贫攻坚先进单位等荣誉称号，产品荣获"2017贵州省大国工匠产品""贵州省第三届农运会指定饮品""贵州省第十届中国原生态摄影大展指定饮品""中国安顺首届金刺梨节指定产品""贵州安顺国际石材博览会指定饮品""百佳旅游商品"等荣誉称号。目前公司已经拥有HACCP认证证书、质量体系认证证书等。天赐贵宝作为金刺梨产业的龙头企业，要做好"安顺金刺梨"金字

招牌的宣传，应进一步提升企业形象和市场占有率，扎实做好建立现代企业制度工作。

天赐贵宝不断发展壮大与政府的关心和帮助密不可分。以开发区为例，在天赐贵宝建设阶段，开发区工贸局帮公司协调田居水电，还帮助协调资金，在企业最困难的时候帮助公司贷款400万元，帮助企业走出了困境，保证了天赐贵宝金刺梨这个项目当年建设、当年投产、当年产品上市。开发区招商局帮助公司找市场，北京、上海、青岛帮助公司牵线搭桥，开发了一个个省外经销商，开发区市场监管局在帮助企业规范的同时，还帮助公司在安顺铺货。在贵阳银行股份有限公司安顺分行和贵州银行股份有限公司安顺分公司的支持下，开发区发改局帮助天赐贵宝贷款1500万元扶贫基金，时间为3~5年。此贷款用于公司的金刺梨鲜果收购、外包装、原辅材料等，对金刺梨产业的发展有很好的推动作用。

当前公司在宣传、资金、渠道、科研技术升级等方面存在发展难题，这些发展难题也是当地民企普遍面临的问题。当地政府在优化营商环境的过程中，应针对相关问题积极作为。

（1）支持企业做宣传。天赐贵宝作为金刺梨产业的龙头企业，要做好"安顺金刺梨"金字招牌的宣传，建议政府抓紧申报"中国金刺梨之乡"；建议政府在央视2、4、7频道制作刺梨宣传专题，提高消费者对刺梨的认识，并不断强化"安顺金刺梨"概念，强化安顺金刺梨原产地形象；由政府牵头，在各种对外接待、对外展示平台使用贵州刺梨产品，宣传贵州刺梨形象；建议在贵阳安顺高速路两侧投放金刺梨高杆广告30个。建议在安顺电视台播放安顺金刺梨宣传片，推出安顺金刺梨专题。《安顺日报》开辟专栏宣传金刺梨产业，安顺各区县政府自有的高杆广告阶段性悬挂金刺梨广告。

（2）支持企业做市场。扶持方向由过去的种植端向市场端倾斜，帮助企业建立市场扶持基金，针对刺梨产品出口、出省建立奖励机制，鼓励企业进入大渠道，加快刺梨产品进入高端市场，提高刺梨的美誉度及知名度。

（3）支持企业做科研。建议安顺市委市政府从市级层面积极开展刺梨系列相关科研合作。鼓励企业加大在科研技术方面的投入，充分开发刺梨产品，挖掘刺梨潜在价值，提升刺梨产品档次和附加值。

（4）在支持刺梨深加工产业发展上建议遵循"抓龙头，龙头带"的原则。目前安顺刺梨产业不是深加工企业数量少，而是缺乏龙头带动。建议安顺市委市政府总体把控刺梨深加工企业的数量和质量，扶持资金向龙头企业倾斜、向重点企业集中，避免"重复投资，重复支持"，形成"支持龙头企业发展，龙头带动产业发展"的良好局面。

（5）常态化、持续化打造安顺刺梨产业。贵州安顺作为金刺梨原产地，最大的金刺梨种植基地，持续化打造安顺金刺梨产业已成为脱贫攻坚、黔货出山的重大抓手，也是解决目前种植量供大于求的必需选择。建议安顺市委市政府从市级层面建立金刺梨产业支持扶持专项资金，常态化、持续化支持安顺金刺梨深加工企业加大市场开发力度、刺梨研发力度和鲜果收购量，使安顺刺梨产业持续健康发展。

（6）建设打造安顺样板市场。①建议金刺梨能够作为市区县政府食堂、会议接待指定用品，为金刺梨产品打造安顺样板市场营造氛围。②建议政府、工会在节假日发放福利礼品时优先采购金刺梨产品。③希望旅游委能协助企业在黄果树、龙宫等风景区将金刺梨作为安顺独特的旅游产品进行打造，积极对接旅游景点及旅游酒店，加快打造金刺梨旅游产品的进程。

贵州泛亚实业集团：中国薏仁米走向全球

围绕薏仁米的生产加工、研发办公、服务贸易、养生度假、观光旅游等功能做大文章，是贵州泛亚实业集团的立身之本和发家之道。

良好的营商环境有利于经济繁荣发展。泛亚实业感受最深刻的是政务服务和政策支持。

贵州泛亚实业集团成立于 2013 年，总部位于"中国薏仁米之乡"——贵州省兴仁市。公司致力于发展高效农业园区，带动农业产业化发展，以兴仁撬动全球市场，与周边各个城市建立产销一体的合作关系。从各个省区大量招聘人才，储备人才，组建一支精干实力派的销售团队，充分借助"中国薏仁米之乡"的保护标志和"兴仁薏仁米"的地理商标，打造产销一体化模式。产品销往全国30多个省（区、市），出口到美国、韩国、日本等国家及东南亚等地。公司立足于兴仁，打造世界薏仁米的交易集散中心，薏仁米加工外销出口到越南、缅甸、老挝和日本等地，集团在全国26个省份有经销商，客户基础固定，薏仁米产品已销售至全国各地，在全国的薏仁米市场，公司旗下"聚丰薏苡"牌兴仁薏仁米占有全国40%的市场。

良好的营商环境有利于经济繁荣发展。公司自2013年成立以来，积极与政府沟通，了解国家政策，获得了相应的政策支持。

（1）政务服务。营商环境方面，最主要的改变是人们观念的改变。办公环境的改善，让人们享受到政府服务带来的各种便利。公司在涉及营业执照、各类许可证办理等情况时，找相关部门办事，都会在法定期限内提前办结，提高了公司的效率，节约了公司的成本。很多证件和事项都是可以在网上办理的，全程通过网络提交各种材料，基本上只用去一次政务服务大厅，效率极高；很少遇到工作态度不好、工作懈怠的工作人员。同时，经常可以看到负责监督的科长或副科长来回巡逻，随时解答用户疑问，随时监督基层工作。

（2）政策支持。公司的发展离不开政府相关政策的支持。公司的产业主要涉及农业，会得到各种政策的支持。例如贷款贴息，公司在银行贷款，可以享受2.88%的利息补贴；政府大力倡导招商引资，鼓励创业，银行以及政府对公司融资支持力度很大，在公司和银行达成贷款意向后，银行工作人员一般在7个工作日内即可办理完结一笔贷款。同时，政府平台公司还为企业提供信用担保；目前国家积极推进减税降费政策，下调税率；为配合税率简并，增值税纳税申报表进行了微调，纳税人的"加计"扣除的进项税额，扩大享受企业所得税优惠的小型微利企业范围；政府在对外宣传和对外接待时，一般使用公司产品，很大程度上帮助公司做了宣传，提高了公司产品的知名度，有利于公司产品的对外销售。

近年来，贵州的交通条件虽然已经得到了极大的改善，但是由于本身地处云贵高原，山地丘陵居多，交通仍然受到较大制约，公司在发展过程中，产品运输的成本较高、效率较低。公司认为，只要交通条件进一步改善、物流速度进一步提升，企业成本一定能大量减轻，同时带来更多发展的机遇。在人才服务、人才引进、人才培养方面，政府仍然需要加大力度，政府需采取多样化的方式鼓励企业不断进行创新，提升研发能力，制订人才培养计划，这样才能留住人才、培养人才，让人才为企业服务、为当地的发展做贡献，同时人才能够实现自身的人生价值，让人才不流失。希望地方领导多深入企业的一线，只有深入了解企业，才能知道企业的问题出在哪里，才能对症下药，标本兼治。此外，政府应主动帮助优秀企业宣传本土产品。很多企业明明产品做得很好,但是因为没有多余的资金用于宣传,导致产品优而无人知。政府在开展对外活动时,应主动使用本土优质产品进行对外接待,这种做法往往能取得事半功倍的宣传效果。

普安宏鑫茶业：打造"普安红"传奇

普安红茶的加工生产和品牌打造受到了各级领导的关怀和重视。融资环境艰难、高端人才缺乏是公司未来发展面临的两大主要困难。

普安县宏鑫茶业开发有限公司（以下简称"普安宏鑫茶业"）成立于2011年，地址为普安县江西坡镇联盟村。公司集茶叶栽培管理、初制生产、精制加工、销售、科研、农工商联合于一体，是目前贵州省黔西南州最大的茶企之一，也是黔西南州茶叶协会会长单位。八年荏苒，宏鑫茶业不断成长壮大。

民营企业的营商环境问题是一个基础性问题，这个问题不解决，民营企业本身再强健，也难以有与企业实力相匹配的发展势头。更为重要的是，缺少健康良好的营商环境，民营企业本身很难强健起来。在营商环境方面，普安宏鑫茶业所在的省、州、县各级政府和领导给予了诸多的关怀和支持。

（1）授予荣誉。2013年1月24日，公司被黔西南州州委、州政府评定为"农业产业化州级龙头企业"；2013年10月10日，公司被评定为"扶贫州级龙头企业"；2014年1月8日，公司被认定为"贵州省省级扶贫龙头企业"；2014年7月10日，公司被评定为贵州省农产品进出口示范基地；2015年5月28日，公司被认定为贵州省农业产业化经营省级重点龙头企业。

（2）政府扶持。公司被招商引资进入黔西南州后发展至今，得到了州县各级政府的多项政策优惠和扶持，比如：普安县政府将普安县境内的20000多株四球古树茶的保护权交于企业，让公司在保护中进行合理的开发利用，如此稀有资源的托付，代表着政府对公司的莫大信任和支持。2017年5月，普安县政府召开专题会议，本着实现做大做强普安茶产业、有效带动精准贫困户脱贫、助推脱贫攻坚的目标，帮助公司融资上市。历年来，各级政府的资金项目扶持也为公司解决了许多发展难题，比如古树茶保护专项资金、一县一特专项资金、高标准农田建设专项资金、流动资金贷款贴息等等。

（3）融资环境。在融资环境方面，公司得到了各级政府及金融机构的大力支持，不仅从银行获得流动资金贷款，还得到了贵州省脱贫攻坚产业子基金的扶持，这对公司的提质增效、产业升级带来了雪中送炭般的帮助。在企业取得成绩、荣誉、支持的同时，必须意识到民营企业的经营之路并非大道通途，要做好翻山越岭，披荆前行的准备。在企业的发展过程中，不可避免地受到多方面的制约：①融资环境艰难；②确权难，办证难；③市场竞争激烈；④人力资源薄弱。

采矿业

开磷集团：磷的深加工基地

经过60年的建设与发展，开磷集团现已成为集矿业、磷化工、煤化工、氯碱化工、氟硅碘化工、贸易物流、装备制造、建设建材、物业服务等多元产业于一体的现代化大型企业集团。

贵州开磷控股（集团）有限责任公司（以下简称"开磷集团"）前身为贵州开阳磷矿，始建于1958年10月20日，是国家第二个五年计划期间重点建设的全国三大磷矿石生产基地之一。2012年8月，由贵州省人民政府出资设立了贵州开磷控股（集团）有限责任公司，负责承接贵州开磷（集团）有限责任公司及其资产和人员。2014年12月，在完成辅业剥离的基础上，完成"开磷集团"增资扩股及改制工作，贵州开磷集团股份有限公司挂牌成立。初步完成了企业上市前的准备工作，为企业主业上市创造了条件。经过60年的建设与发展，开磷集团现已成为集矿业、磷化工、煤化工、氯碱化工、氟硅碘化工、贸易物流、装备制造、建设建材、物业服务等多元产业于一体的现代化大型企业集团。

党的十八大以来，更加开放共享的营商环境给企业发展带来了福音。对开磷集团而言，获得感较强的主要是各类税费的减免。2013~2017年，开磷集团减免各类税费五年共计3.472825亿元。贵州出台内阶段性降低企业职工基本养老保险等社会保险与失业保险费率政策，自2013年以来企业减少社保费支出共计3829.64万元。2016年以来推进电力直接交易，降低大工业用电价格，近两年减少电费支出 1.457556 亿元，平均用电价格下降了 0.04 元/千瓦时，其中 2016 年减少电费支出 8898.41 万元，截至 2017 年 8 月 31 日减少 5677.16 万元。2018 年，开磷集团下属贵州开磷有限责任公司、贵州开磷集团矿肥有限责任公司、贵阳开磷化肥有限责任公司共 3 户法人企业主营业务被列为国家鼓励类产业企业，享受西部大开发税收优惠政策，减按 15% 的税率征收企业所得税；贵州开磷集团矿肥有限责任公司、贵阳开磷化肥有限责任公司同时属于高新技术企业，企业所得税享受 15% 优惠税率。本年累计减免企业所得税 0.83 亿元。

当前，制约企业发展的因素有：资产负债率高，负债结构不合理。尽管开磷集团相继引进中化集团、北大荒农资公司、金石投资公司等战略投资者，但发展需要的资金主要依靠银行贷款获得，资本金严重不足。截至 2018 年底，开磷集团资产总额 540 亿元，负债总额 460 亿元，资产负债率 85.15%。从融资主体看，带息负债主要集中于开磷股份（含子企业），带息负债总额 274 亿元，占比 92%；其余为开磷控股本部及其成员企业 26 亿元，占比 8.67%。高资产负债率导致融资难、融资贵，资金链面临断裂风险。企业流动资金极为短缺，支付生产经营必需的原料款、电费、运费、员工工资等存在很大缺口，已无资金偿还金融机构到期债务与经营债务，资金链面临断裂风险。企业资源优势发挥不充分，整体盈利能力不强。开磷集团通过加快发展，生产规模不断扩大，产业链不断延伸，但以资源为导向的基础性产品和传统产品比重较大，高端化、精细化产品体系尚未建立，部分只需较小边际投入便会产生较大边际贡献的项目还未实现充分识别与挖掘，产业规模优势蕴藏的协同价值未得到充分释放，酒店、医院等部分非主业资产还未发挥应有价值。

在优化营商环境方面的意见建议：一是给予资金支持。二是降低用电成本，建议贵州省制定相关政策，进一步降低省内磷化工企业的用电成本，以提高磷化工企业的竞争力。三是在磷石膏综合利用方面，建议在市政工程、公租房建设和棚户区改造等工程项目中，确定一批项目作为磷石膏建材产品应用的试点或示范工程，通过政府大力扶持、企业主动作为，形成政企合力，快速推动磷石膏建材实现规模化利用。

贵州铝厂：中国现代铝工业的摇篮

贵州铝厂的发展史就是一部贵州铝工业的发展史，该厂为国内电解铝行业培养了大量的技术和管理人才，被称为"中国现代铝工业的摇篮"。

贵州铝厂在政策及资金扶持、法制环境保障以及许可证办理方面得到了大力支持。

贵州铝厂（以下简称"贵铝"）始建于1958年，是国家第一个五年计划期间由苏联援建的重点项目之一。贵铝的发展史就是一部贵州铝工业的发展史，该厂为国内电解铝行业培养了大量的技术和管理人才，被称为"中国现代铝工业的摇篮"。

贵铝在政策及资金扶持、法制环境保障以及许可证办理方面得到了大力支持。贵州省政府对贵铝废弃矿山土地修复及综合利用开发给予了高度关注和大力支持。贵铝彩铝公司涂装生产线智能制造项目，获得了贵州省经信委、贵阳市市科技局、白云区科技局、经信委等相关政府部门的项目扶持资金340万元。申报的无机硅纳米项目，被国家工信部正式列为国家支持的"中国制造2025"产业发展项目，国家财政部下达项目补助资金1600万元。各级政府对企业"瘦身健体"工作给予了大力支持。2018年，贵铝完成"三供一业"移交，取得剥离企业办社会职能工作的突破，解决了诸多历史遗留问题，大幅减轻了企业负担。全面完成人员及资产移交。

供电方面，完成了16103户表后线改造及抄表业务移交，圆满完成全部居民供电业务移交工作。

制约贵州铝厂改革发展和转型升级的因素有外部因素和内部因素。其中，外部因素表现为以下三个方面。一是周边农民对企业土地资源的侵占以及挡工堵路等严重侵害了贵铝的合法权益和改革发展工作的正常开展。如贵州铝厂中坝"小树林""新加坡"等地长期被不法村民侵占，贵铝专属铁路沿线所属土地也经常面临被不法侵占的风险。二是法律维权方面，法院终审判决贵铝胜诉的土地及资产维权案件，如"红波砖厂案件""刨槽地案件"面临执行难等问题。三是维稳方面，随着中铝股份公司贵州分公司完成"退城进园"，尚有几百名员工急需通过存续企业进行转岗和分流安置，这部分员工面临降薪等问题，思想情绪很不稳定。内部因素。一是企业整体实力有待提升。贵铝属于建厂超过60年的老企业，存在着资产陈旧、资产质量较差、优质资产比重偏低的问题，资产的利用效率不高。当前面临着内部市场不断萎缩、关联交易逐年下降、新产品市场开拓举步维艰的困难，企业整体盈利能力下滑。彩铝卷属于新投资的产业，外部市场开拓异常艰难，全年产销量仅达到设计产能的5%。其他各项工业服务、城市服务目前尚未形成核心竞争力和市场优势。二是历史包袱重。截至2019年5月，贵铝仍有2836名随氧化铝生产线接收的员工在册，年需贵州铝厂负担相关费用1.95亿元。氧化铝资产回购导致贵州铝厂经营性亏损加剧，后续费用难以为继，沉重的历史包袱严重制约了贵州铝厂的生存发展，贵铝维稳压力巨大。三是资金缺口大。一方面要逐步解决历史包袱，另一方面要积极推进重点项目，如金融北城项目、修文矿土地开发项目、无机硅纳米项目等，解决企业的发展问题。

意见建议：一是强化政府引导、健全激励约束机制，完善政策措施，严格执行法律法规，加快推进供给侧结构性改革，推动企业调结构、促转型、增效益，支持和帮助企业加快转型升级步伐。二是帮助企业推进"退城进园"和"退二进三"产业升级。从政策上支持构建技术先进、高效利用、节能减排、环境友好的产业发展体系。支持和帮助企业推进具有较高科技含量、高附加值以及市场前景广阔的新型深加工产品研发和产业化,补齐产业发展短板,不断提升产业层次和发展水平。三是支持企业以精深加工、工业服务、城市服务、环境利用等方向为重点,大力推进企业转型升级,大力支持市场前景好的技术改造产业提升项目,提高企业综合竞争力;支持和引导企业加强技术研发,向"专精特新"方向延伸产品产业链,着力构建以精深加工产业为主导的产业体系,壮大下游产业总量。四是支持和帮助企业实施两化改造。推进"互联网+"、大数据等新一代信息技术与工业生产制造融合发展,加快推动一批大数据改造提升试点示范项目,继续以提供各类政策扶持资金的方式,助推企业着力提高研发设计、生产制造、经营管理、市场营销等环节自动化、网络化、智能化水平,提升企业生产效率和综合竞争力,促进产业提质增效。五是支持和帮助企业用好土地政策。在政策和调规方面多为企业开绿灯,及时审核批准和利用产能退出后的工业用地,在符合规划和环保要求的前提下,用于老工业企业转产发展第三产业。六是支持和帮助企业做好职工安置工作。支持企业在职工安置工作中,多渠道分流安置职工,培育适合企业职工特点的接续产业集群,引导富余职工就地就近创业就业,缓解分流压力。七是大力营造良好的法治环境。良好的法治环境是企业经济健康发展的阳光雨露,法治为经营护航才能让企业安心谋发展。建议建立便捷畅通的沟通互动机制,让普法宣传落到实处、法律咨询及时传送;对于企业所涉强制执行的案件及时采取强制措施,打击黑恶势力,促进执行到位,特别是在土地纠纷案件方面,加大法院判决的执行力度,维护好企业的合法权益,确保国有资产不受侵害。

贵州华锦：千亿级生态铝工业基地代表企业

贵州华锦清镇氧化铝项目贵州省人民政府与中国铝业公司共同打造的清镇千亿级生态铝工业基地的重点工程，是贵州省工业强省的重大战略部署。

在政府服务、政策扶持、法制环境、纳税环境等方面，获得了省、市、乡各级人民政府及相关部门的全方位支持。

贵州华锦铝业有限公司（以下简称"贵州华锦"）是中国铝业股份有限公司（以下简称"中国铝业"）与杭州锦江集团有限公司（以下简称"杭州锦江集团"）共同出资设立的股份公司，于2014年7月18日在贵州省贵阳市清镇市注册成立，注册资本金10亿元。贵州华锦清镇氧化铝项目是中国铝业与杭州锦江集团投资合作的第一个试点项目，也是贵州省人民政府与中国铝业公司共同打造的清镇千亿级生态铝工业基地的重点工程，是贵州省工业强省的重大战略部署。

2014年以来，贵州华锦在政府服务、政策扶持、法制环境、纳税环境等方面，获得了省、市、乡各级人民政府及相关部门的全方位支持。2014年1月，在地方政府的积极配合和支持下，华锦铝业一个月内就完成了征地。随后，3个月内完成了场平工程。2014年6~12月，在贵州省市政府各职能部门及乡、村、寨、组、学校、医院、社区等附近的60多个单位，以及设计、勘察、水文地质、监测等13个单位的配合和支持下，完成了项目的 40 多个相关批复及证照办理，以及 19 个专题报告的编制。特别是 2014 年 12 月，《清镇氧化铝项目备案》获得省发改委批复，项目《环评报告》获得省环保厅批复，这为项目有序推进及顺利融资创造了条件。2015 年 2 月 12 日，贵州华锦与平安银行签订了 10 亿元的固定资产贷款合同。2 月 14 日，与重庆市交通设备融资租赁有限公司签订了 2 亿元无担保的融资租赁合同。随着企业效益的显现，贵州华锦融资工作进展顺利。为扩宽融资渠道，公司与相关银行进行了积极磋商，近年来各银行授信全部为信用贷款，贷款利率均在基准附近，减少了利息支出，保证了公司正常生产经营的需要。2015 年 2 月开始，清镇市人民政府帮助协调交警、路政、市政部门，拆除部分市政实施，并进行交通管制，确保了贵州华锦煤气炉、叶滤机、球磨机等大型设备得以安全运输到施工现场，按照网络计划进度要求，完成工程重大节点目标。特别是在清镇市人民政府的大力支持下，公司清镇 2×80 万吨氧化铝项目外部供水系统工程、外部供电 110 千伏线路及总降工程，分别于 2015 年 2 月 14 日成功送水和 2015 年 2 月 16 日成功送电，为项目生产线试车提供了水电保障。为了解决贵州华锦生产物资的运输道路，省、市人民政府规划并新建铝城大道、资源通道。特别是贵黔西高速公路、004 县道的提升改造，王庄和卫城绕镇通道的建设，为贵州华锦每年 600 万吨的物资运输提供了保障。其中，贵州省经济和信息化委员会、贵阳市经济和信息化委员会、贵州省交通厅、清镇市人民政府多方协调，贵黔高速公路于 2016 年 7 月 16 日通车，极大地改善了华锦公司的运输条件。2016 年，贵州华锦获得清镇市人民政府 2015 年度、2016 年度政策扶持资金 1344.62 万元；清镇市返还贵州华锦土地出让金 3800 万元。2017 年，贵州华锦获得环境治理费用 359 万元；退还土地款 1500 万元；获得西部所得税优惠政策，取得优惠加政府补贴 1.84 亿元。2018 年，贵州华锦获得 2017 年度政策扶持资金 700 万元；获得退付土地款 300 万元；获得贵州省商务厅经济发展资金专项扶持资金 113 万元；减免林地占补费约 7000 万元。同年，获得国家林业和草原局"同意使用林地的审查意见"

的批复；通过贵阳市公共资源交易中心"招拍挂"，获取了氧化铝项目土地指标811亩。2017年下半年以来，贵州省矿石资源供应紧张，矿石品位劣化。铝土矿的氧化铝含量从2017年的60%下降到2019年一季度的53%；铝硅比含量从2017年的6.8下降到2019年一季度的5.1，且基本上为高硫矿和难溶矿。由于矿石品位降低导致实产降低且消耗升高，2018年影响氧化铝产量8万多吨。

由于贵州华锦消化高硫矿的能力非常有限，严重制约氧化铝产能达标。为了破解高硫矿的技术难题，实现对贵州猫场镇以及周边铝土矿的高硫矿资源的综合利用，贵州华锦拟采用高硫铝矿的处理工艺，再建100万吨氧化铝项目。鉴于国内高硫矿焙烧脱硫工艺还没有生产运用的实例，工艺技术尚不成熟，目前，贵州华锦也在做高硫矿焙烧脱硫工艺技术的研究和论证，希望能够进一步获取更好的资源保障和土地、税收等政策支持。

邦达能源：煤矿矿井智能机械化典范

从人工炮采到综合机械化，从资源损失严重到采掘接续正常，从经济效益差到产量均衡稳定，贵州邦达能源开发有限公司在可持续发展的道路上行稳致远。

奖补政策减轻了企业负担，缓解企业经济运行压力，邦达能源更有信心更有能力做好企业发展。

贵州邦达能源开发有限公司（以下简称"邦达能源"）于2006年10月成立，是一家以煤炭开采、煤炭深加工为主，集机械加工、煤层气开发利用、煤炭贸易于一体的民营企业，是贵州省整合主体煤矿集团公司之一，是贵州省上市重点扶持企业之一，公司于2018年12月12日在香港主板成功上市。

《贵州省人民政府办公厅关于印发减轻煤炭企业负担促进煤炭行业平稳发展工作措施的通知》（黔府办发〔2015〕22号），在第一项"规范税费征收"中规定："煤矿企业兼并重组期间，继续免收煤炭矿业权转让交易服务费、继续暂缓缴存矿山环境恢复治理保证金。企业上缴的矿山环境恢复治理保证金，地方政府和相关部门不得以任何理由挪作他用；企业因环境恢复治理申请使用时，地方政府和相关部门不能以任何理由拖延或拒绝企业申请使用；经地方政府确认暂无地质灾害的煤矿，兼并重组主体企业可在所属煤矿已缴存的矿山环境恢复治理保证金中，按不低于85%的比例申请作为煤矿兼并重组和转型升级使用。"根据这个规定，公司各煤矿申请使用矿山恢复治理保证金，得到快速批复。按照目前煤炭行业的发展趋势，实施智能机械化升级改造是必由之路，煤矿要想生存和发展，必须加大投入，实施智能机械化升级改造。更何况国家还有高达投资总额30%的项目补助，这是一个非常利好的政策。对于瓦斯抽采利用方面，无论从安全、环保还是节能、高效考虑，都要努力做好这项工作，否则会严重制约井下生产。邦达能源公司开展瓦斯抽采利用，不仅解决井下安全难题，符合环保节能要求，而且变废为宝，所发电量供给煤矿自用，减少大笔电费支出（2017年抽采量4719.84万立方米、利用2386.13万立方米、发电5337.16万度；2018年抽采量5370.05万立方米、利用3249.63万立方米、发电6500万度），同时还可获得国家奖补资金（中央财政补助0.3元/米^3、省级财政0.2元/米^3），一举多得。此项中央财政奖补政策早在2007年便已实施，但由于政府部门宣传不够，公司领导重视不够，公司从2015年开始才成功申报，至今已累计获得瓦斯抽采利用奖补资金3614.41万元（2015年240万元、2016年1032万元、2017年1097万元、2018年496.41万元、2019年第一批749万元）。利用奖补政策，减轻了企业负担，缓解了企业经济运行压力。《关于加快推进煤矿升级改造释放优质产能的通知》（黔能源煤炭〔2018〕101号），在"优化保留煤矿设计审查验收办证流程"方面的规定对公司帮助很大，企业办理兼并重组技改扩能手续时得到很多便利。

企业发展需要破除瓶颈。政府部门要更加注重煤炭供应，防止煤炭市场的上下游产业链失衡。行业管理部门向推进绿色、智能的煤炭开发利用技术和升级示范等方面倾斜，继续大力支持煤矿升级改造。优化完善瓦斯抽采利用奖补政策程序，简化瓦斯抽采利用奖补程序，修改和完善瓦斯利用率，建议只以利用量为考核依据。建议职业院校多开设煤矿主体专业，高升专函授在读职工允许用学员证或学校在读证明作为入门文凭依据参与特作人员取证培训考试，这将在很大程度上补齐特作人员短板。

湾田煤业：跨省民营煤业龙头

当一众企业在艰难中苦命挣扎时，湾田煤业已开始了新的跋涉。

营商环境进一步得到优化，为企业提供了金融扶持政策，推进煤矿机械化智能化进程；"政银企"三方对接，为煤炭企业转型升级提供了可靠的融资渠道。

贵州湾田煤业集团有限公司（以下简称"湾田煤业"）创立于2003年，是最先获得煤矿企业兼并重组主体资格的煤矿企业之一。2019年底，全集团原煤产量可达到450万吨。集团公司坚持"生命至上、安全第一"思想，狠抓安全质量标准化，从根本上推进本质安全型矿井创建。加强制度建设，修编、修订《安全生产管理制度》，认真落实"先抽后采，监测监控，以风定产"的瓦斯治理十二字方针，进一步完善瓦斯治理管理制度。加大瓦斯超限调度处置力度，加强技术管理，着力技术装备更新发展，坚持采用机械化采煤，机采率超过90％。

贵州省人民政府出台了一系列的优惠政策，营商环境进一步得到优化，提供了金融扶持政策，推进煤矿机械化智能化进程。省属各部门出台政策，简化办事程序，提高办事效率，加快推进煤矿企业兼并重组，尽快释放优质产能。特别是"省级联席会议制度"给煤矿行业解决政策障碍，提高了办事效率，也提供了有效平台。"政银企"三方对接，为煤炭企业转型升级提供了可靠的融资渠道。建议推动实施西部发展战略，鼓励类产业所得税优惠政策落实［120万吨/年，及高产高效煤矿（含矿井、露天），高效选煤厂建设，可经主管国税机关确认后，暂按15%预交企业所得税］，洗煤厂批准立项的主管部门，让没有配套建设洗煤厂的煤矿联合建设高效洗煤厂，不受本矿产能的限制，提升洗煤厂的规模，使之能享受西部大开发的优惠政策。明确混合所有生产矿井的安全监管政策。经省政府批准在盘州市设立了10个混合所有制井区，其批准设计产能为600万吨/年，由于这种矿井采矿权归属国有大矿，投资经营权归属民营企业，并设立了独立法人。混合所有制井区系独立法人，承担企业安全生产的主体责任；混合所有制井区的投资主体企业，承担安全生产的监管责任；采矿权人系混合所有制井区的矿权所有人，监督混合所有制井区在批准的范围开展采矿活动。适当调整电煤供应比例，提高电煤整体单价，确保煤矿利益。为了统筹考虑电厂、煤矿及市场的利益，根据各煤矿上年度的销售总量，按20%的量用政府指导价，由煤矿与电厂签订长协协议，其余煤炭销售价格由市场价格确定。政府加强政策引导，企业完善分配机制，加大煤矿企业的人才引进力度。随着煤矿企业产业结构调整，煤矿企业在政府金融扶持政策引导下，推进煤矿机械化、智能化进程，在可以预见的未来，煤矿机械化智能化将全面实现。但是，煤矿人才的现状是高学历、高技能的人才比例太小，目前一线工人大部分为40~50岁人员，他们因历史原因学历低、技能差，只能从事简单重复劳动。引进人才、留住人才将是煤矿发展的关键。企业与大专院校开展招聘学生时，由于对民营企业存有偏见，加之煤矿的客观环境的影响，很难招聘到大量学生。以政府组团各民营企业，进驻各大专院校宣传民营企业，吸引优秀人才加入民营企业。民营企业要制定合理的薪酬分配机制、股权激励机制，采取长期与短期相结合的办法，吸引年轻人才，完成煤矿人才的新老接替。加强企业文化建设，让新一代煤矿工程技术人员融入煤炭企业。

六恒公司：煤炭行业实力派"小巨人"

六盘水恒鼎实业有限公司是贵州省和六盘水市重点招商引资企业，是集煤炭开采、洗选为一体的综合性民营企业。

各级行管部门对煤炭企业的帮扶从具体到实际，由过去的被动监管到现在的主动帮扶监管。

六盘水恒鼎实业有限公司（以下简称"六恒公司"）是贵州省和六盘水市重点招商引资企业，是集煤炭开采、洗选为一体的综合性民营企业。依托地区资源优势，利用现代化的生产、加工基地和科技含量极高的钒钛磁铁矿综合利用试验基地。靠着多年摸索形成的慎"引"、优"培"、尚"争"、活"用"、厚"待"的人力资源管理理念，造就了一支结构合理、业务精通、技术精湛、勇于开拓创新且忠诚度高的人才队伍，也使公司从小变大、由弱至强，成长为行业的实力派"小巨人"。注册资本30亿元人民币，是四川恒鼎实业有限公司全资子公司，实际控股人是恒鼎实业国际发展有限公司（该公司是一家香港联合交易所主板上市公司，也是国内第一家在香港上市的民营煤炭企业）。

六盘水恒鼎实业有限公司主要依托贵州六盘水地区资源优势，以煤炭开采、洗选及其副产品生产为主业，拥有高品质的煤炭储备。作为贵州省兼并重组主体企业，已发展为盘州市较大规模集团公司，同时，依托强有力的团队，不断提高管理水平、扩展自身纵向一体化生产能力，综合上游煤矿开采、洗选等扩展自身供应链，形成安全发展、绿色发展的产业发展优势。

根据《贵州省政府办公厅关于进一步推进全省煤矿企业兼并重组工作的通知》、《省人民政府关于煤炭工业淘汰落后产能加快转型升级的意见》（黔府发〔2017〕9号）、《贵州省煤矿智能机械化建设与验收暂行办法》（黔能源科技〔2017〕158号）等兼并重组文件精神，贵州省煤炭行业的供给侧改革走在西南地区前列，煤炭价格得以稳定；企业利用政策去掉落后产能、清理不良资产得以轻装上阵。各级行管部门对煤炭企业的帮扶也具体到实际，由过去的被动监管到现在的主动帮扶监管，通过建立驻矿安检员制度到现在的各乡镇巡查组制度，及时发现隐患、整改隐患，使煤矿企业安全生产，健康发展。物流水电环境大力改善，促进煤炭企业的产品及时外运，降低运输成本，大力推动企业的发展。用水方面各煤矿基本是利用井底污水抽到地面，经污水处理站净化处理后用于煤矿的日常生产用水、职工洗澡等，水质硬度高、含硫量高，对设备运行状态影响较大。在盘州市供电局支持下，六恒公司下属七个生产煤矿都实现了10千伏双电源供电，供电正常稳定。由于七对生产矿井的双电源10千伏架空线路长约60公里，每年架空线路的维护、砍树工作量大，费用高，涉农问题难协调，赔偿的标准要价高。建议请当地供电所出面协调砍树赔偿问题，确保供电安全。盘州市市委、市政府六恒公司大力帮扶，通过政府担保，公司用土地抵押贷款方式获得银行1亿余元贷款，将六恒公司从悬崖边拉回来；通过"信用通"贷款、帮助协调及时支付电煤供应款等方式解决公司流动资金问题，通过能投公司进行融资租赁分期付款的方式解决公司大型设备投入问题。

贵州锦丰矿业：国际合作开发金矿

锦丰矿业有限公司是我国黄金矿业领域改革开放的试验田和国际合作开发矿产资源的成功典范。

企业壮大的同时不忘社会责任，高度重视环境保护和对人才的重视培养，体现了公司以人为本的经营发展理念。

贵州锦丰矿业有限公司（以下简称"锦丰公司"）2007年建成投产。锦丰公司是（原）国土资源部首批"国家级绿色矿山单位"和"矿产资源节约与综合利用先进适用技术推广应用示范矿山"，并获得国家人社部"全国黄金行业先进集体"等荣誉称号。矿山运营十几年来，截至目前已累计生产黄金49吨，实现销售收入约123亿元，上缴各项税费近15亿元，为地方经济社会发展做出了积极贡献。

经营管理上，公司多年来坚持"以人为本"的经营发展理念；倡导"诚信、创新、合作"的企业文化；以吸收、沉淀、升华国外优秀企业精神持续改进企业经营思想和文化精髓，融合中方的人文观念，使得企业具备较高的文化底蕴和内涵；尊重法律、经营合规、严守职业道德。首先，公司注重强化安全环保工作。2018年继续保持了零工亡事故、零重大设备事故和零环保事故的良好态势。百万工时可记录伤害事故率为0.8，优于往年同期，远低于ICMM（国际金属采矿业联合会）3.94的平均指标。公司成功延续了烂泥沟探矿权及安堡探矿权,并与中金地质、北京金有等勘探单位合作,有序开展外围探矿工作。其次,公司注重降本增效。2018年共收集、评估并跟踪持续改进建议236条,预计年经济收益达1358余万元。同时全过程成本管控方案涉及117个项目,完成项目66个,全年降本增效累计约3800万元,降本增效工作取得了良好成效。再次,公司持续加大科研创新力度。2018年,公司获得国家知识产权局授权的有效发明专利1项,实用新型专利13项。最后,公司注重国际化人才培训。根据集团国际化战略发展需要,锦丰公司被授予中国黄金"国际化人才培养基地",首期30名OJT学员开启了为期6个月的OJT培训课程。

公司严格按照国家规定,为全全体社区员工购买"五险一金",解决社区居民基本医疗保险问题;此外,多年以来,公司内部诊所还义务为周边社区突发急症或意外伤害的居民开展紧急救治,并提供免费急救车转诊等医疗健康服务;2015年,锦丰公司为沙坪镇卫生院捐赠急救车一辆,从此镇卫生院结束了没有急救车的历史。同时,公司以公益捐赠活动开展助推慈善扶贫。依托四方共创品牌,积极开展各类爱心物资及公益活动捐赠、捐款。2012年至今,先后通过参与贞丰县"慈善一日捐"、"全国扶贫日"、布依族"六月六"风情节捐款,为黔西南州福利院捐赠车辆,为沙坪镇卫生院捐赠急救车,开展爱心慈善捐赠等慈善捐赠、爱心捐赠活动230余次,各类物资折算人民币500余万元。加大资金投入集团公司"定点帮扶"。2018年根据集团公司定点帮扶贞丰县扶贫项目及资金安排,及时完成集团公司帮扶贞丰县"党建扶贫阵地建设"资金140万元、尾俄村砂仁厂建设资金40万元,共计180万元。与此同时,应贞丰县委县政府请求,公司积极向2018年贞丰县"六月六"风情节活动、"扶贫日"活动累计捐赠资金10万元。2019年,锦丰公司配套中国黄金集团公司定点帮扶资金580万元,用于贞丰县党建扶贫阵地建设及产业发展。2018年11月公司受邀参加了2018贵州省企业社会责任报告发布会,这也是锦丰公司在贵州省内连续发布的第7份社会责任报告,并连续两年被贵州省授予"履行社会责任五星级企业"荣誉称号。在中国黄金集团党委组织召开的"庆祝中国共产党成立 97 周年暨集团公司'两优一先'表彰会"上，四方共创党支部荣获 2018 年度中国黄金集团有限公司"先进基层党组织"荣誉称号。

制造业

恒霸药业：打造健康全产业链

源于医，成于药，秉承"上善守德、惠民有信"的企业经营管理理念。

鼓励创新，对民营企业合法经营中出现的失误给予更多理解、宽容，让民营企业家放下包袱，轻装前进。

贵州恒霸药业有限责任公司（以下简称"恒霸药业"）成立于1995年，源于医，成于药，秉承"上善守德、惠民有信"的企业经营管理理念，以研究开发祖国传统医药（苗族医药）为核心，着力打造集中药材种植、中药饮片加工、制药、医疗保健和科研开发于一体的健康全产业链。

从企业发展看，长期以来，恒霸药业始终坚持"企业要发展，人才是关键"的理念，高度重视人才培养、人才储备及发展。通过猎头、招聘网络、各级人才市场招聘与储备人才；通过外训、内训以及外出考察学习培养人才，组织开展多层次、多渠道的各类培训，同时加强针对性培养，提高培训的个性化，对优秀技术和管理人才按照各自的发展类型分类安排有针对性业务培训，不断提高其知识水平和创新能力。通过努力，目前恒霸药业已聚集了一批优秀的医药科技人才，致力于发掘贵州高原优质中草药资源和历史悠久的苗族医药；本着追求人类永恒的健康，不断探索创新，为广大人民群众提供优质的医疗服务和优秀的医药新产品，为人类健康事业做出了一定的贡献。在质量管理方面，面对市场竞争愈加激烈的今天，质量显得尤为重要，为此恒霸药业始终遵循药品是用来治病救人的特殊商品，严格把控质量关，不断增强质量意识，牢固树立"质量第一"，把质量作为企业赖以生存的生命线。多年来，公司大力进行厂房、设施设备、车间技术改造，喷雾剂生产线以及固体制剂生产线2015年通过新版（2015版）GMP认证。企业完全按照《药品生产质量管理规范》进行规范生产与管理，以确保药品质量。在科技创新方面，恒霸药业始终坚持科技创新是企业发展的动力，每年都计划部分资金进行科研投入，进行工艺提升及新产品研发投入，多年来公司先后承担贵州省科技厅、贵阳市科技局等多个科研项目以及新产品研发项目，共计投入研发资金8000余万元。先后与贵州大学、贵州医科大学、贵阳中医学院、贵阳学院、贵州省农科院等高校、科研院所达成产学研合作。同时，公司高度重视知识产权管理，成立了知识产权管理部门，制定了知识产权管理制度，进行了知识产权管理体系认证。目前，恒霸药业共获得国家专利43项，其中发明专利8项，实用新型专利10项，外观专利25项。拥有5个商标品牌，其中贵州省著名商标1个。在履行社会责任方面，恒霸药业在做大做强的同时，秉持一颗炙热的感恩之心，在扶持就业、捐资助学、扶贫济困、修路办学、下乡义诊、免费治病拿药、关爱妇女儿童、关爱残疾人事业、公益慈善、抗震救灾、凝冻捐赠等方面不断投入大量的资金、物资、精力和时间，尽最大的力量助力公益，回报社会，捐款捐物累计3000余万元，自觉彰显企业强烈的社会责任感。与此同时，恒霸药业勇立潮头，坚守在脱贫攻坚战第一战场。从2013年起，公司先后在贵阳市清镇市麦格苗族布依族乡；铜仁市松桃苗族自治县正大乡、长兴镇、甘龙镇；息烽县石硐乡等农村少数民族偏远山区发展中药材种植基地5000亩，带动推广10万亩。以"企业+基地+合作社+农户"的模式，带动贫困老百姓进行产业扶贫、项目扶贫、基地就业扶贫等帮扶方式，累计帮扶贫困农民20000余人次，培养了一批种植大户、种植能手、科技特派员。促使部分农民脱贫增收致富，在扶贫工作上起到示范效应。为此，公司于 2014 年获得国务院扶贫办颁发"全国社会扶贫先进集体"荣誉称号。在企业营商环境方面，伴随着坚决把中央和省委关于民营经济发展的政策措施落实到位，深入实施政策落实等"六大专项行动"，大力支持民营企业解决融资难题、降本减负、公平竞争、转型发展、维护合法权益、纾难解困，让民营企业家倍受尊重、让民营经济倍加壮大等进程的加快，恒霸药业也相应地获得了各级地方政府在政策扶持、税收环境、金融环境、经营环境、市场环境、创新环境、法治环境、服务环境等领域上的大力支持，为促进企业持续快速稳定发展提供了强力的保障。

优化企业发展环境的建议：一是要构筑"亲""清"的新型政商关系。"亲""清"的新型政商关系是民营企业健康发展的基石。一视同仁让"亲""清"理念深入人心，坚持权利平等、机会平等、规则平等，尽最大努力消解民营企业发展面临的隐性限制和障碍；进一步减税降费，降低企业负担，为民营企业发展营造一个合理竞争的良好环境。二是要打造健康的金融生态。重塑民营企业信用，政府和监管部门可以发挥更大作用。要引导金融机构加大向民营企业特别是中小微企业资金投放力度，助力破解其融资难、融资贵问题。金融机构坚持服务实体，回归金融本源，切实为实体经济发展服务，同时主动适应供给侧结构性改革的新要求，以解决融资难融资贵问题为抓手，在促进地方经济发展方面更好地发挥作用，当前尤其要重点做好对民营企业的金融服务，特别是对于符合国家战略导向、拥有核心技术、主营业务突出，属于新经济范畴的民营企业，要加大支持力度。三是要营造良好的社会氛围。民营企业天然具有创新基因，要激发和保护企业家精神，鼓励创新，对民营企业合法经营中出现的失误给予更多理解、宽容，让民营企业家放下包袱，轻装前进。同时突出强化产权保护，以完善产权制度为重点，推动产权保护法制化，维护好民营企业自主经营权，打消民营企业家的疑虑。

今飞轮毂：国家汽车零部件出口基地企业

致力于汽车轮毂研发、制造和销售，是西南五省区内唯一一家行业内规模企业，拥有国家认可实验室和国家认定企业技术中心，是国家汽车零部件出口基地企业，是《贵州省十大产业振兴规划》重点建设项目。

贵州今飞轮毂股份有限公司会继续在困难中探索，早日找到突破现状的希望，望政府也帮助企业一同度过非常的瓶颈期。

贵州今飞轮毂股份有限公司总部今飞控股集团位于金华市经济开发区，形成以汽车轮毂、摩托车轮毂和电动车轮毂为代表的铝车轮产业为主导，以中间合金、装备制造产业为支撑，以新农机产业为突破的产业格局。"今飞"牌摩托车轮毂、汽车铝合金轮毂、电动车车轮产品规模分别位列全国第二、第三和第一。今飞轮毂公司拥有国家认可实验室和国家认定企业技术中心，是国家汽车零部件出口基地企业。

贵州今飞轮毂股份有限公司是《贵州省十大产业振兴规划》重点建设项目，也是贵州省第一家利用铝液直接深加工的招商引资单位。贵州今飞轮毂股份有限公司是贵阳市为发展铝深加工、延伸铝产业链、形成产业集群、响应国家节能降耗号召而引进落户到白云区铝加工基地的重点项目。贵州今飞的控股方为了市场布局，利用当地丰富的铝资源优势、人力成本优势及运输成本优势，于2009年经贵阳市招商引资，在白云区成立了贵州今飞轮毂股份有限公司，注册资金 3000 万元。贵州今飞致力于汽车轮毂研发、制造和销售，是西南五省区内唯一一家行业内规模企业。公司将立足贵州，向西南地区及东南亚国家辐射，通过进一步加强与知名汽车厂商的紧密合作，形成战略合作伙伴关系，使企业成为国内外中高端汽车生产厂商的重要轮毂配套产品供应商。

美中永远藏着不尽如人意的地方，虽然今飞轮毂对产稍做调整，但是从最初公司门口就有的铝水，变成了跨省份的毛坯轮毂的运输，让公司运输成本大大增加，而遇到不好天气、货车问题等诸多不可控因素时，就会面临待料，无法生产，严重到无法发货进而违约等。因为工人都是计件为主，还会造成人员工资低，公司也会处于被动状态。生产上有些工序需要重复进行，因为在运输中难免会有问题发生，必须第一时间对轮毂进行检查、修补甚至报废，成本也在无形中增加。贵州今飞轮毂股份有限公司应继续在困难中探索，早日找到突破现状的道路，望政府也帮助企业一同度过这个非常的瓶颈期。

贵州吉利汽车：打造智慧工厂

自 2015 年 11 月吉利贵阳基地开工建设以来，省委、省政府，市委、市政府主要领导先后组织召开了多次专题会，及时协调解决基地推进过程中遇到的困难和问题，有力保障了基地的顺利实施。

消费市场对汽车行业提出了更高的要求，应对汽车消费市场进行进一步合理化的改善提升。

贵州吉利汽车部件有限公司（贵州吉利汽车）为浙江吉利控股集团有限公司（以下简称"吉利控股集团"）在贵州省贵阳市投资兴建的全资子公司，是吉利控股集团为支持中西部发展和自身发展战略需要而兴建的整车制造基地。贵州吉利汽车坐落于贵阳市观山湖区现代制造业产业园，总投资 102 亿元，占地 1027 亩。贵州吉利汽车按照高标准、高质量、高效率的原则，现已建成冲压、焊装、涂装、总装等整车四大工艺生产线及相关配套设施，具备年产 30 万辆整车的生产能力。

自 2015 年 11 月吉利贵阳基地开工建设以来，省委、省政府、市委、市政府主要领导先后组织召开了多次专题会，及时协调解决基地推进过程中遇到的困难和问题，有力保障了基地的顺利实施。为满足基地各类证照办理，政府有关部门积极提供相关证明材料，缩短办证周期，开通绿色通道，以保证证照快速、合规地完成办理程序。为提升吉利贵阳基地汽车零部件本地配套率，形成全产业链的发展格局，贵阳市出台相关优惠政策，采用量身定制、提供租赁服务的模式，规划1070亩土地用于建设核心零部件配套产业区，并依照项目推进情况分期分批建设标准厂房。预计引入45家配套厂商，目前已引进28家配套厂商。为配合后期整车配套物流及零部件仓储，政府规划占地约1300亩的零部件物流园，建设整车物流存储与发运中心，计划将其打造成为西南整车中转与发运中心，充分利用周边现有公路及铁路货运优势，采用公铁联运的模式，有效降低物流成本、提高物流运作效率。为满足基地员工的生活配套需求及配套产业人群的生活休闲之需，在紧邻基地的上枧安置房（一期）项目内建设学校、医疗服务中心等配套设施。根据公司投产的M100甲醇汽车，省、市两级领导积极争取国家工信部支持，加快推进贵阳市甲醇汽车试点工作。制定了非政府资金购买的M100甲醇汽车每辆提供不少于5000元的惠民补贴，补贴资金由贵阳市按实际销量全额承担，已建成多家M100甲醇燃料综合加注站，以满足车辆加注需求。为保证生产的M100甲醇汽车推广和使用有良好的市场环境，省有关部门建立和完善了与甲醇汽车市场发展相适应的甲醇燃料价格调控机制，确保甲醇燃料市场供应价格稳定并保持一定的竞争力水平。自公司M100甲醇汽车投产后，政府方面出台相关政策，要求全省范围使用财政资金购买的公务车、工作车、执法车等，符合条件的，优先使用基地投产甲醇汽车，采取具体鼓励措施，引导全省各地出租车、驾考车、网约车等，优先选用贵阳生产的M100甲醇汽车。若贵阳投产的甲醇汽车不符合相关要求，全部优先选用吉利旗下相关车型。公司所生产吉利控股集团首款MPV——嘉际现已正式上市销售，根据基地对市场的分析研判发现，近十年随着城镇化率和居民可支配收入等快速提升，MPV市场逐渐引起各大厂商重视，作为满足家用市场的MPV，新品涌入非常快，2017~2018年共有20款新车进入车市，推动MPV不断更新换代、迅猛发展。MPV车型如果能更好满足节能环保、舒适驾乘、一车多能、置换、二胎等需求，或将迎来黄金发展期，2018~2020年将是MPV转型升级的关键期。

面对发展和挑战，消费市场对汽车行业提出了更高的要求，我们需要对汽车消费市场进行进一步合理化的改善提升。一是要降低汽车消费成本。从传统动力及新能源动力的价格、停车费用、车检费用、汽车装饰用品等多个方面入手，根据实际情况，制定合理制度和收费标准，清理汽车消费环节中乱收费现象，取缔不合理费用，降低用户的实际用车成本。二是完善汽车消费的服务体系。从售前的咨询服务到购车时的信贷、保险、上牌、售后服务、维修保养等环节入手，增强从业者的业务能力水平及服务意识，推荐汽车消费服务体系的健康化发展。三是完善用户权益保障体系。随着互联网的蓬勃发展，大数据应用的推陈出新，用户在购买车辆中存在的问题，包括产品质量、配件交易的隐患、售后服务的潜规则等被不断曝光，消费者对政府保护消费者合法权益的实效性要求越来越高，这就要求工商、公安、质量监督、物价等相关部门要紧密配合，建立健全监督体系，严厉打击不法企业以次充好、不合格产品流入市场、自设项目收费等违法违规行为，清除行业内乱象，全面整顿和规范市场机制。四是多方面优化本地化生产车型销售渠道。协调省、市级宣传部门和媒体，利用舆论导向优势对本地化生产车型予以推广，组织电视、广播、网络、报纸等媒体，策划形式多样的宣传报道，采用专用时段的版面、栏目和频道，定期对本地化生产车型的环保性、安全性、经济性、动力性、可靠性等优势的全面宣传；针对政府公务用车，将本地化生产车型纳入政府采购目录，利用全省范围内使用财政资金购买本地化生产车型用于公务用车和工作用车。

悦城产投：西南地区最具竞争力的电线电缆生产企业

悦城产投始终秉承"携手合作，互利共赢"的为商之道，坚持"求真务实，诚信为本"的经营理念，积极促进贵州经济产业转型升级和健康发展，紧紧抓住西部大开发及贵州省建设内陆开放型经济试验区的黄金机遇，力争挺进贵州省民营企业前十强。

贵州悦城产业投资集团有限公司成立于2013年7月，始终秉承"携手合作，互利共赢"的为商之道，坚持"求真务实，诚信为本"的经营理念，积极促进贵州经济产业转型升级和健康发展。目前，公司涉及产业园区开发运营、商贸物流、电气电工制造、金融服务、物业管理、电子商务等行业，旗下拥有贵阳悦城置业有限公司、贵州固达电缆有限公司、创易产业园有限公司等11家子公司，已发展成为一家具有较强资金实力和专业管理团队的综合性集团公司。先后荣获观山湖区经济发展贡献"五虎上将"、贵州省民营企业30强、贵州省企业100强、贵州省重点龙头企业、贵州省品牌价值30强等荣誉。积极投身公益事业，履行社会责任，参与脱贫攻坚，多次荣获观山湖区"十佳爱心明星""十佳爱心企业"等荣誉称号。

未来，贵州悦城产业投资集团将紧紧依托西部大开发及贵州省建设内陆开放型经济试验区的黄金机遇，力争挺进贵州省民营企业前十强。观山湖区区位优势明显，配套资源完善，升值空间巨大，营商环境优越，许多贸易商和生产企业都非常向往在观山湖产业园区投资兴业。观山湖区紧紧围绕大数据、大金融、大会展、大商贸、大健康、大旅游和现代制造业"六大一制"和"一区六园"产业布局，进行精准招商，对企业开展"保姆式"的全方位服务，制定了《贵阳市观山湖区关于加快重点产业发展的扶持政策》《观山湖区优化营商环境整治行动工作方案》《观山湖区重点产业项目遴选及用地供应管理办法》等一系列举措；通过政策、方案的制定和落实，不断简化企业入驻的审批手续、优化审批流程、提高政务服务水平、改进执政执法，努力提升和创新营商环境。根据《观山湖区进一步优化提升营商环境三年攻坚行动计划（2018—2020年）》的具体要求，现在开办企业办理时间缩短至5个工作日，2020年将缩短至1个工作日办结；用电报装办理时间压减至低压居民用户7个工作日。特别在商会会员企业办理经营手续工作中，观山湖区市场监管等相关部门为提升办事效率，积极上门服务，为企业合法经营出谋划策。

济仁堂：全力转化中草药优势

贵阳济仁堂药业有限公司将进一步发掘祖国医药宝库，深化中药制剂和中药饮片多项技术的不断开发，充分把贵州省的中草药优势转化为社会经济优势，"济仁堂人"将不懈努力，为济仁堂更加辉煌的明天而奋斗。

贵阳济仁堂药业有限公司是一家集科、工、贸于一体的综合型民营科技企业，于1991年10月成立。经历各种变迁后，如今地处贵州省贵阳市南明区云关乡云关村。济仁堂一贯奉行"地道药材、专业饮片、专业炮制、专业制药、严格检验"的执业准则，制造出"安全、有效、科学"的产品回馈于社会、回馈于人民。现有10条生产线通过国家GMP认证（其中中药制剂7条，即胶囊剂、片剂、颗粒剂、散剂、膏剂、丸剂和酊剂；中药饮片3条，即一般中药饮片生产线、毒性中药饮片生产线和直接口服饮片生产线），其中中药饮片占省内市场总份额的65%以上，部分产品还远销到东南亚、日本等地。贵阳济仁堂药业有限公司所属有贵阳济仁堂中药饮片厂、贵阳济仁堂药品销售有限公司、贵阳济仁堂药店、贵阳济仁堂中医诊所。

贵阳济仁堂药业有限公司一贯奉行"济世施仁、诚信为本"的企业宗旨，坚持"质量第一、信誉第一、服务第一"的经营方针。在省、市、区各级领导的大力支持和全体员工的共同努力下，企业规模不断发展和壮大，取得了很好的社会效益和经济效益，多年被评为省、市、区重点企业、优秀企业、先进纳税企业及守合同重信用企业；济仁堂自 GMP 生产达标以来，年生产总值、销售收入、税收和利润逐年递增，贵阳济仁堂药业有限公司将进一步发掘祖国医药宝库，深化中药制剂和中药饮片多项技术的不断开发，充分把贵州省的中草药优势转化为社会经济优势，"济仁堂人"将不懈努力，为济仁堂更加辉煌的明天而奋斗。"济仁堂人"始终怀着一颗感恩和奋进的心，让"济世施仁、诚信为本"的企业宗旨融入每一个环节，让企业不断进步，从容地面对未来的严峻挑战。

圣济堂：打造慢病管理生态圈

为糖尿病患者提供预约挂号、远程会诊、数据分析、医生工具，力求为患者提供精准诊疗、精准用药、精准保健方案等服务，一举打造慢病管理生态圈，形成大健康产业闭环服务体系。

贵州圣济堂制药有限公司是糖尿病药品专业化研发生产企业，创建于1996年，系贵州省百强企业。公司现有十条GMP生产线。圣济堂制药拥有多个国家级二类新药。圣济堂以独特的人文基础和先进的管理体制，培育出了一个强大、高效、精锐、善战的市场运营团队，公司大力开展市场销售工作，县级、地级市场覆盖率和占有率大幅提高。在公司领导和全体员工的共同努力下，2013年至2019年期间圣济堂销售增长率逐年增加，圣济堂将在"用心成就未来"的理念下，继续拓展销售规模。

作为清镇市的龙头企业之一，当地政府在营商环境的塑造方面，多方合作，专业服务，为企业排忧解难。清镇市工信委，作为企业的对口管理单位，在政策法规落实、政务窗口服务质量、政府涉企服务效能等方面，为企业发展提供诸多便利条件，在政策落实方面，工信委时刻关注企业的发展需求，在各级政府资金补助政策出台之际，总是第一时间告知企业提起补助资金的申请，引导企业进行资金项目申报，帮助企业缓解研发成本高、资金压力的现状。例如：贵州省2019年工业和信息化专项资金申报工作开展时，工信委指派的相关工作人员时刻提醒企业提交申报资料，关注申报进度，该政策落地后确实体现了政府营商环境的可喜变化，让企业在当地的发展过程中归属感、荣誉感、使命感都极大地加强了。"放管服"改革不断深化和信息化建设推进,办税手续和流程不断简化,体现出"让信息多跑路、让群众少跑腿"的可喜变化。涉税业务基本上可全程网上办理,在办税成本上都得到较大改善,规范了税收执法操作。在税收营商环境中,降低税率、减轻税负始终是一个重点。近年来大力推进减税降费,在 2018 年将增值税税率降低 1%(圣济堂适用 17% 降到 16%)的基础上 2019 年继续降低 3%(圣济堂适用 16% 降到 13%)。与此同时,对小微企业、科技型初创企业实施普惠性税收免除、降低社保费率优惠政策。在融资营商环境方面,尽管央行出台了相应措施,民营企业在融资便利程度和融资成本上与国企尚存差距,虽然也设立民企债券融资支持工具、增加再贷款和再贴现额度等措施,但执行过程中存在不少"玻璃门",并未得到平等对待。目前圣济堂生产的主要药物都是仿制药,仿制药的附加值低,竞争对手较多。发达国家的制药企业或国内顶尖的制药企业普遍与高校或者高等研究院合作,高效研发药物,而圣济堂的药物研发主要靠企业自身,因此未能实现资源共享和集约化规模,浪费了许多人力、财力和物力。由于医药研发涉及多科学多领域的知识与技术,在这方面需要大量的专业人才及复合型人才;且药物研发费用巨大,新药研发需要 10 年甚至更长的时间推向市场,所需资金数十亿元。上述制约企业发展的因素是企业必须面对和解决的。现在医药改革处于深水区。国家出台的政策将直接影响到企业的生存与发展。比如仿制药一致性评价、两票制的全面推开、4+7 带量采购、新版基药目录启动等等,这些政策对于企业来说,既是机遇,也是挑战,更是压力,如何在一轮轮的政策中取得先机、占领市场,也是公司目前需要突破的瓶颈制约因素。

联塑科技：为居者构筑轻松生活

贵阳联塑在中国联塑带动下将继续秉持"为居者构筑轻松生活"的品牌信仰，以全新的姿态，为客户提供更多高性价比的产品和服务。

公司将牢牢把握发展机遇，奋勇前进，为清镇市乃至贵州省的经济发展做出更大的贡献。

2002年12月，联塑科技发展（贵阳）有限公司通过招商引资入驻贵州省清镇市，于2003年7月30日成立，2005年11月正式投产。2005年投产后，在各项有利政策的引导及利好的市场环境下，贵阳联塑将扩产增值作为工作重点，促使公司走上持续快速健康发展的"快车道"，陆续生产了多样化、系列化、规格齐全、技术含量高的各类塑胶产品，以满足市场需求，促使公司产能和经济效益不断提升，发展步伐年创新高。公司连续8年荣获"贵州100强企业"和"贵州民营企业100强"的双百强企业荣誉称号，在推动当地社会经济高质量发展方面跑出了"加速度"。

当前，省政府高度重视营商环境，加大优化营商环境整治力度，公司在政府相关部门的大力支持下，先后争取到贵州省工业和信息化发展专项资金共300万元。近年来，制假售假行为屡禁不止，联塑作为全国知名品牌，其产品一直是不法分子的仿冒对象，这些不法分子为了谋取私利，不仅严重损害了联塑公司形象，更侵害了消费者的权益。为了制止这些扰乱市场的违法行为，保护消费者的权益，联塑集团早在十几年前就成立了打假维权部，打假人员潜伏在市场一线，搜集假冒信息，及时调查跟进，在关键时刻给予制假售假的企业或个人严厉打击。2017 年，在贵州省湄潭县某工业园内，发现生产假冒联塑集团双色 PP－R 给水管以及配件，联塑集团武汉打假办通过跟踪配送车辆发现，贵定、遵义、安顺等地十多家商户均有销售假冒该企业"LESSO 联塑"商标注册的产品，这些店铺内假冒产品除日期外，包装、喷码均相同，是出自同一制假工厂，在取得确切线索后，联塑集团依法向湄潭县公安局反映情况并积极配合。湄潭县公安局于 2017 年 8 月 16 日在贵州省湄潭县查封捣毁该制假工厂，经清点，现场查获价值约 30 万元的假冒产品以及生产设备，工厂老板李某亦当场被湄潭县公安局抓获。在后续的调查中，又在另一个制假窝点查获了价值约 6.5 万元的假冒产品及价值约 7 万元的造假工具。同时，在联塑集团打假办和公安部门、工商部门的多方配合下，工商部门对贵州省内销售该工厂假冒产品的销售网点也采取了没收、处罚等行政处罚措施。最终，在 2018 年 6 月 3 日，贵州省遵义市中级人民法院判定：被告人李某犯假冒注册商标罪，判处有期徒刑三年零三个月，并处罚金人民币 21 万元，并将本案中被公安机关扣押的作案工具及假冒注册商标的商品予以没收，由扣押机关依法处理。目前整个市场竞争仍旧激烈，建议加强市场管理，严厉打击窜货、杀价，维护厂商利益，建立良好的市场竞争环境。回首顾盼，成绩来之不易；掩卷深思，倍感任重道远。未来，贵阳联塑将在中国联塑带动下继续秉持"为居者构筑轻松生活"的品牌信仰，以全新的姿态，为客户提供更多高性价比的产品和服务。牢牢把握发展机遇，奋勇前进，为清镇市乃至贵州省的经济发展做出更大的贡献。

贵州景峰：走与国际化接轨的仿制药产业化道路

  景峰医药秉持生产规模和结构的同步改造的模式进行自我转型，近年来同时开展了两条生产线的cGMP改造和两个新药品种研发项目，这些生产线项目的投资建设提升了企业竞争力，同时也给企业带来了很大的资金压力。希望政府可以结合贵州景峰的经济发展和社会贡献，加大对企业的资金和政策的补助力度，切实缓解企业的资金压力。

贵州景峰注射剂有限公司成立于1990年，是一家主要从事大、小容量注射剂的研制、生产和销售以及相关技术的进出口业务的医药企业。公司继续积极探索多种创新模式，与国内外医药外包公司、科研院所、高校等单位合作，通过委托开发、合作开发、技术转让、联合攻关、共建平台等方式，将公司的研发做大做强，形成企业的核心竞争力。随着集团"聚焦国际化高端特色仿创药布局"的战略实施与部署，贵州景峰启动了国家化认证和重塑质量体系的道路。一是现有车间的改造和升级；二是根据美国cGMP标准进行仿制药研发和申报；三是开展现有品种的再评价和一致性评价工作。

  景峰医药秉持生产规模和结构的同步改造的模式进行自我转型，近年来同时开展了两条生产线的cGMP改造和两个新药品种研发项目，这些生产线项目的投资建设提升了企业竞争力，同时也给企业带来了很大的资金压力。希望政府可以结合贵州景峰的经济发展和社会贡献，加大对企业的资金和政策的补助力度，切实缓解企业的资金压力。此外，国家规定自 2019 年 1 月 1 日起社保费用由税务部门征收，这将直接增加企业的用工成本，企业的资金压力日益增大。对此，希望政府能够出台更大规模的减税措施，减轻企业资金压力，切实增强企业的发展动力。随着"走与国际接轨的仿制药产业化道路"战略的实施，景峰医药启动了生产线国家化认证的道路。贵州景峰计划前期以小容量注射剂和冻干粉针剂两条生产线申报美国 FDA 认证，获取认证后将产品打入美国市场。然而美国 cGMP 标准和国内 GMP 标准具有很大的不同和侧重，公司对于具备较高技术水平的高层次人才具有较大的渴求。贵州省地处西南内陆，企业在人才引进的力度和方式较为有限，因此建议政府体谅企业发展难处，在人才引进方面给予企业较大的力度，为贵州省医药事业发展注入新的动力。近年来随着国家对于辅助用药诸多限制性政策的出台，被划入辅助用药目录的产品销量将大幅下滑，这将严重影响企业生存发展。2018 年底各省陆续上报了省级辅助用药目录，然而在统计中出现基层单位未严格按照药品说明书或辅助药定性要求上报目录，导致诸多品种被误划入贵州省的辅助用药目录乃至全国辅助用药目录。希望政府能够规范辅助用药的统计方法，避免出现"误伤"情况，这不仅为企业提供了公平发展和对社会做贡献的机会，还为患者提供了疗效好、价格适中的药品选择。

威门药业：扬国药之威铸健康之门

中医药作为我国独特的健康服务资源，在应对现代人面临的健康挑战中发挥着独特的优势和特色，在预防和康复阶段具有不可替代的重要地位和作用。经过多年发展沉淀，2018年10月，威门药业获得由贵州省民宗委、财政局，人民银行各市州中心支行，贵安新区社管局、财政局联合颁发的"十三五"期间民族特需商品定点生产企业荣誉。

贵州威门药业股份有限公司成立于1996年12月，坐落于贵阳国家高新技术开发区内，是一家集种植、科研、生产、销售中成药、直接口服的中药饮片、保健品、保健食品于一体的集团化国家高新技术企业、贵州省重点龙头企业。

医药行业经营模式的特殊性主要体现在准入条件上。医药行业是关系国计民生的重要行业，国家对医药行业企业的生产、经营制定了严格的许可制度和质量管理标准。开办药品生产企业，必须获得国家食品药品监督管理部门颁发的药品生产许可证、GMP证书、药品注册批件等资质许可；开办药品经营企业，必须获得药品经营许可证、GSP证书等资质许可。贵州省委、省政府在《贵州省工业十大产业振兴规划》中，对民族医药产业给予了大力的支持和鼓励。在这样的大背景下，铁皮石斛、天麻"药食同源"政策的即将出台，使得贵州省铁皮石斛、天麻产业的发展迎来了天时、地利、人和的大好时机。发展铁皮石斛和天麻产业，不仅能大幅提升贵州出产农产品的市场价值，更能打造贵州养生名片、联动贵州生态健康之旅，有力助推贵州实现经济结构转型、维持GDP高速增长、帮助农民脱贫致富。公司主动利用贵州本地道地药材资源，在中药材提取生产基地建设、综合制剂生产线（GMP升级）扩能改造、中药材种子种苗繁育基地建设等项目上均获得政府的大力扶持。为进一步提高原材料质量可控性，大力发展铁皮石斛、天麻等产业提供了坚实基础。

贵州威门药业股份有限公司已获得了铁皮石斛产品相关的三项授权发明专利，并有多项在审。知识产权保护及资质认证领域省内领先。威门药业以现有铁皮石斛产品研发、生产、销售体系为基础，引入拥有成熟品牌、营销渠道的国有企业中国节能环保集团，对接省绿色产业基金作为战略投资者，团结绿健神农、济生农业、福泰来等贵州本地铁皮石斛产业民营公司资本，组建一个混合所有制的集团公司。集团公司将以公开发行上市的目标作为规范经营的标准，充分利用国家和省的各项扶持政策，推进黔石斛产业规模化进程。"贵州铁皮石斛产业集团"需要得到贵州省工业级省属国有企业绿色发展基金的支持。恳请区政府大力协助并支持该集团的成立，并成功通过2018年贵州省工业及省属国有企业绿色发展基金评审，获得相应的支持。

贵州威门药业股份有限公司地处贵州，无论是区位优势或者薪资水平，对于顶级人才的吸引力较发达城市均有一定差距。目前公司正通过加大人才招聘力度、制定有竞争力的薪资体系并增加公司内部培训促进人才自我成长等方式改善此情况；主要外因是税费问题及行业压力较大，近年来国家宏观经济面临中美贸易冲突、资本市场动荡，下行压力加大。对于整个营商环境而言，一方面是希望能继续降低税费；另一方面，监管部门除了对企业的合规经营抓紧抓牢，对于目前市场上的不实信息的审查和打击也应该一并纳入视野，以政府信用作为背景，改善合法合规经营者面对的舆论环境。

太和制药：以"四化"促进企业成为全国医药领跑者

  太和制药努力以制度公司化、经营多角化、产业多态化和产品多元化"四化"促进企业的发展，力争配合集团通过规范管理、品牌建设、并购扩张等措施，成为全国医药健康领域的领跑者，为跻身全国药企十强做出积极贡献。

  1997年贵州太和制药有限公司息烽制药厂成立于在贵阳花溪区，2005年搬厂至息烽县工业园区，于2012年并入北京朗致集团旗下，成为集团公司全资子公司。目前公司有中药提取、胶囊剂、颗粒剂、片剂等四条生产线。贵州太和是一个主要以云贵高原地道中药材、苗药等特色资源为依托，以研究、开发和生产为主的药品生产企业，多次赢得了国家、省、市、县诚信经营、科学技术、质量提升、品牌建设等多方面的荣誉。贵州太和努力以"四化"促进企业的发展，力争配合集团通过规范管理、品牌建设、并购扩张等措施，成为全国医药健康领域的领跑者，为跻身全国药企十强做出积极贡献。

  贵州太和公司创立至今，在整体财务资产等方面一直运行良好，并体现出逐年递增之势，随着企业规模扩大和产品种类增多，产品市场效益良好，公司每月按时发放职工工资，职工福利、劳动保护等逐年递增。同时，社会融资环境良好，公司资金充足，有力地保证了公司的稳健发展。

公司的经济效益持续增长和发展壮大与政府的大力支持和关怀分不开。在县政府的帮扶和领导下公司荣获众多荣誉，公司数次获得"社会责任企业""重点龙头企业""先进生产经营单位""高新技术企业认定证书""知识产权重点保护企业""年度十佳纳税企业""工人先锋号""阳光少年成长营爱心企业""扶贫产业子基金投资""景气调查定点企业""统一战线共建共享基地"等荣誉称号并在诸多方面取得重大成绩。

西南管业：西南地区规模最大的玻璃钢管道专业生产企业

  贵州西南管业股份有限公司，以贵州贵阳为基点，面向贵州、西南甚至全国通过联盟、并购方式辐射生产基地。在"一带一路"发展倡议的带领下，真正将"西南管业"推向市场，把贵州西南管业股份有限公司打造成集团化产业企业。

  贵州西南管业股份有限公司成立于2011年11月，于2018年2月在全国股转系统挂牌上市。公司生产总部位于贵阳市息烽县金星工业园，经营范围为：玻璃钢管道、螺旋钢管、PCCP管道、PE管、PVC管、波纹管的生产及销售。作为玻璃钢夹砂管道的生产企业，公司已取得包括"全国工业产品生产许可证，涉水产品卫生安全许可批件，质量、卫生、职业健康体系认证"等系列生产经营资质。公司2011年成立以来，参与了全省二十多个市（州）、县的多个大型水利及市政项目建设。玻璃钢管道目前是西南地区规模最大专业生产企业，是贵州首家预应力钢筒混凝土管生产企业。贵州西南管业股份有限公司，将以贵州贵阳为基点，面向贵州、西南甚至全国通过联盟、并购方式辐射生产基地。

  在投融资环境方面，金融机构对民营企业的贷款融资存在顾虑并多有限制，民营企业直接融资的渠道也受限制，为解决资金紧张问题，民营企业往往选择限制低的民间高利率借贷，还款压力大。当前，有许多影响公司项目建设和生产经营的因素，一是资金短缺问题，如公司的新产品 PC-CP 管销售形式和发展前景都很好，但由于缺少资金，很难维持正常生产经营，更谈不上扩大规模了。还有些新项目，由于没有资金投入，工期一拖再拖，不能正常投产。二是基础设施相对滞后。虽然息烽县人民政府近年来十分重视民营企业的发展，但是由于公司所处地建平台建设相对落后，加之周边一些钉子户不服从地方征地政策，存在征地困难现象，从而导致一些定好的新项目无法动工，不能按照规划稳定发展。三是生产垃圾处理难。目前我公司生产垃圾没地方堆放，因之前的垃圾存放点被取消，现根据相关政策要求全部统一拉至小寨坝镇盘脚营村石宝林组。根据实地走访了解，该垃圾存放点距公司约 20 公里，每吨生产垃圾存放费用在 130 元左右，这样无形中又增加了企业的生产成本。

西洋实业：脱虚入实、求变强基

  贵州西洋实业有限公司是一家专注于创新型、功能型、环保生态肥料及研发、生产、农化、植保服务的国家高新技术企业。多年来，西洋实业立足长远，从战略的高度，主动对接行业未来，大力推进公司改制、重塑企业管理模式、强化技术研发能力、全力提升产品品质、着重构建服务能力，坚守"脱虚入实、求变强基"的经营理念，并取得了令人满意的业绩。

  贵州西洋实业有限公司（以下简称"西洋实业"）成立于2014年9月，公司位于当今中国西部经济发展的最前沿——贵阳市金阳高新技术产业新区，是一家专注于创新型、功能型、环保生态肥料及研发、生产、农化、植保服务的国家高新技术企业。销售网络覆盖我国21省。

  近两年来，随着国家产业政策的强力引导、种植大户的快速增多、消费者的日益成熟，肥料行业正在悄然退去它曾经的浮华，硬实力竞争开始显现，越来越多的肥企开始感受到"氧气的稀薄"，有的已经轰然倒下，有的则是病端初现。大家突然发现，不论是厂家还是商家，过去屡试不爽的"招数"开始失效了，农资行业已经正式迈入以"硬实力"为特征的竞争阶段，在新的行业洗牌中，一个新的行业格局正在形成。

  在严峻的行业形势面前，西洋实业的出路在哪里？其实，在过去的几年里，西洋实业就立足长远，从战略的高度，主动对接行业未来，大力推进公司改制、重塑企业管理模式、强化技术研发能力、全力提升产品品质、着重构建服务能力，坚守"脱虚入实、求变强基"的经营理念，并取得了令人满意的业绩。有足够的信心和理性，应变复杂多变的市场形势，针对当前农民种植中的难点和痛点，在某些新产品领域，西洋实业已经拥有实质性、突破性的技术与应对方案，并期待引领性突破。环保高压，让一些存在环保问题的企业应声倒下，同样，"国肥"企业，也迎来了新的发展机遇。过去，西洋实业投巨资、使狠劲，主动积极提升公司环保能力因此在2017年、2018年的环保执法"风暴"中，西洋实业没有受到任何影响，尤其在治污过程中，西洋实业充分研发和引进新技术，大力提升副产品的深度开发利用能力，以肥为中心，以酸为纽带，系统构建循环经济产业链，事实证明，治理污染、循环利用，不仅有效提升了公司的环保能力，还显著增加了公司副产收益。

西洋实业将继续在求实创新中，重点围绕解决方向，实施资源优势配置。以"两心一办、两大系统、新的营销模式"，实现高效率、高效益、高标准目标。西洋实业作为省外招商引资企业，从西洋复合肥的发展沿革来看，在贵州发展已有十九年的时间了。这期间，"西洋"品牌经历了从无到有、从小到大的发展历程，得到了贵州省各级地方政府的大力支持，也得到了当地社会各界群众的广泛认可。作为本土和行业知名品牌企业，西洋实业希望各级政府在营商环境方面，更多地帮助企业解决发展困难，使企业在法治环境中得到应有的保护，这是企业得以发展的最稳健基础。

德昌祥：贵州本土老字号企业

德昌祥作为贵州本土老字号企业，进驻贵州苗药文化博物馆，代表贵州向来自世界各地的客人展示贵州医药发展历程、医药文化、制药技艺及特色中成药。近年来，营商环境日趋向好，省、市、县各部门、各级领导多次到德昌祥视察、指导工作，带来先进的指导思想和管理思路，鼓励德昌祥稳扎稳打，努力做大做强，让贵州的老字号走向全国，走向世界，服务更多的患者，为贵州经济的发展添砖加瓦。

贵阳德昌祥药业有限公司（以下简称"德昌祥"）创立于1900年，是贵州最早的制药厂，也是贵州现存最早的工业制造企业。2000年，公司改制更名为"贵阳德昌祥药业有限公司"并于该年解决体制瓶颈问题，驶入发展快车道。经历百年历史风云，德昌祥已完成从前店后厂到规模化生产、从手工制造到现代化流水线作业的历史跨越。公司已是贵州高新技术企业，"德昌祥"已是中国驰名商标。德昌祥现有膏剂、丸剂、散剂等产品剂型，拥有多条GMP生产线，69个药品批准文号，7个独家产品。2018年，德昌祥作为贵州本土老字号企业应邀进驻贵州苗药文化博物馆，代表贵州向来自世界各地的客人展示贵州医药发展历程、医药文化、制药技艺及特色中成药。

目前制约企业快速发展的因素主要有：一是大量固定资金投入增加

（表现为原药材及原料、用工、市场销售运行成本等的不断增加）。二是企业创新能力疲软（资金投入跟不上，导致企业研发经费拮据，薪酬未达预期，无法引进高新技术人才）。三是市场政策变动影响（各大企业及产品的竞争日益激烈，广告投入、产品宣传、市场维护费用逐年攀升）。四是资金问题。在资产重组前产生的贷款以及相关负债已陆续偿还，加上资产重组后，需要大量二次开发、二次创业、二次发展资金，严重困扰公司发展。五是现公司的资产重组正是国家对药品生产质量管理要求的新阶段，新版GMP的执行、固定资产的投入、融资及贷款难度的提高，物价指数的上升，人工工资等运行成本的增加，使刚刚经历资产重组的企业雪上加霜，缺少更多的资金投入生产和新产品开发以及市场开拓。贵阳德昌祥药业在解决资金问题上，主要依托老字号的深厚积淀和资金运作经验，执行科学的全面预算管理体系（年初科学预算，各部门严格按预算执行，财务部严格按照预算管控，季度对整体经营情况进行分析，总结并优化资金计划），通过灵活的市场运营机制和先进的管理经验，借力畅通高效的营销管控服务体系，将德昌祥药业现有产品分线组合营销，以达到充分利用资源优势并获得最大的经营目标来解决相应的资金问题。

近年来，政府在帮扶中小企业发展、优化营商环境方面做出了重大努力，营商环境日趋向好，省、市、县各部门、各级领导多次到德昌祥视察、指导工作，给公司带来先进的指导思想和管理思路，鼓励德昌祥稳扎稳打，努力做大做强，让贵州的老字号走向全国，走向世界，服务更多的患者，为贵州经济的发展添砖加瓦。在政府大力优化营商环境的大势下，德昌祥于2014年成立技术创新中心，负责药品、大健康品的开发和上市品种的深入研究，并负责产品工艺及质量研究以及知识产权管理、申报工作，根据生产市场部门提出的研究申请，确定立项报告，搭建研究团队，开展项目研究。在建立创新中心基础上，公司完善费用管理，研发产生的费用按项目进行核算。为了克服自身研究团队及条件的缺陷，建立了中医学院、贵阳医学院、北京中医药大学、中国中医科学院中药研究所、中国药科大学等技术支撑团队，公司与上述院校、研究所等均联合开展了各种药理药效、临床、质量提升等研究活动。2014年以来，公司先后建立了专利申请奖励制度、项目攻关奖励制度、职称与工资挂钩制度，充分调动技术人员参与研究的积极性。

益佰制药：科技是企业前进的原动力

　　益佰制药历经24年的发展，公司业绩逐年提升，作为中药注射剂的重点生产企业，在中药注射剂的研发和销售上也处于全国领先水平，并获批为国家食品药品监督管理总局中药生产现场培训基地和博士后科研工作站。

　　一直以来，益佰的每一个进步，都与市委市政府、区委区政府的关心、支持和帮助密不可分。

贵州益佰制药股份有限公司（以下简称"益佰制药"）是一家集新型药品的研究、开发、生产和销售于一体的高新技术企业。公司创建于1995年6月12日，2000年11月完成股份制改造，并于2004年3月在上海证券交易所成功上市，成为贵州省首家取得上市资格的非公有制企业。公司地处贵州省贵阳市云岩区与观山湖区交界处，占地面积134398平方米，建有符合国家药品生产质量管理规范（简称GMP）的生产厂房43200平方米。目前拥有省内生产基地3个，省外生产基地4个。现有小针剂、冻干粉针、大输液等49个品规产品，9条注射剂生产线。配备有国际先进水平的尖端生产设备。随着社会与科技的不断进步与发展，公司生产装备从以前的符合GMP要求为基准逐步向目前的自动化、智能化、信息化转型。目前公司拥有口服剂生产线、注射剂生产线及工艺辅助设备、质量检验实验等几大类重点装备。

益佰制药历经 24 年的发展，公司业绩逐年提升，目前年产值已经超过 40 亿元，连续七年荣登中国制药工业百强榜，2017 年荣获贵州省双百强企业荣誉称号。2017 年纳税 5.93 亿元，创立至今已累计向国家纳税超过 48 亿元，成为中国纳税前 50 名的制药企业。作为中药注射剂的重点生产企业，在中药注射剂的研发和销售上也处于全国领先水平，并获批为国家食品药品监督管理总局中药生产现场培训基地和博士后科研工作站。公司一直重视技术创新和科技研发对企业的推动作用，强调"科技是公司前进的原动力"，获得"全国优秀民营科技创新企业"，国家发改委、科技部、财政部、海关总署、国家税务总局等五部委授予的"国家认证企业技术中心""贵州省高新技术企业"等称号。公司拥有西南民族药新型制剂国家地方联合工程技术研究中心、国家苗药工程技术研究中心以及博士后科研工作站等多个科研平台，大幅提升企业科研水平。

正是基于企业的综合实力，益佰制药连续 13 年荣登中国制药工业百强榜和 2012 年度中国最具竞争力医药上市公司 20 强。一直以来，益佰的每一个进步，都与市委市政府、区委区政府的关心、支持和帮助密不可分。受经济下行趋势的影响，医药行业正面临严峻的考验，益佰制药也承受着巨大的转型升级的压力。企业希望省委省政府一如既往地继续关心、支持和帮助益佰，在政策、资金等方面给予支持，缓解公司压力，促进企业早日完成战略转型，为社会的发展做出应有的贡献。在经济市场大潮中，益佰制药恪守着"健康 100、品质 100、感恩 100、创新 100"的价值观，为客户提供优质高效符合环保要求的产品，为投资者创造最大的财富，为社会创造最大的价值。向"成为中国医药产业受尊敬的，具有持续经营潜力的公司"愿景不断迈进。

三仁堂药业：力争挺进行业前沿

贵州三仁堂药业是一家专业从事中成药（民族药）、西药制剂、保健食品生产和中药材种植的综合型企业。

营商环境方面，希望政府在政策帮扶和落地、减税降费等方面继续优化。

贵州三仁堂药业有限公司位于贵州省遵义市汇川区淮河路3号，是一家专业从事中成药（民族药）、西药制剂、保健食品生产和中药材种植的综合型企业。贵州三仁堂药业有限公司重视科研队伍建设及新产品开发和技术创新，组建了由高、中、初级职称的人员组成的科研队伍，并广泛与科研部门合作，依托遵义医学院的人才、技术优势，有计划地进行新产品开发和技术创新。经过十几年的发展，至今已累计投入3000多万元进行新产品、新工艺研发，使新药的研发速度大大加快。目前，已研究开发并申报的新产品有40多个。到目前为止，贵州三仁堂药业有限公司共申报国家、省、市级项目30多个，先后承担了国家发改委专项基金、国家科技支撑项目、贵州省"火炬计划"、贵州省科技型中小企业技术创新基金等十多个课题；申请各项专利29项，其中已获得授权发明专利4项、软件著作权1项、实用新型1项、有效外观专利2项。

贵州三仁堂药业有限公司今后发展的构想：一是加强企业文化制度建设，提炼企业核心价值观和企业精神。企业进行企业文化建设，根本目的是提升企业的竞争能力，提升企业的运营效率和管理水平，保证企业的发展使命和愿景的实现。二是调整布局，转型升级，明确定位企业发展战略，专业做药品及大健康相关产业。兼并重组，调整公司产品结构。寻求合作伙伴及对市内企业兼并重组，做大做强企业；转型升级，投资药品制造产业链。主要包括建设中药材种植基地及产地粗加工厂、中药饮片厂。三是加大研发投入，与科研院校合作，走创新之路，提高企业竞争力。主要包括：与科研院校创建2~3个紧密型研发平台，研发申报保健食品、结合国家相关政策加快"经典名方"的申报及公司现有产品的二次开发研究。四是调整主营产品结构，对产品进行升级改造，通过申报或引进药品品种4~6个；对现有主要产品加大投入进行升级改造，争取将双金胃疡胶囊、乳块消口服液等产品纳入国家医保或中保品种。五是加强企业管理，引进高端人才和高技术人才，提升企业管理水平。六是加大企业销售投入，加强企业销售队伍建设，搭建销售战略平台，寻求良好的销售战略伙伴。

营商环境方面需要得到如下几方面的支持：一是需要政府相关主管部门的各种扶持政策帮扶和落地，助力三仁堂药业发展。二是两票制政策下，市、区两级政府对企业的税收奖励政策的落实，使企业与同行业其他省市企业处于公平竞争的财税、政策环境。三是需政府协调解决GMP一期生产厂房产权办理及公司相关问题。

长征电器：西南地区工业电器生产基地

贵州长征电器是专业从事研发、制造、销售和服务的高新技术企业，产品质量过硬和服务优质，在市场上有一定的知名度。在生产经营过程中，长征电器得到了地方政府的大力支持和帮助。

贵州长征电器自动化有限公司是改制以后，由原长征电器九厂主要管理人员、技术人员、销售队伍以及长期从事低压电器产品生产且有丰富经验的产业工人重组成立。贵州长征电器自动化有限公司位于遵义市国家经济技术开发区外高桥工业园区，建有标准化厂房面积11000平方米，有先进的产品加工设备和检测设备、完善的质量控制体系和质量管理队伍，有很强的产品研发和生产制造能力，能对产品质量进行有效的全过程控制。贵州长征电器自动化有限公司专业从事高、中、低压电器产品的生产和销售，主要产品有低压电器元件、工控设备、高压电器元件、成套电器等。贵州长征电器自动化有限公司多项产品广泛用于电力、石油化工、冶金、铁路、轻工及房地产等行业。2018年被贵州省科技厅、财政厅、国税局评为高新技术企业。目前，贵州长征电器自动化有限公司运营正常，财务状况良好，产品主要销往全国各地，在市场上有一定的知名度。

贵州长征电器自动化有限公司在生产经营和整个营商环境中得到汇川区政府、工经局的大力支持和帮助，比如企业在办理厂房建设许可手续的过程中，工经局一直帮助企业协调。

贵州长征电器自动化有限公司目前最大的问题：公司是 2015 年初由汇川区上海路搬迁至外高桥工业园区，由于当时外高桥园区作为区政府大力推广的项目，园区各个企业需尽快完成投资和投产，企业在未取得相关土地、厂房建设手续的情况下完成整个厂区的建设。公司从土地平场、建设投产至今将近 10 年，连厂房建设工程规划许可证书都未拿到，这严重影响到公司对营商环境的获得感。贵州长征电器自动化有限公司呼吁政府各部门，帮助解决这一问题，让企业全身心投入发展。

国台酒业：酱香新力量

贵州国台酒业是茅台镇第二大酿酒企业，致力于推动中国白酒由传统产业向现代产业提升变革，实现了贯穿整个酱香型白酒生产流程的机械化创新。近年来，各级政府为贵州国台酒业生产和经营营造了良好的发展环境。

贵州国台酒业股份有限公司（以下简称"国台酒业"）是政府授牌、行业认可、社会公认的茅台镇第二大酿酒企业。年产正宗大曲酱香型白酒近万吨，储存年份酱香老酒 2.5 万吨，解决当地就业 2000 余人，累计上缴税收 20 多亿元。获"全国就业与社会保障先进民营企业"荣誉称号，连续五年被评为贵州省"双百强企业"，荣获贵州省委省政府"履行社会责任"五星大奖，贵州国台酒业股份有限公司党委多次荣获"先进基层党组织"称号。

国台酒业按照"打造现代健康白酒、创新现代饮酒文化、创建生态文明企业"的发展理念，继承传统，不断创新，推动中国白酒由传统产业向现代产业提升变革，持续实现跨越发展；按照创新顶层设计、科学规划、分级管理进行设计、规划，国台酒业用敢为人先的思维和集成创新的观念顶层设计，把继承和创新较好地结合起来，在坚持和秉承传统酿酒工艺基础上，在设备装备上和劳作方式上进行了系统创新。比如把车间建成两层，一层酿酒，一层摊晾，直接节约一半用地，获得双倍产能，实践了省、市提出"坚持向山要地,打造工业梯田"的目标,做到了以较少的土地资源消耗支撑了更大规模的经济增长,使土地利用达到倍增效能。又比如自主研发了机械制曲系统、自动化酒甑、数字化天地航车、全程密闭的酒管道自动输送系统、信息化自动化储酒系统、循环水系统等。公司开展了"酱香型白酒机械化酿造设备集成创新与应用"项目,设计研发出了机械化制曲系统、机械化制酒系统、生产用冷却水循环系统、双层立体式自动化酒库,实现了贯穿整个酱香型白酒生产流程的机械化创新。这些创新的提出正处于贵州省白酒业的结构调整和产业升级期,条件成熟,时机有利。对于企业的发展具有重要的意义,可实现经济效益、环境效益与社会效益的统一,实现低投入、高产出,低消耗、少排放,能循环、可持续的发展。

近年来,在各级政府的帮助下,营商环境总体得到很好改善。尤其是在贵州国台酒业股份有限公司上市关键时期,当地政府工作专班成立,多次到公司召开现场会,主动帮助企业解决困难,推动国台酒业上市工作。

贵州钢绳：中国线材制品的领路者

贵州钢绳是全国钢丝绳行业品种规格齐全、技术装备先进、研发能力最强的行业龙头企业。

营商环境方面，贵州钢绳在纳税环境和企业运行成本降低以及公平的法制环境方面获得感较强。公司内部的因素制约着企业的发展。

贵州钢绳（集团）有限责任公司主营业务为钢丝绳、钢丝和预应力钢绞线（PC钢绞线）等线材制品的研发、生产及相关技术的进出口业务，年产能40万吨。经过贵绳几代人的艰苦努力，资产规模从几千万元发展到30亿元，产能规模从建厂初期的5万吨发展到40万吨，销售收入从两三千万元发展到近20亿元，劳动生产率不断提高，现已发展成为在全国钢丝绳行业品种规格齐全、技术装备先进、研发能力最强的行业龙头企业。公司以"中国制造2025"战略为引领，正式启动贵绳55万吨异地整体搬迁项目建设，推动公司高端化、智能化、绿色化、集约化异地技改搬迁，推进自动化、信息化、智能化技术应用，推动钢绳迈向全球价值链中高端，促进转型升级，打造世界一流线材制品智能制造示范企业。

贵州钢绳（集团）有限责任公司是我国钢丝绳制造领域技术实力最强、生产能力最大、市场占有率最高的企业，市场占有率达到14%。一大批高难度、高技术含量的钢丝绳产品成功用于国家重大项目和超级工程，大量替代了进口，还远销40多个国家和地区。公司是"全国制造业单项冠军示范企业",是国内同行业和贵州省唯一获此殊荣的企业。公司200种结构矿用钢丝绳产品通过国家安全标志认证,钢丝绳、钢丝和PC钢绞线经省级以上质检部门抽查,合格率为100%。重要用途钢丝绳、PC钢绞线、胎圈用钢丝、镀锌钢绞线、石油用钢丝绳等荣获中国钢铁工业协会冶金产品实物质量"金杯奖"。

企业获得感最强的政策:一是纳税环境和企业运行成本。2019年国家大力度实施减税降费政策,制造业企业产品销售增值税率从16%降到13%,企业缴纳职工社会养老保险比例降至16%,实实在在地给企业减轻了负担和运行成本,增强了企业赢利能力,提高经济效益;二是法治环境。贵州钢绳(集团)有限责任公司于2018年完成了河南巨力恶意抢注"贵绳"商标的无效宣告行政诉讼案,现已审理完结,通过依靠大量的证据组织和精心答辩,河南巨力抢注的与贵州钢绳(集团)有限责任公司产品有冲突的"贵绳"商标被国家工商总局商标评审委员会依法宣告无效,公司名称权、名誉权得到了有力保护。

制约企业发展的内外因素。首先,技改搬迁资金缺口大、融资难问题。为贯彻落实"中国制造2025",实现企业转型升级,推动公司高质量发展,公司启动了贵绳55万吨异地整体搬迁项目,推动高端化、智能化、绿色化、集约化异地技改搬迁,推进自动化、信息化、智能化技术应用,推动钢绳迈向全球价值链中高端,促进转型升级,打造世界一流线材制品智能制造示范企业。目前公司技改搬迁资金缺口大、融资困难。其次,生产经营困难问题。一是职工队伍不稳定。职工队伍年龄偏高、结构不合理。企业的工作环境、工资待遇与职工的心理预期有一定距离,职工流失率较高,部分生产工序人手趋紧,招人难、留人难已成为企业管理的一个突出问题,核心操作工人、核心工程技术人员出现断层现象,二线、三线及辅助生产人员偏多,分离企业办社会职能工作进展缓慢,减员增效、妥善安置职工难度大。二是产能不匹配。低端产品装备能力富余、合同订单不足,高端产品装备配套能力不够,无法确保交货期。市场同质化竞争日趋激烈，原料物资持续涨价，成本压力不能向下游有效传导，成本长期高位运行，公司的低端产品没有价格优势、竞争力不强，导致订单偏少，部分机台开动率不足。与此同时，一些急、特、难产品的设备配套能力不够，生产组织难度大，造成不能及时履行合同，无法满足用户对交货期的要求，出现订单流失现象。三是企业转型升级能力不够。企业高附加值、高技术含量产品占比不高，盈利水平低，创新能力不够，专利技术结构不合理、发展不平衡，科技成果转化为现实生产力和经济效益的能力有待提升，技术能力与发展规模不相适应，劳动生产率低，社会负担重，盈利水平不高，职工收入偏低。研发、生产、销售各环节之间缺乏协调联动，重生产，轻研发，产品升级换代速度不快，镀锌、多丝、线接触、三角股等高端产品销售比重不高，面向市场的拳头产品不多，产销不平衡、收支不平衡。四是异地技改搬迁与正常生产经营矛盾并存。公司将极力推进技改异地搬迁工作，如何把控搬迁过程中正常生产经营，既抓好搬迁工作，又不影响正常生产，需对工作全面布局，精心组织、精心策划，实现搬迁、生产两不误。五是生产经营融资难。面临原材料市场波动大、价格因素影响大的现状，公司要维系正常生产经营秩序，生产经营流动资金需求有所增加；加之项目贷款资金需求大，金融机构要求高，融资成本不断攀升。

最后，剥离企业办社会职能和解决历史遗留问题。一是地方政府尽快签订企业办教育医疗机构移交协议，公司有职工医院、技工学校、幼儿园等企业社会办社会职能机构，企业负担重，需要加快教育医疗机构移交及搬迁进度，稳妥解决职工安置问题，确保社会和谐稳定；二是需要推进道路桥梁、沟渠、消防、路灯、环卫及社区管理等市政基础设施及职能的完全分离移交；三是需要协调解决好企业富余人员的分流安置问题，切实维护职工的合法权益，保持企业生产经营和社会稳定。

小糊涂仙酒业：本真生活倡导者

习水县小糊涂仙酒业是赤水河畔酱香白酒和浓香白酒生产者，产品经天然溶洞窖藏老熟，在全国有一定的知名度。

营商环境方面，希望政府持续推进"放管服"改革，给企业营造一个宽松且充满活力的发展空间。

贵州省习水县小糊涂仙酒业有限公司成立于1997年，主打产品"小糊涂仙"系列白酒，已被中国保护消费者基金会推荐为"消费者信得过产品"。小糊涂仙酒业按照"东西互助，优势互补"的新型开发经营理念，立足长远发展，兴建了万吨级年酿酒能力、建筑面积3万平方米的大型白酒生产基地。小糊涂仙酒业凭借赤水河流域的朱砂土壤、优质特产糯高粱和纯净甘美的水源等得天独厚的自然条件，在赤水河畔的天然溶洞窖藏老熟的特定环境下，精酿出独具一格的"小糊涂仙"系列优质白酒。2010年公司确定"浓酱并举，双轮驱动"的发展战略，于当年12月9日由广州珠江云峰酒业有限公司与习水县人民政府签订招商引资协议，以原习水临江小糊涂仙生产基地为依托，在习水县土城镇实施年产5000吨酱香技改项目，建设地点位于习水县土城镇高坪村县辟白酒工业园区。

当前制约企业发展的因素主要有两点，一是基础设施建设亟待完善。基础设施建设难度大、投资大、欠账大，加之位于赤水河谷地区，特别是白酒园区供气、供水、供电、环保设备等配套设施还不完善，员工生产生活条件相对艰苦,一定程度上阻碍了企业发展。目前,企业正在新建包装车间、补全安全设备、完善消防设备、新建宿舍等,保证企业生产生活。二是习水白酒配套产业过于单一,包材、设计、物流服务等全靠外购,极大地增加了企业生产成本,降低了企业的市场竞争力。

改善营商环境的意见建议:①强化金融支持,助推企业发展。建议政府要引导金融机构主动帮扶企业,鼓励金融机构加强实行降低贷款利率等措施。一是用足用好"工业发展基金"等融资政策,切实解决企业生产、广告、融资难等现实问题,着力扶持企业做大做强。二是支持企业拓宽融资渠道。组织县内白酒企业发行中小企业集合债、区域集优债等。三是支持企业上市融资。配合推进公司上市,并实行奖励机制。四是加大对企业信用担保机构的支持力度,鼓励担保机构为企业提供信用担保和融资服务。五是进一步完善和健全中小企业信用担保体系,改善信用环境。改变金融机构单一地注重抵押、质押的观念,将保证方式扩大到信用保证、动产质押、第三方担保、企业主信用、其他权利保证以及未来现金流保证等方面,切实解决企业融资难等问题。六是充分发挥财政职能作用。建议县财政每年直接注入一定额度中小企业发展专项资金方式,壮大一批有发展、有潜力的企业,形成一定的带动机制。②注重宣传,提升市场影响力。一是建议政府要深入实施品牌战略,积极助推企业开拓市场。以"酒博会""糖酒会"等活动为契机,多为企业提供宣传推广平台,抓好习水白酒文化交流、营销宣传推介活动。二是引导调整白酒产品市场结构,加大酱香型白酒产品市场推介,并引导相关媒体、报刊、电视广告等加强酱香型白酒的宣传。③加强政策推送,助力企业发展。加强优惠政策一体化整合、一站式宣传、主动式推送。一是政策整合一体化。系统梳理、整合上级涉企优惠政策,根据习水县实际情况,制定出台统一、易操作的政策文本。特别是对不同条线上不一致的认定标准,根据习水县实际进行具体界定,明确统一认定部门,落实"一窗受理"机制,切实预防因惠企政策"碎片化"、部门政策"掐架"导致企业错失政策良机的问题。二是政策宣传一站式。及时更新各相关部门涉企优惠政策，建立统一的公众微信号进行宣传推送、菜单式查询，通过建立企业数据库，对符合条件的自动发送提醒信息，主动告知，主动执行。三是企业提高主动性。从自身来讲，需要加强对法律法规政策的学习，参加政府等部门组织的学习，知道国家的政策导向，了解行业政策可能会在什么时间制定或者修改，什么时候实施，实施以后对企业有哪些利好，政府什么时候会出具优惠措施，让企业和政府形成互动，安排专人不定期关注政府网络平台，及时得到优惠政策信息并主动申报。④重视人才培养，提高企业管理水平。通过与茅台学院、习水职校等"校企合作"方式，不断加强白酒企业发展人才培养力度，培养和集聚适应其白酒产业发展所需的管理人才、专业技术人才和营销人才。以政府为主导，推广科研机构与园区、企业合作，建立"产学研"基地，结合生产经营实际，培养专业人才，助推企业发展。

贵州贝加尔乐器：大山里传出的"世界之音"

贵州贝加尔乐器是一家集研发、生产、销售为一体的品牌吉他企业，致力于为吉他爱好者提供优质的吉他。贵州贝加尔乐器坚持以创业带动就业，以就业促进发展，积极助推地方经济社会快速发展和脱贫攻坚。贵州贝加尔乐器是新生的企业，在成长过程中，受到地方党委政府的精心呵护，营商环境很好。

贵州贝加尔乐器有限公司于2016年注册成立，坐落于贵州省遵义市正安国际吉他园A区，是一家集研发、生产、销售于一体的品牌吉他企业。公司旗下品牌"威伯""贝加尔"入驻天猫、京东等大型互联网商城，通过P2C模式销往国内外市场，目前公司主要生产销售各种民谣吉他、尤克里里等乐器产品。

贵州贝加尔乐器有限公司2016年6月11日第一条生产线开工投产，2016年7月22日威伯民谣吉他上线销售，2016年11月7日威伯尤克里里上线销售，2016年11月27日威伯尤克里里天猫单日销量乐器类目全国第一，2017年3月，公司第二条生产线动工投产，2017年6月起，每天销售威伯吉他、尤克里里等产品3000件左右，日销售总量线上全国第一。2017年9月，贵州贝加尔乐器有限公司第三条生产线建设完成，日产吉他1000把。2018年1月，国家市场监管局对贵州贝加尔乐器有限公司"威伯"品牌吉他颁发了全国首个吉他品牌的"生态原产地保护"证书。2018年

"双十一"日销吉他24080把，再次荣登全国网络吉他销售冠军宝座。贵州贝加尔乐器有限公司目前有三条生产线，日产吉他2000把左右，通过天猫、京东等第三方平台，每天销往全国各地的吉他为3000~4000把。由于产品销量较好，产量已经远远跟不上销量。截至目前，正安国际吉他园已经有遵义神曲、贵州凯丰、塞维尼亚、贵州金韵、贵州盛雅和斯博卓尔乐器等六家企业为公司品牌"威伯"代工，实现正安县吉他从代工到自主研发品牌、自主生产、自主网络销售产业发展模式的转变。当前，贵州贝加尔乐器有限公司已多次迎来中央、省、市、县以及各大企业领导的指导、考察。下一步，公司将坚持以创业带动就业，以就业促进发展，积极助推地方经济社会快速发展和脱贫攻坚进程。

贵州贝加尔乐器有限公司在2016年入驻正安经济开发区时，得到经开区的大力支持，将30000平方米的标准厂房免10年租金提供给公司使用，这从根本上解决了公司成立之初的厂房问题，同时也解决了资金短缺问题。随着公司的进一步发展及市场需求的进一步提升，新产品的研发、生产线的扩建等都急需进行，这些都离不开资金的投入，正安经济开发区得知这一情况后主动与公司联系，为公司提供银行担保，使公司产品研发、生产，以及生产线扩建能够按时进行，顺利投产运行。希望在省、市、县各级领导的支持与帮助下，贵州贝加尔乐器将吉他产业做大、做强，做成正安人自己的企业，做成国内外知名品牌，和正安周边企业抱团发展，为父老乡亲提供更多的就业岗位，助推家乡经济发展。

首钢水钢：贵州钢材市场的主导者

围绕水钢生产经营和发展目标，积极探索新的管理模式，不断提升服务水平，提高服务质量，为水钢产品品牌的塑造做出了不懈努力。

在市场竞争环境日益复杂多变、企业不断发展的情况下，公司业绩一步一个台阶，直至主导贵州钢材市场。

水城钢铁（集团）有限责任公司始建于1966年，2009年更名为首钢水城钢铁（集团）有限责任公司（以下简称"首钢水钢"），现由首钢集团控股。首钢水钢公司经过53年的发展，已成为拥有铁矿采选、焦化、烧结、炼铁、炼钢、轧钢以及发电、水泥、机电制造和建筑等产业的大型钢铁联合企业。首钢水钢钢材产品主要是热轧建筑用钢材及部分优质加工材，主要市场80%在贵州省内，20%辐射重庆、四川、云南等区域。

从企业发展上看，近五年首钢水钢盈利能力指标及资产质量指标均有所进步，与2014年相比，2018年净资产收益率增加78.67%，总资产报酬率增加9.46%，营业利润率增加12.45%，国有资本保值增值率增加67.39%，总资产周转率增加0.1次，流动资产周转率降低0.34次，存货周转率增加10.76次，应收账款周转率增加6.84次。为了提升企业管理水平，首钢水钢公司实行集团公司、二级公司、三级公司三级管控。对钢铁主业和全资子公司严格按照公司章程进行管理，严格执行公司"三会一层"和"三重一大"决策程序,保证决策的科学性,保证国有资产保值增值。同时严格履行首钢集团各项管理决策程序和规定。目前,公司已经成立首钢水钢公司风险管控领导小组,按照首钢集团计划逐步纳入首钢集团风险管控体系建设。通过这些举措的实施,取得了较好的成效,如在首钢水钢对外投资的19家企业中,有11家盈利,占对外投资企业户数的60%,投资回报逐步好转。在政策扶持方面,首钢水钢公司获得了积极的各项政策性支持,为促进公司发展提供了有利条件。一是按照国家、省、市关于剥离国有企业职工家属区"三供一业"分离移交及解决历史遗留问题相关政策文件要求,水钢积极响应政策,推进实施水钢供水、供电、供气及物业管理职能等"三供一业"分离移交,几经努力获得贵州省"三供一业"分离移交财政补助资金19800万元,有效减轻企业"三供一业"分离移交投资压力,加快实现企业轻装上阵转型升级快速发展。二是按照国家、省、市政府关于全面彻底排查取缔"地条钢"的相关文件要求,各级政府认真开展"地条钢"整治工作,严厉打击违法生产、销售"地条钢"的违法行为,在确保群众生命财产安全的基础上,维护公平竞争的市场秩序,改善水钢市场经营环境,增强企业市场竞争力,助力水钢实现了企业"减亏、止血、扭亏"三大战役的成功。三是近五年来,首钢水钢积极争取各项政策性资金支持,累计获得政府各类财政资金59648万元,同时争取稳岗补贴4230万元,并在省市政府和社保部门支持帮助下,水钢医保从2018年1月起纳入六盘水市职工基本医疗保险统筹管理。在纳税方面,首钢水钢公司获得了越来越宽松的纳税环境的支持,大大减轻了公司发展成本及压力。一是从近五年水钢纳税情况来看,在水钢亏损连续五年未缴企业所得税的情况下,企业向国家缴纳的税金逐年增加,对国家和地方经济建设贡献不断增强。二是伴随着国家逐步完善税制和机构改革,税收工作从科学化、信息化、规范化、高效化不断提高,税制和机构改革总体反映了降低企业和居民税务负担,促进了企业发展壮大和居民收入的提高,税收管理工作开创了"放管服"有机结合的新局面,企业税收工作从被动管理到主动管理税收工作。

从未来发展看,针对企业面临的内外制约因素,应着力于良好营商环境的营造,并切实围绕以下几方面开展好相关工作:第一,贯彻落实高质量发展要求,积极推进水钢"十三五"中期调整规划、产品提升三年规划和水钢信息化建设三年规划等落地实施,进一步推动水钢发展方式转变和产品转型升级,实现经营生产与大数据的深度融合,建设智能工厂、数字工厂,开启水钢钢铁从"制造"向"智造"转型的新篇章,筑牢企业可持续发展基础。第二,借力地企合作支持,积极融入城市发展和产业规划,抢抓项目,用好政策,拓展产业,在服务省市地方经济建设和城市发展中,培育新的经济增长点,提升可持续发展能力,实现与城市发展同频共振,共同发展。第三,争取财政、货币、融资、物流、减税降费等各项工作的支持力度,为实现企业经济体制深化改革营造绿色政策环境,助推企业转型升级高质量发展。第四,企业生存环境和发展空间要与城市发展总体规划相结合,为实现企业可持续发展提供便利条件,指导帮助企业不断提升市场竞争力,最终实现地企共赢。第五,各级地方政府职能持续深化"绿水青山就是金山银山"理念,加强环保治理,出台环境治理专项资金工作方案或者指导意见,加大对企业实施环保建设项目的支持力度,为实现环境和生态可持续发展打好基础。

宏盛化工：技术改造提升活力

充分挖掘地方资源优势，通过技术改造提升活力，是安顺宏盛化工发展壮大的两大法宝。

安顺各级政府部门十分关注宏盛化工公司的成长，在用电、用水、用地等方面给予大力支持，有力助推了公司的发展。

安顺市宏盛化工有限公司（以下简称"宏盛化工"）前身为贵州省安顺化肥厂，是原安顺县一家国有老牌企业，是安顺市唯一一家合成氨生产企业，主要产品为合成氨和碳酸氢铵。宏盛化工地处黔中腹地安顺市城东23公里处的大西桥镇，占地面积350亩。从安顺化肥厂到安顺市宏盛化工有限公司，历年来企业收获过一系列殊荣："全国化肥生产先进企业"、"安全生产先进单位"、化工部"化工无泄漏工厂"、化工部"清洁文明工厂"、贵州省"设备管理优秀企业"、"全国环境保护先进企业"、西秀区"纳税大户"、安顺市"先进纳税企业"、西秀区"优秀企业"等等。在2018年2~5月因煤炭供应紧张而限产甚至停产的情况下，宏盛化工全年仍生产合成氨14.11万吨，销售收入44198.26万元，实现利润757.7万元，上缴国家税金2142.82万元。

目前宏盛公司面临的主要困难如下，首先，没有稳定的煤源供应，宏盛公司基本处在无米下锅的状态，只能维持60%~80%的产能生产，多余产能多年闲置没有发挥作用。其次，2010~2012年宏盛公司技改征用土地

162.5亩，公司征地款已付清，但至今尚未给予办理土地使用证，使公司最主要的固定资产不能进行融资担保，造成融资困难。为此，希望政府协调有关部门尽快帮助公司办理土地使用证。最后，与云天化的深化战略合作需要解决一些问题：①进入厂区的道路改造工程未动工。②技改项目及环保砖项目备案后开展环评工作，土地使用审核和规划手续障碍较多，推动缓慢。③技改需新征厂区周边部分土地，目前推动较困难。

在各级政府及上级领导的关心、支持和帮扶下，宏盛公司一定想方设法寻找企业新的经济增长点，延伸产业链，苦练"内功"，节能降耗，增产增效，提高公司经济效益，有信心将公司做大做强，为地方经济和社会发展做出更大的贡献。

联顺达：用 LED 技术亮化家园

依靠高新技术，找准产品目标，是安顺联顺达科技公司的成功法宝。

大力提升政府服务，妥善制定优惠政策，是打造地方优良营商环境的第一选择。

安顺市联顺达科技有限公司（以下简称"联顺达"）是深圳市联诚发科技股份有限公司旗下控股子公司，成立于 2017 年 10 月，坐落于贵州省安顺市西秀区西秀产业园，是一家专业从事 LED 系列产品制造、销售和服务的高新技术企业。联顺达是行业内生产规模最大、自动化程度最高、检测设备最先进的 LED 显示屏生产厂家之一。160mm×320mm 渠道模组的标准化作业、500000 张 LED 模组月产能，让联诚发在国内外渠道市场掀起新一轮的渠道风暴。

在安顺市委市政府和西秀区委区政府的大力支持下，联顺达项目落地快，从开始接洽到签订协议，仅仅 60 天；建成投产快，2017 年 9 月 30 日签约开始建设，12 月 13 日开始投产；从 2017 年 12 月到 2018 年 9 月，已经完成了产值 2 亿元，超额完成了上年签约的约定产值，截至 2018 年 12 月份已缴税 100 多万元。LED 项目的社会效益和经济带动作用相当显著，项目采用自主创新技术成果，多项技术正在申报相关国家知识产权，实现了故障低、重量轻、节能省电、显示效果优的目的，整体技术处于国内领先地位。项目产品的成功研制与应用，可以推动 LED 行业的技术进步，提升我国电子器件行业水平，为新一代信息技术的应用打下基础，为我国"中国制造 2025"战略的顺利实施做出贡献。LED 高新项目建设符合国家《产业结构调整指导目录》（2013 年修正）、符合国家 LED 显示屏产业调整和振兴规划发展方向和贵州地方发展规划，利于促进当地经济快速发展；能够满足 LED 显示屏市场的需求，利于 LED 显示屏产业化发展和贵州 LED 显示屏行业水平的整体提升；利于提高企业技术水平和市场竞争力；利于绿色节能减排，实现经济、环境、社会效益的和谐统一，利于增强企业的综合经济能力、增加就业机会，具有明显的经济和社会效益。根据公司与安顺市西秀区政府签订建设项目合作协议，2018 年度完成协议相关条款任务。当年实现实际销售收入约 1.5 亿元，固定资产投入近 5000 万元等，并如实取得了政府的相关补贴（培训、设备、物流、装修），收入共计 1148.25 万元。

为了进一步优化营商环境，要深化金融体制改革。加大金融市场对企业支持力度，创新金融产品和服务，培育为企业服务的金融主体。做大做强市、县级担保机构，对符合国家产业政策和银行信贷政策、生产经营正常、临时性资金周转困难的企业提供担保服务或过桥资金，切实解决企业融资难、融资贵问题。以科技项目带动核心技术和关键共性技术的突破，深入开展产学研一体化工作，加大企业与大专院校、科研单位合作，增强企业科技创新能力。积极搭建人才引进平台，帮助引进企业所需人才。

翰瑞电子：从中国制造到"中国智造"

致力核心技术的提高，帮助中国制造转向"中国智造"，是贵州翰瑞电子公司的追求目标。

政府相关部门对公司发展提供了全方位高质量服务，翰瑞电子公司在实现自身发展的同时也不忘回馈社会。

贵州翰瑞电子有限公司（以下简称"翰瑞电子"）成立于2016年8月，是一家创新型移动通信产品手机生产商，致力于移动终端的研发、生产及销售，公司位于贵州省安顺市西秀区智能终端产业科技园内。2016年8月，通过政府重点招商引资在安顺市西秀区成功注册；2017年3月，在安顺市西秀智能终端产业园顺利开业，正式投产；2017年7月，被贵州省委、省政府评为"千企引进"及"千企改造"项目工程2017年度"高成长型企业"；2017年11月，获"全省第二次项目建设现场观摩会"观摩团现场参观与指导，并各级领导给予了高度评价。2018年4月，获评贵州省2018年"高成长型企业"；2018年4月，获评安顺市西秀区"就业扶贫基地"；2018年8月，获"国家高新技术企业"认定，并颁发证书；2018年10月，获2018全省项目建设观摩会观摩指导；2019年，连续第三年获评贵州省高成长型企业。截至目前，公司拥有专利技术30多个，并在生产中投入运用。

翰瑞电子在制度建设、流程管理方面不断完善、创新，做到了有法可依、有据可循、有误必改、改必有果的良好管理氛围。为使各种管理细节落实到位，翰瑞电子成立工会委员会、爱心基金委员会、食堂宿舍管理委员会、6S管理工作组、翰瑞读书会等组织，其中爱心基金委员会帮助困难员工10余人，共为员工捐赠爱心款项4万余元，帮助困难员工渡过难关。在培训方面，公司全年共开展业务技能、管理知识、文件体系学习、外派业务交流等培训200多次，公司管理队伍从职业素养、管理能力、执行力等多方面得到了质的飞跃。多数员工也通过技能培训成为一专多能的复合型多功能员工，成为一岗多能的新时代工人先锋。在文化建设方面，公司实行培养员工积极、阳光、健康的指导思想，先后成立了翰瑞篮球队、翰瑞跑团、翰瑞骑行团、翰瑞乒乓球队、翰瑞文艺团等组织，并组织参加各级部门开展的文体活动，获得了不俗的成绩。公司员工还参加了政府各级部门组织的科技工作宣传周、安全生产宣传月、消防安全宣传月、交通法规宣讲、科技知识讲座、税收法规等系列活动，并得到了主办单位的高度认可。为鼓励先进、表彰进步，公司建立了年度、月度先进团队、优秀员工大会机制、设立月度超产奖，表彰先进，内部形成了良性、健康的竞争氛围。2018年度，公司通过管理及生产能力的提升，各方面数据获得增长，被贵州省委省政府评为"高成长型企业"，且连续两年获此殊荣。在科技工作中，拥有知识产权专利33项，获"安顺市知识产权试点单位"荣誉称号，并获"国家高新技术企业"认定，获选全省第二次项目建设观摩会观摩企业，获"西秀区就业扶贫基地"称号。开展校企合作模式，吸纳毕业实习、毕业就业大中专学生70余名，通过成立"翰瑞班"培养学生40余名。公司还助力"环中国国际公路自行车赛安顺赛段"，为建立安顺地方形象名片，特约赞助60万元。

自公司与西秀区人民政府签订招商协议后，政府相关部门从公司落地注册、进场装修、开业投产等多个环节都给予了全方位360度的关心和帮助。在企业正式运营以后，园区专门成立服务公司对企业进行了点对点的服务支持，使企业能全身心投入生产。政府也按照相关的招商优惠政策条款兑现了承诺，在生产、物流、设备等方面给予了政策的扶持。由于企业的发展壮大，二期项目目前正在施工，政府各级部门也积极配合企业处理融资方面的工作，使二期项目能按计划实施。

贵州安大航空：支持中国国防发展的企业

航空报国、强军富民是贵州安大航空锻造公司的集团宗旨，技术领先、质量保证是公司发展壮大的不二法门。

政府理顺国有企业现有体制机制，在合理前提下支持军工技术转为民用，是关系公司下一步发展的关键要素。

贵州安大航空锻造有限责任公司（以下简称"安大公司"）隶属中航集团下属中航重机股份有限公司，始建于1966年，位于贵州安顺。公司是专门从事航空发动机、飞机和燃气轮机锻件生产的专业化上市公司，是面向航空航天、船舶汽车、石油化工、工程机械、电力等行业提供各类锻件、环轧件的供应商，其外贸产品远销东南亚、欧美等地。安大公司致力于技术创新、管理创新，近等温锻、环轧件精密轧制技术在同行业保持领先，多项技术在国内外处于领先水平，在高温合金、钛合金等温锻及环件精密轧制领域拥有较强的技术优势，在同行业保持领先，先后获得国家、部、省级科技成果、科技进步奖和139项专利，创造了多个国内外第一。在高温合金环形锻件的精化工艺研究、钛合金的应用研究居国内领先地位，获得国家省部级荣誉科研成果200多项，创造了中国锻造企业记录，填补了锻造行业国内空白。公司曾获得国家省部级荣誉20多项，全国模范职工之家，企业文化建设先进单位，守合同、重信用单位，中航工业6S铜牌单位，人才工作先进单位、五好基层党组织等。

2015年以来贵州进一步深化了政企互动，开展的帮扶工业企业"百千万"工程中，安顺市、区级党政领导曾多次到安大公司帮扶调研，现场解决问题，想方设法为安大公司营造最好的发展环境，并保荐安大公司为贵州省创新型领军企业。安顺市委、市政府通过西部大开发的税收优惠、购地优惠、工业用电优惠、项目资金支持、招商引资引导、周边环境治理、三供一业移交改造等一系列举措，帮助安大公司克服各项困难，推进产业集群，专业化锻造的集群效应得到有力释放。目前，安大公司存在的主要困难有：①上级管辖部门过多，不利于公司发展。安大公司作为下属企业在重大项目招投标制度、决策机制上受到上级企业的限制，没有充分的自主决策权；现行法人治理结构也无法保障企业的法人权益，上级行政权力基本等同于董事会权力，对企业明显不利的投资、担保、产权处置等决策以服从大局为主；企业的投融资渠道较为单一，体制不完善，几乎全由国家投资，而且投资不足，限制企业技术进步和能力发展；由于特殊的股权性质和国家安全性质，企业很难在混合所有制改革中有所作为。②受传统计划经济体制影响较深，国有军工企业之间契约意识不强，拖欠货款现象司空见惯，企业负债率高，现金流长期紧张；公司军品客户货款回收困难，导致公司资金紧缺，不仅增加了运营成本，也影响了相关技术创新、技术改造的循环投入。同时，进入"十三五"后国防科工局也转变了投资方向，对配套基础行业原则上大幅度减少投入，传统投资渠道封闭；企业主要依靠自筹资金解决能力建设问题。③产能瓶颈、军民混线问题。公司基于现有设备能力，在军品市场基础上大力拓展民品、外贸业务；由于各领域产品材料特点、批量特点、标准要求等不同，同时订货的周期性重叠，在混线生产时，常导致发生安排冲突，制约了民品、外贸市场的进一步扩大。④企业所处地理位置没有优势，尤其是三线军工企业多遵循"靠山、分散、进洞"的选址方针，企业地理位置一般远离中心城市，增加了市场竞争中的运输成本，在人才引进方面也处于劣势。⑤随着军民融合发展战略的实施，民营企业纷纷进入军品市场，安大公司作为传统的以军品为主的军工企业（航空军品业务占70%以上），受到的冲击较大，加上国有企业现有体制机制的约束，在市场快速反应、服务客户等方面不如民营企业灵活。

建议省委、省政府在政策方面给予贵州航空产业大力支持，如打造以贵飞为核心的无人机和教练机生产基地，打造以安大为核心的航空发动机零部件生产基地，等等；建议省委、省政府在体制机制改革、增强企业活力等方面能够给予贵州航空企业一些具体的指导意见，例如在通过混合所有制试点，运用地方政府和社会资本进行项目建设投资，加速项目落地等方面缺少具体操作性文件的指导，企业感觉无从下手；建议省委、省政府在人才政策方面给予贵州航空企业大力支持，对贵州航空企业引进的高端人才由集团公司在报酬、待遇等方面给予相应明确的政策支持，并适当给予补贴等。

百灵制药：以苗药服务大健康

致力于古老传承与现代科技结合，开发苗药服务人民大健康，是贵州百灵制药的发展理念和根本追求。

长期以来，政府各部门在资金、政策等方面对企业大力帮扶，特别是在税收减免、技术装备更新、科研专项资金支持方面，大大降低了企业的运营成本。

贵州百灵企业集团制药股份有限公司（以下简称"贵州百灵"）是一家从事苗药研发、生产、销售的医药上市公司。贵州百灵独家苗药产品银丹心脑通软胶囊、咳速停糖浆及胶囊和非苗药产品金感胶囊、维C银翘片、小儿柴桂退热颗粒等为公司主要盈利产品，上述产品在心脑血管类、咳嗽类、感冒类、小儿类药品市场中占有一定的市场份额。公司拥有17个具有发明专利的苗药品种，已成为贵州省新医药产业骨干企业和全国最大的苗药研制生产企业，连续7年荣登"中国制药工业百强榜"。

长期以来，政府各部门在资金、政策等方面对企业大力帮扶，特别是在税收减免、技术装备更新、科研专项资金支持方面，大大降低了企业的运营成本。公司先后获得政府"污水处理及回用工程"专项支持资金174万元，天台山GMP补助550万元，赫章县产业区开发投资有限公司中药材GMP加工厂土地补贴款204万元，贵州省自主创新高技术产业化项目补助款279万元，贵州省民族药（中药）口服制剂制造技术工程项目50万元，中药饮片生产线及仓库建设项目技术改造专项资金45万元,黄连解毒丸2017年第二批科技支撑补助30万元,贵阳市质监局付燃煤锅炉淘汰改造项目6.6万元,工业和信息化发展专项资金200万元,替芬泰片临床研究补助26万元,生态专项资金300万元,贵州省科学技术厅科技支撑奖励140万元,失业稳岗补贴40万元,贵阳中医学院药用植物重点物种贵州保存圃及繁育基地项目38万元,就业见习补助29万元,中药61类新药芍苓片临床前研究开发补助15万元,"千企改造、一企一策"政策"事前"奖励10万元,"白芨优质种苗快速繁殖技术"项目补助10万元,在站博士生活资助10万元,其他39万元,银行贴息收入2720万元。在企业遇到困难时,政府及有关部门也积极协调解决,如公司申请的关于延期淘汰燃煤锅炉,经市委市政府协调,环保部门同意公司燃煤锅炉延期至2019年4月30日淘汰。贵州百灵企业集团生物科技肥业有限公司(以下简称"生物肥业公司")主营业务符合《财政部、国家税务总局关于有机肥产品免征增值税的通知》中规定的免税有机肥种类,从2015年9月1日起至2017年8月31日止免征增值税。经公司向主管税务机关备案,上述免税政策延长至2019年8月31日。贵阳糖尿病医院于2016年5月19日收到贵阳市云岩区国家税务局《税务事项通知书》文:根据《财政部国家税务总局关于全面推开营业税改征增值税试点的通知》附件3第一条(七)款,糖尿病医院属于医疗机构,提供的医疗服务免征增值税。百灵中医糖尿病医院(长沙)有限责任公司(以下简称"长沙糖尿病医院")于2016年9月8日收到长沙市雨花区国家税务局的《纳税人减免税备案登记表》,根据财税〔2000〕42号文和《财政部国家税务总局关于全面推开营业税改征增值税试点的通知》附件3第一条(七)款,糖尿病医院属于医疗机构,提供的医疗服务免征增值税。

蔡酱坊：道菜出名城　改革添活力

　　省级农业产业化经营重点龙头企业、贵州省扶贫龙头企业、贵州省知名品牌企业，也是贵州省乃至全国唯一一家以优质青菜为原料生产陈年道菜的农产品加工生产企业。

　　政府是营商环境直接责任主体，落实和优化营商环境是企业获得感提升的重要路径。

　　镇远县蔡酱坊有限公司位于镇远县舞阳镇箱子岩，是贵州省级农业产业化经营重点龙头企业、贵州省扶贫龙头企业、贵州省知名品牌企业，也是贵州省乃至全国唯一一家以优质青菜为原料生产陈年道菜的农产品加工生产企业，产品具有浓郁的地方民族特色，主要生产陈年道菜，同时加工生产豆腐乳、豆豉、辣椒、红酸汤等传统食品。

　　近年来，镇远县认真落实鼓励和引导民营经济发展的政策措施，降低民间资本准入门槛，引进和培育一批民营龙头企业。县域营商环境不断改善，为促进企业发展提供的支持。认真贯彻落实《中小企业促进法》《国务院关于鼓励支持和引导个体私营等非公有制经济发展的若干意见》《贵州省人民政府关于鼓励支持和引导非公有制经济发展的实施意见》《关于大力扶持微型企业发展的意见》《黔东南州人民政府关于认真贯彻落实省人民政府关于大力扶持微型企业发展的通知》，认真贯彻落实《2013年支持民营经济快速发展的十二项措施》，结合镇远县实际，相继出台了《镇远县人民政府关于认真贯彻落实省人民政府关于大力扶持微型企业发展的意见》《关于明确镇远县妇女小额担保贷款工作有关问题的通知》《行政许可一次性告知制度》《首办责任制》《一次说清制》《办事预约制》《限时办结制》等文件和规章制度。一是积极协调相关金融机构，为企业生产建设搭建融资平台和搞好融资协调服务。蔡酱坊等企业协调融资4.93亿元。二是完善民营经济统计监测。镇远县结合增比进位、小康创建等指标要求，将州设置的民营经济统计调度指标，及时分解落实到相关部门，并按月统计、公布完成情况。三是在黔东经济开发区和县政务服务中心设立了"全程代办投资服务中心（窗口）"，全力做好企业代办服务工作，切实为企业解决"多头跑、办事难"等问题。四是开展"企业生产帮促"活动，深入企业调研，为企业协调解决问题。为切实做好企业服务和项目推进工作，确保企业投产达产和重点项目建设有序推进，镇远县及时下发了《关于明确县四大班子领导成员联系服务企业和重点工程项目的通知》，分别制定了"百日攻坚行动"和"企业服务月活动"方案，成立相关活动领导小组，明确了工作目标和责任，采取"一个企业、一个项目、一个工作班子、一套工作方案"的方式，积极开展"企业生产帮促"活动，深入联系服务企业和项目实施现场认真开展调研，及时帮助企业和重点工程项目实施单位，协调解决煤、电、油、运、气、用工、用地中的实际困难和问题。

当前面临的现实困难主要有：第一，公司"融资难"问题仍然较为突出。目前，公司资产负债率偏高，财务负担较重，冲减了公司应得经营利润。公司负债率较高主要是经营性银行负债，银行利息加重了公司财务负担，这是导致蔡酱坊（米粉、道菜车间）经营性亏损的一个主要原因。第二，公司部分传统主营业务由于受市场容量、竞争加剧和消费者消费习惯改变等影响，产品市场份额近年来有呈逐年下降趋势。第三，公司近年转型新上的项目受市场推广、渠道、产品质量控制、经营管理人才缺乏等多重因素影响，产品市场影响力不强，经营效益不明显，还有很大的市场规模和拓展空间。第四，公司精细化管理有待进一步加强，由于公司运作模式是按业务板块（或项目）独立核算，各分公司基本自行管理内部经营性事务，在内控制度、业务细则、执行标准、工作劳动纪律等方面还有待进一步规范和细化。针对这些问题，主要的对策建议是：第一，从改革体制机制入手，突破性发展民营经济。县域民营经济应作为统筹城乡综合配套改革的重要抓手，针对影响民营经济的突出矛盾和问题，要着力引导民间资金在金融体制改革与创新方面进行有益探索，破解民营企业"融资难"问题，把深化改革与促进民营经济发展有机结合起来，取得改革的实质性突破。第二，县域应把发展民营工业摆在更加突出的位置，大力实施重点民营企业培育工程、中小企业成长工程和加速小企业生存计划，加大投入力度，突出重点项目建设，调整产业结构，推进服务体系建设，促进民营经济上总量、上规模、上水平，从而促进县域民营企业又好又快发展。第三，省级政府应该设计让公司包括民营公司参与制定产业政策，将决策权下沉，以便基层政府能紧跟市场动向制定更精细、更契合地方比较优势的产业扶持政策。产业扶持政策尤其要重视服务中型公司的意义，在行政上设置前台与数据中心，打通政策审批与扶持体系；同时公共服务体系建设应向民营企业提供更多免费信息情报资源。第四，政府要创新推动改革，针对当地痛点持续发力。创新体制机制，积极推行商事制度和行政审批制度。设立"综合服务窗口"，构建"多规合一"工作机制，优化"双随机、一公开"的监管方式，同时积极为公司减负，让公司可以把更多的时间和精力投入生产经营。

汇景纸业：起点低、发展快的民营企业

汇景纸业作为镇宁工业转型中的杰出典型，六年来"一年一个新变化、一年一个新台阶"，成为全省民营经济快速发展的一个代表。

紧紧依靠党的领导，充分利用改革红利，是公司顺利发展的良好外因。

贵州汇景纸业有限公司（以下简称"汇景纸业"）是2012年成立的一家集研发、生产、营销、服务于一体的现代化大型生活用纸制造企业，主要产品有生活用纸、湿纸巾，婴儿纸尿裤/片、洗洁精、洗衣液、洗衣粉等。六年来，得到了省、市、县各级领导的关心和支持。汇景纸业作为镇宁工业转型中"引进来、稳得住、发展好、能做大"的杰出典型，在六年来的发展历程中，"一年一个新变化、一年一个新台阶"，现已成为全省最大的生活用纸产品制造企业。

一直以来，公司以"秉承红色基因、缔造活力企业、奉献优质产品、履行社会担当"为己任，以和谐共荣的态度对待成功道路上的每一次跨越，从2013年以来，公司连续3次承接了全省重大项目观摩会，公司上下干部员工，深受鼓舞和鞭策。在当前以脱贫攻坚作为第一民生工程的政治背景下，企业没有袖手旁观，于2017年12月，积极主动协调签订公司党组织和村党组织、公司董事会和村民委员会的"双协议"，将全县扶持村级发展资金2500万元入股公司，每年按照10%的固定分红给全县25个贫困村和吸纳贫困户就业，在确保资金安全的同时，建立利益联结机制，实现企业输血和打造村集体造血功能，从而壮大村集体经济。按照协议约定，2018年度的分红资金250万元分别于6月初、12月支付到位。在2018年春节到来和全县脱贫攻坚决战的关键时期，公司举行了"汇景集团百万物资捐助活动"，公司为全县十五个乡镇捐赠了130余万元的公司产品及部分生活用品，企业奉献爱心的同时，也体现了一个企业的担当。为做好扶贫攻坚工作，2018年公司开展在镇宁县各乡镇的每一个行政村选出一个有带动能力的贫困户，让贫困户去销售公司产品，最后以成本价、支付佣金的方式结算。公司董事会决定，从2018年3月1日起每销售一提纸提取0.2元成立留守儿童关爱基金，按照计划每年用这笔钱在贫困村区域小学修建1所留守儿童公寓。现已在镇宁县简嘎乡投入100余万元建设完成一所儿童公寓。同时扶持助学简嘎乡喜妹村20名、革利乡革帮村10名、募役镇桐上村12名困难家庭子女，共42名学龄儿童，从2018年7月起每月给予300元/人的生活补助，直到大学毕业。同时计划资助3名去年考上大学的困难家庭学生，每月给予800元/人的生活补助。公寓的建设，真正实现让留守儿童"住得下、看得见、管得住"；资助的落实，帮扶解决困难家庭的后顾之忧，切实解决社会痛点、难点问题。随着企业的不断壮大和发展，面对每一次的挑战和市场考验，汇景人都信心满满，从各方利益的角度，认真审视，认真对待。总结成功经验，积极开拓创新，把员工紧密团结在企业的周围，在全面建设小康社会中充分发挥企业的作用，真正形成团结、和谐的企业局面，使各项工作基础扎实，蒸蒸向上。公司员工团结互助，相互学习、共同提高、努力奋斗，更好地实现了共同进步和企业繁荣。

六年来，公司高度重视员工的思想政治工作，调动了职工的积极性、主动性和创造性，促进了企业的和谐稳定。同时不断推进科技创新、机制创新，大力推行ISO9001质量管理体系OHSAS18001职业健康安全管理体系。在力促集团公司成功改制上，公司坚持"实干、沟通、信誉、品质"

的企业精神，倡导"坚持诚信，追求健康，快乐成长"的企业使命，确实落实了"汇聚才智，景致生活"的目标，既开拓了市场，又提高了企业的社会信誉，在促进了企业产品服务大众的同时，为企业承担扶贫攻坚的责任打好夯实的基础。

贵州三力制药：中医药理论与科技的结合

  坚持以中医药理论为指导，现代科学技术为手段，以贵州丰富的中草药和苗族等民族用药经验为依托，是三力制药的发展法宝。

  公司的发展离不开政府的引导和政策扶持，政府帮助扶持促进了公司不断创新发展。

  贵州三力制药股份有限公司成立于1995年，是一家集研究、开发、生产、营销于一体的现代化中药制药企业。公司总部设于国家高技术产业基地——安顺高新区夏云工业园，建有全面符合国家药品生产质量管理规范（简称GMP）的现代化提取车间、综合制剂车间及中心实验室，拥有喷雾剂及硬胶囊剂（含中药提取）2条生产线，生产、检验设备均达国内先进水平。公司主营业务包括中成药目前拥有10个产品。公司自成立以来高度重视技术创新发展战略，坚持以中医药理论为指导，以现代科学技术为手段，以贵州丰富的中草药和苗族等民族用药经验为依托，开发安全、有效、质量可控、市场空白或紧缺的、具有独立知识产权的现代中成药。公司设有专门的科研机构"技术中心"，是公司技术创新体系的核心，主要负责公司新产品和新技术的研究开发与交流等工作。目前，公司生产的药品销售至全国各个城市。

  公司由于新版GMP改造需要，于2015年8月正式迁驻贵州省安顺高新区夏云工业园区，园区交通便捷，物流畅通，为公司发展插上了翅膀。

公司计划迁建之初，在 2014 年取得了平坝区发改局的备案批复（平发改字〔2014〕84 号），获得准建批复。并于同年取得规划局下发的"建设用地规划许可证"（证号：地字第 520000201423643 号）、国土局下发的"国有土地使用证"（证号：平国用〔2015〕第 104000 号）以及安顺市环境保护局下发的"环评批复"（安环书审〔2014〕4 号），并在企业迁建完成后，通过了安顺市环境保护局的环保验收，取得了"贵州省排放污染物许可证"（许可证号：526220160007）。

公司最有获得感的是政策扶持。当前，准入门槛高、要素成本高、创新难度高、环保要求高和融资难成为许多民营企业前进道路上的"绊脚石"。安顺市政府出台的若干政策措施从提高服务水平、降低要素成本、破解融资难题等十个方面，明确了市经信委、金融办、科技局等多个部门的职责，再次强调了民营企业是全市经济发展的重要支撑这一事实，再次证明了市委、市政府全力支持民营企业发展的决心与信心。公司在生产经营的过程中深深地感受到政府在努力让政策落地，构建简明有效的政策环境。从降成本、补短板、解难题等方面入手，降低了企业在土地、用工等方面的成本，让公司有更多的资金进行生产、研究。为了满足公司发展和大量生产的需要，公司于 2015 年从贵州省贵阳市云岩区从搬迁到贵州省安顺高新区夏云工业园。企业搬迁面临着很多的问题，其中最主要的问题是资金困难，因为新的厂区建设需要大量费用。公司申报了贵州省工信发展专项企业改扩建和结构调整项目，获得了政府的扶持资金，一定程度解决了资金困难的问题，为了更好地顺应社会发展、增强产品竞争力，公司对在产的产品不断地进行技术更新创新，在提高经济效益的同时也获得了国家出台的相关政策的扶持。可以说，公司的发展离不开政府的引导和政策扶持，政府扶持也促进了公司不断创新。

黎阳国际：军民结合的装备制造业

致力于军事技术转为民用，面向国际民用航空发动机制造市场开拓，是黎阳国际的发展依托和目标追求。

营商环境就是生产力，环境有多优，后劲就有多大，是黎阳国际对贵州营商环境优化的切身体会。

贵州黎阳国际制造有限公司（以下简称"黎阳国际"）注册成立于2014年11月，在2015年4月开始独立运营。黎阳国际的产品涵盖三大类：一是民用航空飞机产品制造业务，包括了民用航空发动机核心机零部件、飞机短舱零件等；二是非航空产品制造业务，包括地面燃机零件、石油钻探设备零件、华为公司海底电缆机加件、航天器动力零部件等；三是参与国内航空飞机科研产品及国家型号攻关产品研制任务。

营商环境就是生产力，环境有多优，后劲就有多大。公司按原发展规划入驻贵阳综合保税区，公司为获得环评做出了巨大的努力，但由于政策红线的限制，环评始终无法通过；同时因为公司搬迁计划无法落地，客户群表达了极大的不满，新品订单不给、老批产降份额，甚至提出了索赔的要求，黎阳国际面临生存危机。2017年5月31日，借孙志刚省长来公司考察的契机，公司向省领导汇报了企业发展的困境；6月3日，向省政府政策调研室做了专题汇报。黔府专议〔2016〕52号会议纪要给出了解决方案：黎阳国际项目实施遭遇不可抗力风险，必须另行择地实施；建议安顺市重点支持黎阳国际，黎阳国际回迁安顺市平坝区发展。由此，公司站稳脚跟着力阔步发展。落户这些年来，在地方政府的大力扶持下，企业获得良好的发展环境：审批事项大幅减少，确需审批的，简化了流程和环节，让企业多用时间跑市场、少费功夫跑审批。各级政府部门主动上门，强化为企业服务的意识，为企业所想、所急。提供点对点的服务，帮助企业跨越市场的"冰山"、融资的"高山"、转型的"火山"，做解决实际困难的热心人、知心人和贴心人。用实际行动推动企业高质量发展。项目扶持方面，在公司从贵阳保税区回迁过程中，政府积极协调、利用各种招商引资优惠政策，为企业争取回迁专项扶持资金2000万元，平坝区专项支持资金100万元；2016年共获得各类科研奖励和项目扶持资金340多万元；2017年共获得各类科研奖励和项目扶持资金264多万元；科研项目方面，获得省科技厅贵州省民用航空发动机低压涡轮部件工程技术研究中心200万元；省科技厅民用飞机发动机涡轮零部件制造关键技术及产业化945万元；市科技局民用航空发动机零部件抗疲劳制造工程技术研究中心12万元。高新技术企业，2016年公司申报国家高新技术企业获得批准。荣获安顺平坝区"优秀企业"称号，将企业所得税由25%降低到15%，大幅度减少了每年企业税负。出口退税，公司作为一家外向型企业，出口退税可以称得上是企业的流动的鲜血，在企业刚落户的时候，退税退还企业的时间可以长达一年，经过税务部门的大力支持，时间减少近一半。

公司正式落户安顺平坝区之后，为加快黎阳国际的发展，安顺市委、市政府，平坝区委区政府就支持黎阳国际快速做大做强进行多次专题研究，出台了系列支持政策和保障措施。黎阳国际也逐年强化投资规模和创新投资模式，不断投资补齐能力瓶颈、进行大规模特种工艺能力建设以及引进下游供应商在企业周边抱团发展。公司规划尽快实施企业升级改造，以"中国制造2025"为标准优化生产布局，打造省级、国家级技术中心，提高核心竞争力，争取政策支持和企业筹划并重，实现企业搬迁新厂房，补充能力瓶颈，建设特种工艺和实验室，信息化管理升级，多管齐下，提升企业整体创新能力与发展实力。

中航贵州飞机：理想在蓝天之上

从三线军工到打造国内一流教练机基地和世界一流无人机基地，体现了贵飞人一以贯之的翱翔蓝天理想。

企业在发展过程中，政府各部门在严格履行相关程序的同时，能够站在企业的角度，尽量替企业节省办事时间和成本，为企业做好各项服务工作，塑造了良好的政府服务营商环境。

中航贵州飞机有限责任公司（以下简称"贵飞公司"）是按照中国航空工业集团有限公司专业化整合战略要求，于2011年5月28日正式挂牌成立，从事战斗教练机/无人机研制、生产的国有大型军工企业，是中国航空工业集团直属业务单位。贵飞公司的无人机试验、试飞技术，目前在国内处于领先地位。贵飞公司地址位于贵州省安顺市经济技术开发区，形成制造区、总装区和试飞区三大生产区域布局。贵飞公司拥有一个良好净空条件和试飞空域的军民两用机场，配置新一代自动化程度较高的机场管制中心系统和完备的地面设备，配套相应的油料供应系统及铁路专用线。同时，贵飞公司拥有完整的飞机研发设计、总装试飞、服务保障及异地协同体系，试验、计量、理化、检测手段齐全。贵飞公司先后研制、生产交付了数十个型号的歼击机、教练机、无人机等航空产品和非航空产品，现有主要航空产品为：歼教－7教练机系列、山鹰教练机系列、FTC－2000G外贸机系列、各型号军用无人机、鹞鹰系列民用无人机等。贵飞公司通过多年的历史积淀，现已成为集高级教练机及大中型工业级无人机的自主研发设计、总装集成、试验试飞及服务保障能力于一体的大型军工企业。

企业在注册成立子企业、办理企业工商变更以及公司注销等过程中，政府下属的税务和工商等部门高效履行职责，在严格履行相关程序的同时，能够站在企业的角度，尽量替企业节省办事时间和成本，为企业做好各项服务工作塑造了良好的政府服务营商环境。各级政府从产业扶持、项目建设、税收、园区建设、历史遗留问题处理等诸多方面给予大力支持。其中2012年以来获得政府的项目资助资金1628.84万元，科技项目资金累计3675万元，有力地支撑了公司飞机型号科研生产任务完成；在税收方面享受高新技术企业所得税减按15%税率征收的政策优惠；在园区建设方面，给予贵飞公司2450万元的产业发展扶持资金，极大缓解了公司园区建设资金紧张的局面；在贵飞历史遗留问题的解决方面，替贵飞下属子公司解决债务危机涉及金额2.8亿元，缓解了贵飞及下属子公司的困境。国家对企业管理的法治体系在不断完善，正不断促进企业法治水平稳健提高。贵州省司法厅和安顺市司法局先后制定发布《公司律师试点工作实施方案》等有关文件，在系列相关政策支持下，贵飞公司积极推动公司律师制度的创建工作，经审查获批成为公司律师试点单位，有力提高了贵飞公司法治建设能力。纳税环境良好。公司根据税法要求依法合规缴纳税款，地方税务局也积极宣传培训税收优惠政策，让公司及时享受税收优惠福利。一是公司专门生产军品的房屋土地免征房产税及土地使用税，军民混用的按比例缴纳；二是销售军品符合条件的免征增值税；三是企业所得税按高新企业享受减按15%征收。在供电方面，用户根据用电负荷需求进行申报，在规定时限内给予答复并办理，供电满足使用需求，电压质量稳定，可靠性高，定期走访用户征求意见，并在用电业务、安全、节能降耗等方面给予指导，企业对用电环境比较满意；在供水方面，用户根据用水需求进行申报，在规定时限内给予答复，供水条件具备给予办理，供水满足使用需求，企业对用水环境比较满意。

2012年以来，随着国家、贵州省和安顺市政府相关政策的出台，政府给予企业发展支持力度越来越大，为企业落地发展创造了良好的投融资环境。随着国家不断优化企业注册申请及注销等流程，公司在子公司管理、经营管理业务变更及其他许可事项办理时均有受益，如部分流程、手续的合并、取消为企业节省了一定的人力及资源成本，推行"三证合一"等管理方式也为企业带来了较大便利。在政府采购方面，地方政府出台相关政策，鼓励政府相关部门在同等条件下优先选用贵飞及其子公司的民用产品。贵州贵航云马汽车工业有限责任公司（2018年底剥离贵飞）曾是贵飞下属的主营改装汽车和环卫设备研制生产的子公司，其客车、环卫车及垃圾处理设备等产品多次在地方政府采购中中标，对以生产公共产品为主的企业而言，政府采购是实现企业发展的重要保证。但贵飞公司历史负担沉重，改革脱困压力大，仍急需上级给予资金支持。按照军民融合发展思路，在贵飞工业联合体战略推进过程中，由于贵飞所处的行业特殊性，缺乏与市场对接的桥梁，仅依靠贵飞的力量难以快速形成带动区域发展又惠及公司能力提升的规模效应，希望地方政府进一步给予扶持。民用无人机的商业运营环境尚不成熟，特别是低空空域、适航管理等相应的配套政策尚未完全明确，恳请政府出面主导，组织相关企业共同参与，向国家层面争取民用无人机适航管理、低空空域管理试点落户贵州，同时开展民用无人机产业运营管理体系搭建，塑造良好的产业营商环境。贵州工业资源与旅游资源相结合的营商环境尚不明确，例如无人机与旅游相结合、"三线文化"与航空文化相结合、大数据与航空产业相结合等。

毕节明钧玻璃：技术创新提升品质

毕节明钧玻璃股份有限公司综合使用燃料、熔化工艺、新型添加剂，通过工艺逐步调整，提升玻璃的白度和表面光洁度及提高玻璃抗自爆性能，形成两条优质浮法玻璃生产线。

毕节明钧玻璃股份有限公司（以下简称"明钧玻璃"）于2012年12月成立，地址位于毕节市经济开发区。公司秉承品质理念：创一流品质，臻卓越管理，重服务为诚，讲信誉为重。2018年，经过生产系统全员的努力，坚持内在质量是制造出来的、外观质量提升是严格标准规范出来的原则，稳步采用深层水气工艺、厚层投料技术等，有效提升了玻璃品质。

政府服务方面，为广泛吸引外来投资，加快城镇化、工业化进程，实现毕节经济的跨越式发展，根据国家有关法律法规和毕节市七星关区引进外资的有关优惠政策，毕节七星关区人民政府与毕节明钧玻璃股份有限公司在友好协商、平等互利、诚实信用、共谋发展的基础上，于2012年3月3日共同签订节能材料产业园项目投资合同。

法治环境方面，自开展依法保护企业家合法权益营造企业健康发展法治环境专项工作以来，毕节市检察机关与公司签订协作机制，为毕节试验区经济社会发展保驾护航。纳税环境服务质量好，毕节明钧玻璃股份有限公司作为招商引资企业，成为西部大开发鼓励型企业，企业所得税减按15%缴纳；部分地方性税收先缴后退，以此扶持企业发展。

物流水电环境方面，毕节地处油价三价区，同等情况下较贵阳、遵义、黔南、安顺等地运输成本高、周期长、稳定性差，无形降低了企业产品省内的竞争力，制约企业发展。建议统筹规划适当增加云桂川黔运输车次，降低企业进出运输成本。厂区周边电网稳定性差，易因电网垮压造成企业临时性断电停运，启停过程中造成产品产质量损失，临时性启停致使企业用电瞬间需量超标，供电企业按瞬间超标予以加收电费，增加企业成本。毕节受地貌影响，区域天然气管道建设起步较晚，现在管道天然气还未接通，企业后期发展能源受限；从工业天然气行业了解到，毕节天然气管线接通价格也远高于周边地区，成本的偏高降低了企业在同行业中的竞争力。在天然气布局、管网价格上建议统一布局给企业一定的支持。

融资环境较好。企业在资金运营困难时期能及时融资，渡过难关，离不开良好融资环境的支持。2015年11月~2016年11月，取得毕节市开源建设投资（集团）有限公司借款2.3亿元，取得银行贷款1.72亿元。

许可事项办理环境方面，毕节试验区在进一步扩大对外开放，优化投资环境，鼓励和吸引社会投资。在民企投资的大纲领下，明钧玻璃符合并享受毕节市的相关政策优惠。

土地使用政策方面。①公司投资总额在500万元人民币以上工业项目（包括农产品加工企业），在获得工业用地的同时，项目所需的行政办公及生活服务设施用地可以占项目用地面积的10%。②利用原依法获得的"四荒"地发展农、林、牧、水产养殖业，享受"四荒"地拍卖的优惠待遇。经有权审批的部门批准，公司能够在依法获得的荒地内修建生产性用房。③符合国家产业政策和本地区重点投资，公司投产后三年内享受了毕节市财政扶持资金交纳土地出让金，达到全额土地出让金额度，该公司缴清不足部分后，国土资源部门给予办理土地使用证。

行政收费政策方面，享有办理投资所需的行政审批手续发生的费用一律实行零收费。

投资服务政策方面，①该公司对投资项目中有关部门从项目签约、申报、核准（备案）、建设直至营运等过程进行全程跟踪服务，主动上门了解项目进展情况，及时帮助该公司协调解决其在建设和生产经营过程中出现的问题。②行政审批手续实行并联审批。对于需要多部门审批的投资事项，由政务服务中心组织相关部门集中审批、同步办理，实行"一站式"办公，"一条龙"服务。③行政审批手续实行网上预审。该公司的申报材料可通过远程审批系统上传到政务服务中心办事窗口，根据审批人员意见将申报资料备齐后进行一次性受理。④在办理与投资有关的各项行政审批手续，受理机关一律实行"首问负责制"，且对投资项目资料齐全、手续完备的，属地区内办理的手续，有关部门在五个工作日内办理完毕（法律法规另有规定的从其规定）。年检事项当场就能办结。⑤符合国家政策和相关法规的金融服务需求，区内金融机构积极、快捷、优质地为公司提供金融服务。

明钧公司的燃料为石油焦，拟以优质的天然气（煤层气）代替含硫量高、热值不稳定的石油焦。因玻璃生产的连续性要求比较高，为保障天然气稳定供给，须确保每日供应燃气30万立方米以上。在得到优先保障天然气稳定供给的同时，希望给予明钧公司在天然气优惠价格及建设资金补助的支持。需供电部门加快35千伏变压站的建设，确保公司生产安全。简化融资流程，缩短融资手续办理时长，让企业能尽快获得融资资金。

明钧公司作为大型民营玻璃生产企业，在淘汰落后产能上，全力支持国家的相关政策；在环保治理、安全管理等工作方面，将继续按照国家的政策执行好、落实好，不打折扣，为当地社会经济发展尽公司最大的努力。

力帆骏马：技术改造创新驱动

引进先进设备，实施技术改造，优化工艺技术，秉承集中高效原则，打造绿色环保工厂，实现"绿色制造"，逐步向智能化工厂及绿色制造方向转型升级。

毕节市力帆骏马振兴车辆有限公司属贵州省重点招商引资项目，由云南力帆骏马车辆有限公司全额投资，在贵州省毕节市设立的具有独立法人资格的有限公司，于2006年12月成立。公司在致力于发展自身的同时，更是倡导"既要金山银山，又要绿水青山"的理念，用实际行动打造绿色环保工厂，实现节能、降耗、减污、增效的目标。工厂设计秉承集中高效的原则，各车间所需能源集中由能源供给中心提供，能源中心承担着各车间的热能供给，为积极响应政府主导的"蓝天保卫战"工程，实现"绿色制造"，公司正进一步加大技术升级煤改气工程，努力构建高效、清洁、低碳、循环的绿色制造体系。

近年来，企业在省、市、区各级政府及各职能部门的关心和支持下，着力发展实体经济。实体经济的发展，必须有与之相适应的营商环境，随着新时代的到来，经济的发展越来越需要依靠良好的市场环境作为保障。融资难、融资贵成为企业发展壮大的瓶颈，特别是2019年，国内外市场竞争激烈，企业要保障销售市场所需产品，着重推出升级换代的新产品，在投入大量技改资金后，公司的流动资金受到极大影响，导致产品不能更好地保障市场。除此之外，物流成本高也是制约企业发展的一大因素，汽车制造产业链长、零部件多、覆盖面广，毕节虽然在西南地区提前实现了县县通高速，但是物流运输方式单一，运输成本高导致企业制造成本高，间接影响产品在市场上的竞争能力。

根据生态环境部、交通部等部委政策规定，公司确保在 2019 年 7 月 1 日之前完成国六车型的切换生产工作，现在已经完成国六车型的相关工艺文件和质量文件，达到量产条件，首批样车将投放市场。智能化技改项目继续进行，将工厂智能化、自动化水平提高至 90% 以上，大幅度降低工人劳动强度，一致性更强，有效提升整车工艺质量水平。另外，WMS 智能物流仓储系统和 MES 生产管理系统也将继续完善。逐步研发新燃料和电动汽车，充分利用好现有的资源优势和技术优势，加大投入研发新燃料和新能源电动汽车。加快推进技术升级煤改气工程建设，在达到自身降本增效的同时，不忘初心，继续履行好企业的社会责任。公司将始终坚持国际化精品战略、技术领先战略、高质量低成本战略和区域化战略，努力实现"六个一工程"目标，以打造"国际知名、国内一流"的载货汽车生产基地。

贵州同德：中药种植、生产、使用无缝衔接的典范

始终以质量为中心，依托于规范化中药材种植基地，从源头对中药材进行全面控制，使同德药业率先实现中药从种植基地建设、中药饮片生产到医疗机构使用的无缝连接，有效保障中药饮片的用药安全。

贵州同德药业有限公司是江苏省中医院和贵州信邦制药股份有限公司共同投资建设的中药饮片生产企业，于2013年12月注册成立，2015年正式投产运营。公司主要以加工、炮制道地中药饮片为经营内容，现已有中药饮片60多个品种。公司核心团队成员涵盖中药材种植、收购、质量检测、加工生产及成品销售范围，具有丰富的专业工作经验，为公司中药材产业的发展提供了有力的技术支持和保障；专门组建了中药种植技术团队，主要负责种植基地的发展建设，依托各基地良好的气候条件和土壤环境，为中药材种植提供了良好的发展基础和支撑条件；与各科研院校及医院（如江苏省中医院、贵州大学、贵州中医药大学、铜仁市碧江区中医院等）建立长期技术合作关系，将各科研院校的专业技术人才输送到公司就业，同时把先进的、创新的技术性研究成果及临床研究成果应用于生产实践当中，用以提高中药材的产量及质量。根据目前产能情况及客户订货需求量，中药饮片产品年平均销售量1000吨以上。

公司得以快速发展离不开各级政府领导的支持与关怀，公司从达成项目协议、厂区破土动工到正式生产运营期间得到各级政府相关优惠政策的大力支持，相关部门领导多次到公司进行检查、指导和慰问。按照《铜仁市碧江区招商引资政策》（碧府发〔2013〕47号）文件精神，公司享受如下优惠政策：根据全国工业用地出让最低价格标准，依法通过正规程序取得土地使用权；根据土地征地征缴费用按比例进行返还；为确保公司生产经营，由政府负责水、电、路的外部搭建工作；办理土地使用相关手续和项目立项，建设过程当中需收取的规费，能免则免、能减则减，不能减免的实行先缴后返；各级政府单位积极配合公司向市、省及国家相关部门申报符合国家产业政策支持条件的项目工作；为吸引和留住科研人才，稳定用工，给予公司职工公寓住宿楼共15套，其中灯塔工业园区灯塔廉租房小区10套、智慧产业园5套。

铜仁天翔："一带一路"建设的标杆

铜仁天翔纺织实业公司贯彻落实国家"一带一路"建设，不断提高生产能力，向东南亚地区及中西亚地区扩大销售规模，力争成为国家西南地区先进纺织产业的标杆企业，带动百姓致富，推动地方经济发展，全力打好脱贫攻坚战。

铜仁天翔纺是响应国家西部大开发，顺应国家"一带一路"和"中西部地区产业承接与群集建设"战略发展的号召下2012年落户贵州铜仁。企业成立以来，在营商环境改善方面获得感强。铜仁地区对招商引资企业给予了大力的帮助和支持，特别是国家简政放权以来，很多项目手续办理效率得到了显著提升，如执照办理、安全环保手续备案、许可事项办理、税务申报等方面程序得到了很大的简化，大大缩短了企业办事的时间成本。在国家大力反腐倡廉的背景下，铜仁地区政治清明，企业在办事过程中几乎再也未遇到过吃拿卡要的现象。国家在开展"扫黑除恶"，大力打击违法犯罪以来，铜仁地区治安良好，企业安全感明显提升。近三年来贵州省在推行直供电政策方面有效降低了企业的电力成本，虽然目前企业电力成本仍比一些沿海地区高，但相比于前几年还是有了显著了成效，这得益于政策的大力宣传和切实落地。

但贵州营商环境改善仍有较大提升空间。一是优惠配套政策应及时到位。二是税务申报应更灵活。三是加大金融支持力度。民营企业要进行产业改造升级，扩大再生产，有更好的发展前景，当前最主要的问题是资金问题。四是引进先进地区经验与做法，助推贵州省营商环境改善力度。如沿海地区针对新建企业有注册资本开办补助、办公用房补助、人才补助、地价优惠等。在项目资金申报支持方面，像沿海地区一样，成立专门部门负责指导企业进行项目资金申报，以推进企业快速健康发展。五是完善民营企业帮扶机制。一是由专门的机构牵头，成立一个企业服务平台，搭建一个企业直通车，加强政府与民营企业之间的互动，提升企业办事及兑现各类政策的效率，降低时间成本，帮助及时抓住发展机遇迅速发展。二是定期召开经济运行分析会，及时解决企业发展过程中遇到的资金、技术、人才等问题，保障企业正常运营，实现企业生产效益最大化。比如主动帮助民营企业创造条件融资，缓解企业资金压力。三是进一步完善符合本土企业发展的可操作性的政策。如项目申报、优惠配套政策。

贵州好彩头:"东西南北中"战略布局的南部基地

贵州好彩头坚持以市场为导向,以产品研发创新为核心的经营理念,不断树立"小样""好彩头"品牌战略旗帜。

贵州好彩头食品有限公司成立于 2015 年 3 月,公司围绕糖果、饮料、烘焙、膨化四大品类,主要生产"小样"酸 Q 糖、"小样"乳酸菌糖、"小样"小乳酸、"小样"爆米花、"小样"撒尿牛丸、"好彩头"肉松饼等 20 多种系列产品。公司先后通过了 ISO9001、ISO22000、HACCP 认证,"小样"品牌乳酸菌饮料通过质监总局(现国家质量监督检验检疫总局)食品出口卫生注册备案。与 SGS、华测、谱尼测试、白酒检验中心等检验机构合作,对每批核心原料进行检验,从源头上保证食品安全,并建立产品追溯体系。在连续三年的政府监督抽查中,产品合格率均为 100%。企业规模不断壮大,管理逐步走向成熟。好彩头除在全国建立了完善的销售网络外,更进一步开拓海外市场,远销美国、俄罗斯、东南亚等多个国家和地区。

贵州好彩头食品有限公司生产车间主要由纯水车间、前处理车间、吹瓶车间、灌装车间、包装车间五部分组成,整条流水线采用的都是先进的自动化生产设备,从原料投入到成品全部通过自动化伺服系统控制完成。"小样小乳酸"是好彩头公司 2014 年重磅推出健康型乳酸菌饮料,引进全球领先的丹尼斯克菌种技术,采用 6 种乳酸菌组合发酵,含有较高的动物蛋白且零脂肪、低乳糖，适合不同年龄段人群饮用。从采购产品原料到产品生产过程，不管外界有多大利润的诱惑，公司始终坚持以最优的原料、最严谨的工艺来对待每一个产品，让每一个新产品都能够使消费者放心。

贵州中建伟业：在改革创新中见证"奇迹"

风雨见证改革，辉煌写就历史。经过改革开放的洗礼，经过几代中建人的接续奋斗，中建伟业的发展令人刮目相看，叹为观止。企业连续4年入围贵州企业100强，排名前移至第40位。

伴随贵州营商环境的优化与改善，中建伟业这艘新时代巨轮，必将继续劈波斩浪、扬帆奋进、续写辉煌。

中建伟业的发展历程，既是对贵州经济变迁的一种折射，也是对贵州经济环境的一种反映，而营商环境的改善则成为催生这种发展变迁的重要因素之一。历经60多年的发展，2018年11月，为进一步优化重组州属国企，州委州政府决定将公司更名为"贵州中建伟业建设（集团）有限责任公司"。

在经济下行压力加大、多重困难叠加、众多同行不景气的情况下，中建伟业却能攻坚克难，逆势而上，与时俱进，跨越发展，这不能不说是建筑行业的奇迹！一是改革让中建伟业实现历史性的惊人一跳，获得了特级资质；二是改革让中建伟业插上"四连冠"的翅膀，荣获了贵州百强称号；三是改革让中建伟业充分彰显国企的独特优势，实现了强"根"固"魂"；四是改革让中建伟业的匠心之作声名鹊起，打造着精品工程；五是改革让中建伟业的创新之剑熠熠生辉，践行了与时俱进；六是改革让中建伟业的正能量不断催生，可谓荣誉连连；七是改革让中建伟业的政治站位更高，聚力脱贫攻坚；八是改革让中建伟业担当意识更加强烈，全力履行社会责任；九是改革让中建伟业困难职工享受发展红利，竭力实现住有所居。

基于自身发展的客观需要，公司迫切期待贵州营商环境的优化与改善，并提出如下几方面的意见建设。第一，协助解决好拖欠工程款问题。据不完全统计，近年来公司应收未收工程款约40亿元。请求州政府及相关部门出面帮助协调解决，各县市积极筹集资金支付应付未付工程款，近期不能支付的做出支付计划或承诺。第二，税收政策方面的建议。一是给建筑行业企业所得税征收由核定变成查账一个过渡政策。建筑行业在国地税合并之前企业所得税由地方税务局按8%的毛利核定征收企业所得税，国地税合并后企业所得税的征收方式变为查账征收，由于建筑行业建设周期较长，有的项目是在国地税合并前已经施工，前部分企业所得税已经按核定方式征收了企业所得税，后部分又按查账方式征，取得成本票据较难，造成企业税负过高。二是对施工个人劳务所得税务代收个人所得税。目前，各施工工程项目施工主要由各施工班组自行组织农民工到项目提供劳务。由于人员流动较大且人员较多，如果要企业代扣代缴个人所得税，企业代收要按劳务所得税率来预扣预缴个人所得税，税率为20%至40%，这将增大企业的劳务成本和代收难度。企业代收代缴个人所得税将大量增加财务人员，这将大大增加企业的管理成本。第三，专业技术人才职称评审方面的建议。一是民营企业采用以评代考，国有企业必须考试，建议国有企业同样采取以评代考模式。二是公司是州属企业，工程业绩只认可州级行政部门出具的验收报告，其他的不予认可。评审文件条款中也并未专门指定说明工程业绩必须是州级行政部门出具的验收报告。三是专业技术人员登记学时，公司内部组织的培训需提供培训文件、课程表、考勤表等，程序过于复杂。建议将登记学时程序简化，可更多地采用网络平台学习。第四，专业技术人才教育培训方面的建议。一是专业技术人员继续教育培训工作现已下放到州内，因公司是施工企业，绝大部分专业技术人员都在施工一线工作，有时会因工作原因，无法参加集中学习培训，导致有些专业技术人员证件失效。建议采取网络继续教育培训模式，可以让技术人员在培训时间上合理安排。二是黔东南建筑三类人员培训现由凯里学院主办，每期举办时间间隔过长，平均3~4个月才举办一期，导致三类人员证件不能及时延期。建议报名渠道长期开通，报名人数只要达到开班条件即开班。三是特殊工种人员培训成本过高。培训权限已下放至州住建局，但仍需到贵阳参加培训，培训成本约为2000元/人（实际新取证费用850元，复审培训费450元），企业负担过重。建议培训地点定在凯里市。四是建筑"三类人员"证件的培训及办理权限未下放到州内前，在省住建厅办理类型变更时，可以直接由持有C类证件的申请类型变更为B类，由持有B类证件的申请类型变更为A类。权限下放到州内后，办理类型变更还需重新参加培训及考试。建议办理变更时不再需要参加培训及考试。第五，其他方面的建议。一是进一步加强建筑市场监管，规范市场秩序，规范招投标工作，同时对本土企业实施政策倾斜，扶持本土企业，特别是本土龙头做强做优做大；二是对一些经营困难、急需资金支持的企业，各级政府相关部门力所能及给予帮助，在评估界定企业发展前景、偿还能力等要素的基础上，可出面向银行进行担保，帮助企业解决资金问题，突破资金瓶颈；三是建议进一步降低企业税费，对纳税大户进行一定的返还或奖励，对企业自主进行的急需人才引进、科研投入等进行政策支持和适当补助；四是建议各级政府相关部门采取挂钩帮扶等措施，定期开班向企业负责人进行政策宣讲、案例解读和市场引导，持续开展政策输出和智力输出，帮助企业提高应对市场风险的能力。

贵州青酒：洞藏酱香白酒领航品牌

贵州青酒具有在中国低度浓香型白酒酿造技术方面很高的工艺水平、酒质特性过硬、口感独特等优势。

创新求变，以势造势，创新民间工艺，酿造生态青酒；循环利用，促产业多元化发展；整合品牌，实现品牌文化深度融合，彰显产品文化内涵。"朋友文化""洞藏文化"是青酒品牌文化内涵所在，是提升产品竞争力的文化支撑。

酿酒业作为贵州经济发展的支柱产业，是历届贵州省委、省政府在制定五年规划以及各年度政府工作报告中的一项重要内容，是加快推进贵州工业强省步伐的重要组成部分。贵州酒业曾经辉煌好些年，然而，在20世纪末的市场经济大战中，贵州许多酒厂却一度处于前所未有的低迷状态，贵州青溪酒厂也未幸免于难。进入21世纪后，西部大开发战略的推进以及整体经济条件尤其是营商环境的改善，给贵州青酒带来了前所未有的发展机遇。经过一代又一代青酒人的共同努力，贵州青酒正致力于打造中国洞藏酱香白酒的领航品牌。1955年，青溪地区几家较大的白酒作坊经公私合营，在青溪河畔的徐家湾组建了青溪酒厂。创建初期的青溪酒厂是一个仅有木房两间、七个工人、三口灶眼、四口窖池、年产几十吨、年产值仅几万元的小型酒作坊，企业创始人沿袭着传统的酿酒工艺，用近乎原始的生产工具开始了艰苦的创业。1958年，青溪酒厂转为国有企业。酒厂规模扩大，工人增加到数十人。1986年，青溪大曲获得"贵州名酒"称号，其中38度青溪大曲成为贵州省第二家研制成功的低度浓香白酒，享有了较好声誉。同年，镇远县人民政府批准，青溪酒厂由原来的青溪镇万寿宫搬迁到青溪大塘村，扩建为年产青溪大曲1000吨的新厂。1997年浓香型"青酒"系列产品问世，结合全新的经营理念，把贵州青酒推向了全国知名品牌的高度，2000年原贵州青溪酒厂进行产权制度改革，组建成立"贵州青酒集团有限责任公司"。青酒产品以浓香型白酒为主，兼有酱香型和清香型。

青酒在发展，社会责任担在肩。今后，伴随着营商环境的优化与改革，贵州青酒必将在企业不断成长的同时，充分认识到企业的社会责任，做到时刻不忘反哺社会，社会和企业的发展是相辅相成的，青酒践行着自己的社会责任。青酒，是伴随着共和国一起成长的民营企业，正在为打造百年青酒品牌的中国梦不懈努力奋斗，为带动地方经济社会发展贡献企业力量，发挥企业社会责任担当。

贵州兴富祥：剑指"世界标准"打造"中国瑞士"

进入21世纪以来，贵州经济发展逐步迈入历史的最好时期，加上营商环境的改善，吸引了不少外来企业入黔落地生根，并成为同行业的领跑者。

贵州兴富祥立健机械有限公司始终以先进的管理理念、一流的产品品质、领先的技术水平、强大的科研创新能力、众多的自主专利成果，扎实练好企业内功，一步一个脚印稳步向前发展，正在倾心书写一个现代制造业的民企样本。面向未来，秉持"工匠精神"，"为梦想而战，打造'中国瑞士'""让中国创造成为世界的标准"则是兴富祥踏实践行的企业愿景。

贵州兴富祥立健机械有限公司（以下简称"兴富祥"）成立于2011年4月，是丹寨县金钟省级经济开发区招商引资的第一个高技术装备制造企业，经营范围为开发、设计、生产和销售精密磨床、数控车床、加工中心系列产品及配件，进行自有技术转让、技术服务及技术咨询等业务，产品可广泛应用于航空航天、军工、汽车、摩托车、轴承、电机、复印机、家电、模具制造等各种基础制造行业。公司是贵州省"百千万"工程100个示范企业，贵州高端数控机床生产制造的主要基地，通过了SGS公司ISO9000质量体系认证，公司取得国家重点产品证书，拥有40项国家专利授权许可，先后被评为国家级高新技术企业、省级创新型企业、省企业技术中心、省工程技术研究中心、全国机械行业先进集体、贵州百强民营企业等。多年来，贵州兴富祥立健机械有限公司在不断创新，寻求发展、实现突破，并取得可喜的成就。在挂满奖章的企业荣誉墙上，不断增添着兴富祥新的荣耀。2018年末，兴富祥董事长彭洪富获颁"有态度守匠心，助力中国制造"改革开放40周年机械行业领军人物奖。

公司发展成效。近年来，兴富祥高度重视、大力投入智能制造发展，使产业不断提质升级。如今，在兴富祥园区、车间随处可见新兴制造的高效与活力：生产制造全过程应用ERP（企业资源管理工具），实现从订单到排程、物料到成品及发货、收款完整流程由软件运算，进一步朝着无纸化方向迈进。截至目前，已完成ERP项目投资110万元。同时，着力推动相关产品品种升级，开发出集合自动上下料、自动分解、在线检测及清洗等功能的智能化制造联机生产线，投入市场应用后，实现了对客户加工场景的远程操控、诊断及维护，实现物联互通。致力基业长青，打造"中国瑞士"。多年来，兴富祥吸纳日本机械制造生产技术、管理经验，引入多名台湾专家及外籍专家，母公司拥有10余年无心磨床研发生产经验，构建了以无心磨床研发、生产为核心的装备制造体系，旗下主要生产动压精密无心磨床、高液静压无心磨床系列产品，近三年，公司进一步开辟以精密玻璃雕铣机为代表的3C装备产品，实现了产品线的扩展。2017年，公司主营业务销售收入达30443万元。兴富祥人严于律己的匠心，从创业之初就一直贯穿始终。在时光流逝的路上踏步成印，记载着他们的奋争与拼搏、创新与坚守。

守正笃实、担当有为，兴富祥正在倾心书写一个现代制造业的民企样本。

贵州川恒化工：审批加速助推企业增速

作为四川到贵州投资设立的企业，贵州川恒化工公司瞄准贵州丰富的磷资源，在当地营商环境助力下，2002年落地黔南州福泉市时，仅用108天便实现项目试产成功，如今已成长壮大为贵州省磷化工行业首家A股上市公司，体现了审批加速助推企业增速的现实意义。

贵州川恒化工股份有限公司于2002年在福泉市注册成立，是一家专注于磷资源精深加工的科技型民营企业，公司主要产品有饲料级磷酸二氢钙、消防磷酸一铵、肥料级聚磷酸铵及掺混肥料、复混肥料（复合肥料）、大量元素水溶肥料等。在项目建设过程中，公司得到了福泉市委政府领导的亲切关怀和悉心指导，市委政府领导多次莅临项目指导、关怀、慰问，指导有关职能部门协助运输设备，提供物资保障。2003年1月3日，公司项目一次性试产成功，创造了川恒建厂的速度奇迹，这种"速度奇迹"也成为福泉乃至黔南州地区广为流传的一段佳话。

企业营商环境获得感增强，深感企业创立、项目立项手续的便捷高效。随着"放管服"工作的持续深入推进，企业在新公司设立、新项目立项审批等方面获得感强烈。一是清单目录明明白白，清清楚楚，且清单所列所需资料大幅度减少，要求降低很多，如项目建议书代替可行性研究报告，且建议书或可行性研究报告可自编，不再硬性要求由第三方编写；二是审核时间大大缩短，由此前的15个工作日缩短至7个工作日审结并颁发证书（证照），实际情况是一般在3个工作日内即拿到证书（证照）；三是多证合一。如新公司的设立，一个窗口、一个营业执照即可。简洁高效的审核审批制度，赢得客商的赞誉。深获各种优惠、降税、减费政策的支持。川恒股份在16年的发展过程中，得到了各级政府的大力支持，地方政府和有关职能部门尽心尽力帮助企业充分享受各项优惠、降税、减费政策措施，如：帮助企业享受西部大开发的各种税收政策优惠（享受15.00%的企业所得税税率）；帮助企业享受高新技术企业所得税优惠（公司减按15.00%的税率征收企业所得税）。帮助企业享受增值税优惠（饲料级磷酸二氢钙产品免征增值税）。享受贵州省民族贸易和民族特需商品生产贷款优惠利率。享受其他政府专项项目政策支持等等。企业获益匪浅，对企业的健康发展起到极为重要作用。同时深深体会到良好的营商环境和社会氛围。福泉市委、市政府历届领导历来高度重视地方营商环境的打造，对民营企业的发展向来是亲力亲为，是招商引资、营商环境工作的领导者，更是领头羊和践行者，有政策扶持，有机制保障。企业发展中的每时每刻都感受到领导的关注、关心、关爱和无限的帮助，对企业发展中所面临的困难和问题，亲自过问，着力解决。市检察院开展"福泉市政法机关营商司法环境专项整治行动"，开展"送法进企业""咨询服务进企业""解决问题进企业"等系列工作，召开保护企业（家）合法权益专题"检察长·董事长"两长座谈会，联合制定《依法保护企业家合法权益工作衔接机制》，出台《福泉市人民检察院依法保护企业家合法权益十条措施》。市法院为重点园区、重点项目、规模以上企业等关键主体，提供优质高效的法律服务，提供一个健康稳定、平安有序的营商社会环境。市公安提升社会治安管理水平，为企业提供一个安全的治安环境。

企业营商环境还存在一些困难。工业用地成本高。一是供应不及时，供应不足；二是成本高，工业用地成本（指挂牌交易价格）都在10万元/亩以上；三是土地使用成本高，按6.00元/米^{2}收取土地使用税，一个上规模的资源型企业，年土地使用税都在百万元以上，且不管土地使用与否都要缴纳。物流成本高。企业每年物流成本占销售收入的 20%～30%，仅磷石膏综合利用运输成本（将磷石膏从川恒运到建材厂、水泥厂直接补贴的运输费）至少 2000 万元，成本压力大，削弱了企业的竞争力。项目规划许可、消防许可、施工许可的审核和办理成本高。一是流程较长；二是重复提交资料，前后资源未共享；三是审核的人力资源不足。比如，市所有项目的规划审核，在某个职能部门的科室，就设立一个岗位和配置一名人员，审结速度深受影响。磷石膏综合利用难。

企业对优化营商环境有一些建议。健全对不同所有制企业一视同仁的国民待遇政策。在企业财产权、人身权保护、市场准入、禁止性规定等方面配套相应政策，为企业尤其是民营企业、中小微企业创造公平公正的经营发展环境。真正消除在实际生产经营中存在的差别性待遇和歧视，防范和限制不公平现象发生，培育保障企业平等发展的社会环境。认真快速地落实国家对企业减负的各项政策，帮助企业渡过现行经济下行压力的困难期。尤其是减税降费政策落实方面，要加快政策执行和落地，帮助企业降低经营成本，让更多的企业在市场不振中"活"下来，延长企业生命周期，给予企业再图发展的希望。认真务实地提高政府公共服务的效率，让企业通过"只跑一次"的政务增效来降低企业商务成本，提高贵州省企业竞争力。在推进供给侧改革中，提高企业的土地供应、水电路基础设施配套等生产要素保障的供给能力和效率。同时帮助企业做好人才储备和引进，通过建立良好的人才引进和留住激励机制，帮助企业实现人力资源保障。科学制定产业发展的省级规划，集中力量发展比较优势的传统产业和新兴产业，促进优势资源科学合理地向发展好、潜力大的企业高效配置。把中央要求的让市场在资源配置中起决定性作用落到实处。培育出贵州特色产业的主力军企业和品牌企业。

信邦制药：贵州制药领军者

贵州信邦制药公司充分利用民族特需商品定点生产优惠政策，近五年享受贷款贴息共计1.2亿元，在缓解经营压力同时促进快速发展，经营持续领跑贵州全省医药行业。

贵州信邦制药股份有限公司成立于1995年元月，注册地位于黔南州罗甸县，二十多年来，已发展成为集制药工业、医药流通、医疗健康服务于一体的医药医疗大健康产业集团，步入良性稳定、快速发展的轨道。公司先后获评"中国工业行业履行社会责任五星级企业"，并连续入围贵州省企业"双百强"榜单，2018年位列"贵州企业100强"第36位和"贵州民营企业100强"第3位，贵州省医药行业第1位，持续领跑全省医药行业。

营商环境优化，企业获得感增强。公司自2002年被认定为国家民族特需商品定点生产企业以来，得到了各级民委、财政、人民银行等有关部门的大力支持，持续享受特许商品定点生产企业优惠政策扶持。最近五年公司享受贷款贴息共计1.2亿元，大大缓解了公司的经营压力，促进了公司的快速发展，公司业绩连年稳步增长。同时，随着纳税环境不断改善给企业发展带来了机遇，其中便民办税春风行动给企业办税带来便利，一系列减税降负的措施让各类企业享受到了实惠。2018年以来，"办税难"这一历史问题有了好的改观，通过网上办税、自助终端、实体服务厅"三位一体"的多元化办税服务，使得审批越来越少，流程越来越简，办税最多跑一次，大大节省了办理事项的时间成本，让企业将更多精力放在了生产经营上。

随着改革开放的深入推进，中央及各级地方政府加大了政策支持力度，民营企业迎来了发展的春天，但制约企业发展的因素仍然存在。中药材产业发展面临的问题和制约主要是：中药资源保护相关法规建设滞后，中药材的种植及生产方式较落后，缺乏必要的组织，没有形成一定的规模，生产种植过程中缺乏必要的市场信息引导，致使中药材的开发利用处于无序状态之中。一方面，野生药材资源的过度开采，导致部分品种处于濒危的境地，甚至面临灭绝；另一方面，因为盲目种植，导致大量积压，造成巨大的资源浪费。一些中药材由于过度采挖或掠夺式开发，资源量逐年萎缩，已开始影响到中医临床用药及制药企业的生产。重点领域发展面临的问题和制约。随着医疗卫生行业的进一步发展，国家医疗改革的不断深入，药品价格呈下降趋势。在市场经营过程中，受医保控费、"两票制"、仿制药一致性评价、药品招投标等政策的影响，药品价格逐年降低，而医药企业的基础设施投入增高、制药装备价格上升、人力资源成本升高、研发风险及费用增高、环保成本上升、能源费用上升、土地价格上升等因素都将推动药品成本刚性提高，给企业运营带来巨大的经济压力。重点任务落实面临的问题和制约主要是：随着国家推动医疗体制改革向纵深发展，相关政策不断挤压医院产品销售份额，很多处方药在医院负增长，公司面临严峻的市场竞争风险和较大的竞争压力，企业的销售市场受到很大影响。同时随着企业的建设和发展，融资利率不断上升，势必增加企业利息支出，进而增加企业经营成本，制约了企业的转型升级。其次，现阶段国家虽然对民营企业的发展大力支持，但还是缺乏统一的管理，特别是涉及工商、税务、物价、城建、环保、卫生、计量、质量监督等多个部门工作，往往出现相互交叉、缺乏协调的现象，增加了企业的负担和运作成本，另外在申报项目、贷款、招聘、引进技术等方面也都受到一定制约。急需地方政府部门将国家优化营商环境的措施细化落实，加大对企业的政策、资金扶持力度，帮助企业取得更好的发展成果。

贵州卡布："企业特派员"保姆式服务

龙里"企业特派员"制度以"保姆式"服务，帮助企业全程代办各种审批服务事项，帮助重点项目和企业化解与周边群众的矛盾纠纷，维护企业正常的生产经营秩序，协调解决重点项目建设和企业生产经营中遇到的实际问题；贵州卡布就是在这一优化营商环境举措下落户龙里发展总部经济的典型代表。

2015年贵州卡布国际生物科技有限公司落户龙里，于2016年初动工建设，年底第一条生产线安装完成并投入试生产，实现当年动工当年投产。目前，市场规模排全国前五，占领中高端市场份额5%。

龙里注重优化营商环境，探索出助力民企发展的龙里营商模式。一是探索贴心的"企业特派员"服务企业制度。2015年，卡布国际在龙里县招商引资政策下落户龙里高新技术产业园区，"企业特派员"不仅在企业办理事项上提供引导帮助，推动企业事务办理，更是主动到企业了解各项困难，了解各项手续办理进度，指导企业收集准备相应资料，帮助企业联系协调相关部门，推动企业各项办事流程。按照"政治素质高、经济工作熟、协调能力强、工作作风硬"的标准，遵循有经验、专业匹配、就近的原则，从各部门选出企业特派员，入驻县内重点项目和重点企业，开展代办、协调等服务，将政府服务职能前移到重点建设一线，变开门服务为上门服务，变被动服务为主动服务，服务实体经济发展"最后一公里"。企业特派员在入驻企业期间，发挥服务项目、服务企业、服务发展的作用，帮助企业全程代办各种审批服务事项，帮助重点项目和企业化解与周边群众的矛盾纠纷，维护企业正常的生产经营秩序，协调解决重点项目建设和企业生产经营中遇到的实际问题，促进项目建设快速推进和实体经济健康发展。二是务实的"一事一议"解决问题机制。除"企业特派员"制度"保姆式"全方位服务外，县委、县政府和县职能部门还根据企业建设发展中遇到的实际问题，采取"一事一议"的方式，以办实事为出发点，全力解决企业所遇问题和困难，助力企业"无忧"发展，营造了"亲商、安商、稳商、富商"的浓厚氛围，真正实现"引得进、留得住、服务好、建成投产快"的理念。2016年，在龙里县的大力推荐下，卡布国际项目入围全省"千企改造"的重点项目。此外，县里还为项目出资 3.6 万余元接入供水管道、出资 10.5 万余元接入了供电线路，并协调项目燃气主管道接入。为了配合项目建设，龙里县还提前施工完成项目物流正大门所在的 700 米道路建设，保证了工程顺利推进。2018 年，指导企业开展品牌培育与企业软实力建设，帮助卡布国际成为全省工业企业品牌培育试点。在企业碰到资金周转困难的时候，龙里县还主动协调了 3500 万元贷款，解了燃眉之急。为鼓励引导非公有制经济发展，着力破解制约民营经济发展瓶颈，龙里县在出台了《龙里县工业发展扶持资金实施暂行办法》《龙里县工业发展扶持资金实施细则》等政策后，2019 年初又出台了《龙里县关于促进民营经济发展实施办法（试行）》，围绕降低民营企业经营成本、加强民营企业人才队伍建设、落实民营企业优惠扶持政策、优化民营企业营商环境、保护民营企业合法权益等方面，推出 17 条切实可行的具体措施。相关政策的出台，进一步优化了民营经济发展环境，细化了真实可见的政策措施，极大地增强了民营企业家发展的信心，为县域民营企业发展提供了强力支持。

制约企业发展的内外因素仍然存在，建议进一步优化营商环境。一方面是行业技术人才相对缺乏。自卫生用品行业在中国发展以来，其产品生产来源主要在广东、福建等沿海一带，同时相应专业人员也在沿海一带形成一定的聚集性。贵州作为内陆城市，卫生用品行业的发展相对比沿海一带滞后，相应技术人员稀少和匮乏，在行业技术人才上不具备优势；目前卡布正不断利用自身的优势吸引人才，同时利用在上海的对外贸易窗口扩大影响，聚集相应技术人才。希望经过五年至十年的发展打造，将贵州生产基地成长和发展为吸引行业技术人才聚集的洼地，同时希望政府营造重视人才的氛围，让行业技术人员、管理人员想来贵州，以在贵州工作为荣。另一方面是原材料短缺。贵州作为内陆城市之一，工业发展基础相对薄弱，对于卫生用品原材料方面的生产和研究更是少之又少，故企业原材料基本都是从广东等原材料生产聚集地采购，在成本和质量控制上不具备优势。因此在卡布二期项目建设中，用以商招商模式，引入原材料配套企业入驻，期望通过这种引入方式，一是可解决企业的原材料供应保障；二是开拓区域原材料生产研究，形成区域原材料生产研究技术力量；三是通过原材料生产研究可拉动区域经济发展。希望政府在产业链深度打造、以商招商中，出台相关政策鼓励主体企业及配套企业入驻本地发展。建议一：如前所述，由于卫生用品行业在贵州的生产相对国际各大厂商来说相对较晚，技术力量相对滞后，所以在政策扶持上更需要有的放矢，在之前各项政策中均未将"婴童产业或卫生用品"单列，希望在后续发展中，能将"婴童产业或卫生用品"作为一个支持行业单列并有效扶持。建议二：从卡布实际来说，由于入驻龙里县便大力投建，耗资巨大，同时企业全国市场周转资金量巨大，所以在建设期财务压力较大，希望在企业建设期得到政府大力支持，通过扶持和减少企业负担推动企业更快速地发展。

贵州瑞和制药：知识产权融资助益

贵州瑞和制药在贵州知识产权部门支持下，创新应用公司医药发明专利知识产权资源融资，享受多种优惠政策支持，助益企业发展，成长为贵州知名制药企业。

贵州瑞和制药有限公司是集中西药研究、开发、生产、销售于一体的企业。近年来，公司获评国家技术创新计划项目承担企业、国家火炬计划项目承担企业、科技特派员项目承担单位、贵州民营企业100强、全国民族贸易及民族特需商品生产千家培育企业、贵州省诚信纳税A级企业、黔南州优秀民营企业、黔南州民族团结进步模范集体、龙里县纳税十强企业等荣誉。

企业发展中受到有力政策扶持。公司在省、州、县各级民族宗教主管部门的指导和帮扶下，经申请成为全国民族贸易及民族特需商品生产千家培育企业，享受民族贸易及民族特需商品生产2.88%贷款贴息。公司在省、州、县工业和信息化主管部门的指导和帮扶下，公司小容量注射剂车间技改项目2014年获得贷款贴息补助，2015年公司获得两化融合示范项目补助，综合固体制剂车间技改项目2016年获得贷款贴息补助；2017年、2019年公司分别获龙里县工业发展扶持专项资金。公司在省、州、县科技和知识产权主管部门的指导和帮扶下，利用公司发明专利"一种治疗肝病的注射剂及其生产工艺"进行知识产权融资质押贷款，获中国农业银行授信 1.5 亿元，解决了公司融资抵押物不足的问题。2016 年，公司有 16 名员工经培训考核获得中级、高级专业技术资格，2017 年获得人才奖补 0.81 万元；2018 年公司引进拥有硕士学位人才 3 名，21 名员工经培训考核获得中、高级专业技术资格，2019 年龙里县为公司兑现人才奖补 1.86 万元。仍存在制约企业发展的内外部因素。

近年来，贵州的营商环境得到较大改善，为贵州瑞和制药有限公司等中小规模的民营企业提供了较好的发展环境。在今后的经济社会建设过程中，建议从以下方面完善营商环境。强化重点园区重点工业项目用地保障。龙里具有优越的区位、交通优势和促进发展的营商环境。公司自 2017 年将总部迁入龙里后，一直谋求发挥龙头企业带动作用，吸引省内外具有较好成长性的医药企业抱团打造新的龙里医药工业园。经多次向当地政府及有关部门申请，被告知由于缺乏用地指标，公司投资意向短期无法纳入规划、审批。建议省级层面加大对龙里等黔中经济区核心区域县（市、区）特色优势园区、重点工业项目的用地指标倾斜，使医药等产业的重点项目能尽快落地，优化区域产业结构，提升区域发展质量。加强惠企政策的落实落地。2018 年 8 月，贵州省出台《关于利用电价支持政策助推我省部分特色和新兴产业加快发展有关事项的通知》，决定对大数据、新材料、生物医药、饮料制造、优势资源深加工、节能环保、现代物流、能源开发、新能源汽车、新能源、脱贫攻坚五大产业等 11 个新兴产业和特色优势产业中的部分行业予以电价支持，生物医药产业中的中成药企业按文件可以享受免收基本电费的扶持，建议有关部门加强督促落实，确保此类扶持政策真正惠及符合条件的企业。

贵州永红：电商政策助益牛起来

贵州永红面对"牛头牌"牛肉干渐渐不被年轻人熟知、传统销售渠道受到新零售模式挑战，充分用好惠水电商优惠政策和配套便利措施，推动传统老牌牛肉食品发展。

贵州永红食品有限公司（以下简称"贵州永红"）位于惠水县工业园，公司已发展成为集养殖、研发、生产、销售于一体的贵州省最大的牛肉制品生产企业。自1998年以来，"牛头牌"牛肉系列产品和商标连续被评为"贵州省名牌产品"和"贵州省著名商标"。2010年，"牛头牌"商标被国家工商总局商标局认定为"中国驰名商标"；2014年荣获贵州省"五张名片""贵州食品最具公众影响力十大品牌"；2018年被评为全国优秀员工之家；2018年资产总额达2.3亿元，年总产值达2.7亿元，年销售总额达2.3亿元。

企业在快速的发展过程中，必定会遗留很多难题，尤其是像贵州永红这样一家有着35年发展历史的老企业，所面临的问题和困难更加明显。首先，在企业品牌宣传上，近年来公司在品牌宣传上力度不大，导致"牛头牌"的知名度有所降低，"牛头牌"渐渐不被当代年轻人所熟知。其次，在销售渠道上，"牛头牌"牛肉干前期销售主要依靠实体经营，随着电商行业的快速发展，购买方式改变，实体经济受到很大冲击。公司决定加大线上渠道投入及推广，加大电商投入的同时深耕原有线下渠道，做到线上线下新融合。在产品布局上,"牛头牌"原有的产品都是在牛肉干系列上,这属于快消品中的中高端零食,主要购买群体有限,同时也不属于生活必需品。2019年计划投产肥牛系列产品,切入餐桌食品,开发餐桌系列食品,拓宽产品类别,在原有的产品基础上,针对现代主要年轻消费群体,从口味、包装上进行优化改革,淘汰落后产品,将原有产品做优、做强。最后,在企业运营的资金与成本上,由于原材料单价高,公司产量大,淡旺季分明,囤货量大,所需流动资金量大,从采购原材料到产品回款,大致需要8个月时间,资金流转周期长。

贵州永红作为立足于少数民族地区发展起来的民营企业,离不开国家政策的顶层设计和大力扶持。立足于区域性、特色化,贵州永红在深挖特色民族产品过程中,更加注重契合时代趋势。近年来,惠水县针对企业发展出台了很多政策,帮助企业发展。在销售渠道上,惠水县大力发展电商业务,成立好花红农村电子商务中心,邀请公司免费入驻免费宣传,并对线上销售发展优秀的企业进行奖励。2016年,惠水县政府对公司进行电商销售奖励50万元,随着业务量的增加,2018年针对公司使用大量纸箱打包邮寄,政府直接对企业进行纸箱补贴。2016年以来公司享受民贸民品企业贴息补助,每年可享受100余万元的贷款贴息补贴。2017年开始公司进行一系列的转型升级,购进大量设备,调整生产线,提高产能,被列入贵州省省级千企改造企业。贵州省经信委对公司锅炉改造项目进行补贴70万元。2018年黔南州出台实体经济发展优惠政策,从企业技术改造、专利、税收等对企业进行奖励,公司得到黔南州工信委130万元的先建后补补贴。

金正大诺泰尔：致力于探索能源综合利用

金正大诺泰尔落地瓮安发展受到当地政府协调服务保障。从水、电、气等基础要素配套到优惠政策享受，再到经营良好社会环境营造，不断协调推动优化，助推企业发展。

金正大诺泰尔化学有限公司在瓮安工业园区建设"60万吨/年硝基复合肥及40万吨/年水溶性肥料"项目，秉承"清洁生产、绿色环保"的"循环经济"理念进行规划和设计，致力于环境友好、资源的综合利用和高效利用，实现了硫资源的循环利用及磷矿石中钙、硅、镁元素的资源化利用，有效地将磷矿石资源"吃干榨净"，年减排磷石膏180万吨、减少硫资源消耗20万吨，打造磷资源循环经济产业园，为磷石膏和磷矿石的综合利用提供了一种示范。通过3~5年的努力，金正大诺泰尔化学有限公司发展成一个产值超过100亿元、利税超10亿元、安排就业超过3000人的大型磷化工示范基地，为贵州经济的腾飞和集团的壮大做出贡献。

公司享受到政府优化营商环境的便利。政府大力支持并为项目建设协调服务。确保政府政策和制度落到实处，推进金正大诺泰尔整个项目按进度完成投资。对日常问题加强协调调度，完善了水、电、气等基础要素配置，为公司项目尽快投产提供便利条件。在地方税收、奖励、补贴等宏观政策上给予优惠和帮助，相关政府部门领导亲临公司解读相关优惠政策并正确引导政策思路，使公司最大限度享受到了相关优惠政策，公司入驻瓮安以来，享受项目补助、税收、补贴和奖励等各种政策折算经济实惠超过1亿元。当地政府积极扫黑除恶营造良好的社会治安环境，使外来投资者和务工人员有安全感，为企业正常经营创造了良好的社会环境。

存在现实问题和对策建议。当前，国家大力提倡发展生态农业、节水农业、高效农业，贵州也在推进山地农业、生态农业建设。高效、环保、节约型肥料的推广对发展生态农业、改善生态环境起着重要的作用。建议有关部门在省内推广环保型缓控释肥料、高效节水的水溶性肥料，以提高肥料的利用率，并减少养分的流失对环境的影响，建议政府在集中采购肥料时，多采用以上新型环保、高效肥料。加大政策引导和资金扶持。磷石膏作为当地目前利用率较低的大宗工业固废，基本上是解决了磷石膏的利用问题就解决了大部分工业固废利用问题。政府应完善相关政策，加强对磷石膏资源综合利用企业的政策引导和资金支持，建立专项补贴资金，加大补贴力度，减免相关税收。鼓励企业积极创新，研发磷石膏资源综合利用新技术，开发磷石膏资源综合利用新产品，鼓励企业加大对磷石膏的利用量及开拓省外市场。公司的产品主要运送市场在广东、广西、云南、重庆等地，现阶段基于瓮安县交通情况，物流市场与公司的产量不匹配，加之每吨物流成本过高，导致公司对外销售成本偏高。公司在购买磷矿、钾长石、煤等原料的市场价格相比于集团公司的采购价格要高很多，导致公司在成本方面开支较多，效益增长不是很显著，建议政府在资源配置市场价格导向上给予支持。

贵州芭田：受益"四个一体化"政策

贵州芭田发展磷化工循环经济生态产业，发力贵州省"四个一体化"重点项目、"煤电磷"资源一体化项目建设，用好四个一体化和相关配套农资税收优惠政策，推动企业发展。

2012年6月，贵州芭田生态工程有限公司（以下简称"贵州芭田"）在贵州省瓮安县实施磷化工循环经济产业园建设落地，项目总投资102.78亿元。贵州芭田300万吨/年聚磷酸生态复合肥项目主要以贵州的优质磷矿为资源，利用冷冻法硝酸磷肥生产工艺将磷矿中的磷全部活化，并将磷矿中的有益元素保留在硝酸磷肥产品中，真正做到将磷矿石"榨干用尽"，并使磷矿中的矿物质营养得到充分利用。

企业营商环境获得感强烈。公司充分享受到针对农资生产企业的增值税减税政策，此项政策达成的效果就是公司的进项与销项基本持平，或略有盈余，在正常生产时，还可享受相关退税政策，不仅体现了国家对农资生产企业的扶持，还让公司提升了为"三农"服务的被认可感与获得感。享受省四个一体化企业的政策支持。贵州芭田因其自主研发的冷冻法硝酸磷肥工艺，不产生磷石膏废弃物，也无废液排放，整个生产过程节能环保，被列入贵州省四个一体化项目，为此在资源配置、项目申报等多方面获得贵州省发改委、工信部等部门的大力支持。

同时，尚存在制约企业发展的因素。贵州芭田生态工程有限公司是深圳市芭田生态工程股份有限公司全资子公司，公司分三期建设，目前一期工程已建成投产。由于二期工程合成氨项目未建设，主要生产原料合成氨需外购商品液氨，价格高，整个生产链及产成品价格偏高，市场竞争力弱，占有率不高。核心装置硝酸磷肥属于国产化首套装置，生产工艺调整，产能没有完全释放，产品制造费用偏高。企业所在地瓮安属于落后地区，人力资源缺乏，导致企业用人成本高，高技能人才引进困难。2019年之前公司面临最大的经营问题就是运输，肥料企业因其大宗物资运输的特性，对于交通运输要求较高。瓮安虽然有资源优势，但运输瓶颈却十分突出，需要短途汽运到福泉马场坪上火车，运输成本较高，客户接受度不高，限制了企业拓展市场；随着2019年内瓮马铁路将建成通车，此问题也会随之解决。各类配套项目较少，尤其是精密配件和备件，较大份额的采购需到外省实施，成本较高，拉高了最终产品的价格，降低了产品的市场竞争力。为此建议，在有重点项目落地的前提下，尽快推进各类配套服务项目的落地，比如五金配件、电器配件、金加工项目和各类周边辅料包材等项目的落地，便于重点项目降低相关服务和物料采购的成本，增强竞争力。对民营企业的金融支持力度还可以加强，让更多的优质民营企业持续落户贵州。

贵州苗姑娘：做深民族特色食品产业

贵州苗姑娘依托贵州少数民族文化资源，发力民族传承、民族特色食品和药品，将产业发展与脱贫攻坚有机结合，做深民族特色食品产业。

2015年12月，贵州苗姑娘控股集团正式成立。集团依托贵州丰富的少数民族文化资源，以民族传承、民族特色为主攻点，成功开发出以苗姑娘牌"肉丝泡椒"为代表的系列民族特色调味品、以苗姑娘牌"益肝草"植物饮料为代表的系列民族特色饮品、以苗姑娘牌"小米鲊"为代表的民族特色食品、以灵龙牌益肝解毒茶为代表的五个国药准字号药品。苗姑娘牌"益肝草"植物饮料蕴含3个国家级资质，即制作技艺是"国家级非物质文化遗产"、配方是"国家发明专利"、产品是"国家地理标志保护产品"。贵州苗姑娘控股集团（以下简称"苗姑娘集团"）还被列入贵州省打造千亿级生态特色食品产业发展企业名单。

苗姑娘集团将"脱贫攻坚"列为履行社会责任的重要工作来做，采取多种方式参与其中。一是采取"公司+农民专业合作社+贫困户"的模式，以订单收购辣椒、鱼腥草、姜等蔬菜和猪、鸡、鱼等农产品，每年向农民、农民专业合作社和贫困户收购生产原料1000余吨，金额9000余万元。苗姑娘集团先后与贵定县猴场堡乡永红辣椒农民专业合作社、新巴镇谷兵村绿色生态种养殖农民专业合作社、新铺高寒生态农业农民专业合作社、息烽县西山乡田冲村农民专业合作社合作，并在省司法厅的见证下与沿河县的夹石镇陈家村、老寨村、踩经村和沙子街道办事处纸坊村、黄金村农业专业合作社签订了农产品订单收购合同，建立起订单收购农产品关系，以收购农产品促进农业产业化的发展，带动贫困户脱贫增收致富。2018年，苗姑娘集团仅在沿河县的5个农业专业合作社就完成145.5万多元的收购量，其中收购辣椒3410桶，金额101万多元；收购生猪173头，金额43.6万多元。二是发挥劳动密集型企业用工多的优势，努力创造就业岗位，帮助农村富余劳动力就业。苗姑娘集团现有员工601人，90%以上为当地农民、下岗工人。实现年销售收入2亿元。如苗姑娘集团的下属企业——贵州纯露饮品有限责任公司，水厂位于贵定县都六乡都六村，从管理人员到一线员工35人，均为当地村民。三是积极参与社会扶贫工作。苗姑娘控股集团主动参与脱贫攻坚各项工作，在产业扶贫、就业扶贫、爱心扶贫等方面发挥自身优势，精准实施帮扶，真诚奉献爱心，展现了强烈的社会责任感和良好的道德风尚。

贵州金源：技术带来经济和环境效益

自主研发、世界首创，金源投资人的技术创新带来了良好的经济和环境收益。

尽量简化手续办理程序，建立中小企业融资机构，是金源投资人对优化营商环境的具体建议。

贵州金源投资有限公司位于贵州省黔西南州安龙县工业园区栖凤片区生态载能产业园，公司成立于2006年，2012年更名为贵州金源投资有限公司，公司主要从事冶金产品、矿产品的生产、加工和销售。

企业在建设、生产、经营中，得到了省、州、县的大力支持，一是省、州、县领导多次到企业进行调研，帮助企业解决实际困难；二是在企业建设资金匮乏，项目几乎中途夭折时，政府伸出了援助之手，帮助企业解决资金难题，使企业得以渡过难关，完成项目建设。2017年，受经济宏观环境影响，企业建设已"无米下锅"，安龙县政府协调安龙县金财资源开发有限责任公司采取注资入股的方式，注资入股8262.79万元，并协调安龙县新宇资源开发有限责任公司给予贵州金源投资有限公司2000万元长期借款支持，帮助企业解决了后续建设资金问题。三是在电力价格方面给予了极大优惠，铁合金行业属于高耗能行业，对电力的需求相当大，县人民政府协调金州电力公司给予了0.35元/度的优惠电价，并架通了专线，南方电网也同步向企业架通了专线，价格为0.43元/度，较其他企业价格优惠0.08元/度，大大降低了生产成本。四是县政府投资3000万元为企业专门修通了一条长达3.48公里的金源路，下接钱相街道办，上接龙城大道，为企业解决了交通问题。

制约企业发展的因素来自内外两方面，其中内因方面。资金困难。金源铁合金项目总规模为60万吨，目前仅建成了一期第一台直流矿热炉，产能6万吨，2019年7月份二台炉建成后，产能达到12万吨，尚有48万吨产能还未开始建设，因公司要维持1号炉生产，又要保证2号炉按期建设。资金困难导致生产原料只能小批量采购，现买现用，勉强满足生产需求。一期2号炉建设也因资金原因进度迟缓。外因方面。一是金融机构惜贷，企业面临转型的火山和融资的高山。企业的生产工艺为多回路直流矿热炉技术，较其他铁合金企业具有较强的优势，而金融机构对于铁合金行业是全部封杀，产能不能进一步扩大。二是公司生产需要大量的锰矿进口，目前，公司已办理了自营进出口的资质，但国际信用证额度未能审批完成，只能通过第三方国际贸易公司代为办理，增加了生产成本。

推动贵州企业发展的几点建议：一是尽量简化办理程序，政府机构内部能循环的全部在政府内部循环，企业只需在家等候结果。二是建立中小企业融资机构，面向全省中小企业服务，并针对中小企业担保不足的特点完善中小企业融资担保体系，将未来现金流、信用担保等方面纳入担保体系，提高中小企业授信额度。

兴仁登高：打造煤电网铝加一体化项目

因地制宜，就近就地转化煤炭、电力资源，变资源优势为经济优势，为推动地方脱贫攻坚，铺平小康道路发挥积极的作用。

地方政府不断完善基础设施配套、抓好项目跟踪服务，为营造风清气正的营商环境取得了很好的效果。建议进一步加大人才引进力度。

2012年12月，兴仁市委、市政府多方考察调研，通过努力，成功引进广西登高集团到兴仁成立兴仁登高铝业有限公司（以下简称"兴仁登高"），投资建设兴仁登高50万吨铝加工及配套铝液生产线项目。2016年5月31日，由兴仁市国有公司贵州金凤凰产业投资有限公司与贵州金州电力有限责任公司，共同出资组建贵州兴仁登高新材料有限公司，注册资金10亿元。

2017年以来，公司得到省、州、市各级领导和有关部门的关心和支持。项目自2018年2月28日第一条12.5万吨/年生产线共94槽通电投产以来，一直因地方电网的发电机组没有正常运行而不能按预期的生产计划正常生产，长期处于"大马拉小车"的生产状态，亏损严重。2018年4月，在地方电网两台发电机组都出现故障有可能导致全厂断电的情况下，在省、州、市各级政府的协调推动下，采取"两网融合"的方案，南方电网临时改造线路实现对兴仁登高临时的应急供电保障，兴仁登高才得以继续生产并逐步达到全年运行78槽的生产现状。

公司所处区位优越，能够以较低运输成本解决电解铝上游氧化铝供给问题。同时能够以较低运输成本解决电解铝上游氧化铝供给问题。另外，兴仁市距离铝产品销售市场珠三角地区也较近，在电解铝原材料和铝产品运输方面可选择铁路、水运、高速等多种运输方式，与内蒙古和新疆相比更具运输成本优势，煤电铝及铝加工产业发展的基础和条件尤为明显，进一步增强了企业的市场竞争能力。项目规划前期就以依托煤炭资源优势，与金州电业合作，拓展铝产品生产链，走"煤—电—网—铝+"良性循环发展之路。登高新材料公司目前由兴仁金凤凰投资有限公司（51%）和金州电力（49%）共同出资组建，金州电力通过购买、投资入股等方式整合兴仁煤炭资源，保证旗下火电厂的电煤需求，同时用自备电厂所发出的电低于国家电网价供应登高电解铝生产用电。地方政府积极引近电解铝的上下游企业项目，形成产业链条。目前已引进电解铝必需的上游原材料产业阳极碳素入驻园区建设，2019年底可建成投产；引进公司下游产业贵州锦兴轻合金装备制造有限公司（以下简称锦兴公司）入驻园区，降低了双方的生产经营成本。独特的"煤电网铝加"一体化模式，形成了"以煤带电、以电强网、以网促铝、以铝带电、以电促煤"工业经济循环发展模式。

兴仁市紧紧围绕全省产业招商大突破、营商服务大提升要求，结合黔西南州"大电强网+大产业"和黔西南州工业发展"1+10"工业强州实施战略，不断完善基础设施配套、抓好项目跟踪服务，营造风清气正的营商环境。一是强化制度保障。出台了《优化营商环境专项整治实施方案》，建立了营商环境工作整治专班，成立了营商环境整治工作组，建立了营商环境投诉机制、协同监督机制；全市营商环境涉及部门明确1名分管领导和1名专职工作人员主抓营商环境建设。二是强化服务保障。实行"一个窗口"审批，推进"五证合一"改革，将市场监督、税务、人社、统计四个部门的办证业务整合，实现"一站式"审批，实行"一支队伍"服务，实行"一套机制"管理，实行"一个标准"办事，推进窗口服务标准化，做到"四清"（表格一次发清，受理一次审清，咨询一次讲清，材料一次收清），不断提高办事效率。如：办理企业登记由以前的15天，缩短到5天，提速3倍，企业名称预核准缩短至1天。同时，将企业简易注销业务办理时限压缩至3个工作日以内。三是强化组织保障。兴仁市人民政府组建了分管副市长任组长、市园区办主任任副组长、市直相关部门负责人为成员的工作专班，帮助登高项目做好协调服务工作。如：为及时完善登高煤电铝一体化项目手续，兴仁市在国家专项行动开始前，在全国产能置换政策大家还没吃透的情况下，组建工作组赴全国各地走访寻找可交易有效的电解铝指标。四是完善基础设施。为推动"煤电网铝加"一体化产业建设，兴仁市多方筹措资金，不断完善巴铃重工区供水、供电、污水处理、道路运输等配套基础设施建设。

目前企业发展仍需解决以下问题：一是建议帮助协调给予兴仁登高煤电铝项目金融贷款以及贷款贴息方面的大力支持，同时争取列入省级工业绿色发展基金或其他项目方面的资金支持，帮助解决企业建设与运行资金困难的问题。二是建议积极向国家部委呼吁，将兴仁市作为全国铝及铝加工产业重点布局和发展基地之一，在电解铝产能指标上给予倾斜和支持，帮助做强做大煤电铝一体化和铝精深加工产业。三是建议从省级层面制定省内电解铝企业氧化铝配置价格指导意见，按照同区域、同价格对贵州本土电解铝企业在氧化铝采购方面给予价格优惠。同时，按照以项目配置资源的原则，为兴仁登高合理配置铝土矿资源。四是建议加强对煤炭资源的统筹，保障地方电网发电需求，并加快地方电网发电机组建设进度，早日实现地方电网发电机组发电，为登高项目提供低额、安全的用电保障。五是建议加大招商引资力度，进一步健全"煤电网铝加"全产业链条，真正打造成了一条产业链条非常完善、成本优势尤为突出、市场竞争力超强的、独特的"煤电网铝加"一体化产业。六是建议加大人才引进力度，出台相关的人才激励机制，吸引更多人才到兴仁就业、创业，为登高项目建设提供人才支撑。七是建议帮助协调解决二氧化硫、氮氧化物排放指标问题，使全产业链项目早日建成投产，早日发挥社会经济效益。

电力、热力、燃气及水生产和供应业

贵州燃气：新时代绿色综合能源企业

贵州燃气坚持以创新促发展、以改革促创新，加快资产整合和资源优化配置，提升创新运营能力，培育和提升核心竞争力，推动公司高质量发展，致力于成为主业突出、管理规范、经营稳健的综合能源企业。

贵州燃气集团股份有限公司成立于 1995 年，2016 年 1 月由贵州燃气（集团）有限责任公司整体股改变更名为贵州燃气集团股份有限公司，2017 年 11 月在上海证券交易所挂牌上市，股票代码为 600903。贵州燃气是贵州省供气量最大、管网覆盖区域最广的城市燃气企业，先后被评为"中国能源企业 500 强""中国工业行业履行社会责任五星级企业""贵州企业 100 强""贵州省诚信示范企业""贵州省履行社会责任五星级企业""新时代绿色发展 50 强"等。

在贵州省、贵阳市有关部门的大力帮助、协调下，2017 年 11 月 7 日，贵州燃气在上交所挂牌上市，正式成为贵州省第 32 家上市企业，迎来企业发展历程的重大跨越。建议下步出台统一政策，引导和规范汽车加气站建设及汽车油改气工作，其中包括放宽加气站项目用地限制，允许企业采取长期租赁等形式解决建设用地等。同时采取购车补贴、燃料补贴、车辆不限行等优惠措施，促进天然气清洁能源汽车发展；在已开通天然气的城市，一律建设汽车加气设施，新投入的公交出租车辆必须使用天然气或采用油气两用、气电混合动力技术；鼓励现有公交出租车辆及城市环卫、工程、园林、绿化等市政车辆改用天然气。贵州应出台相关优惠政策，切实加快项目建设，鼓励发展和利用天然气；对已建项目手续补办给予支持，对后期建设项目审批手续开通绿色通道，加快建设步伐，促进能源结构调整。贵州省电力资源丰富，天然气潜在增量中比重较大的分布式能源、天然气发电等项目发展优势不明显，应在政策支持方面予以倾斜，在分布式能源政策、项目规划、项目建设、补贴、税收上采取政策支持，推进分布式能源并网运行，出台燃气蒸汽联合循环热电联产项目和天然气分布式能源供热项目的相关上网电价支持政策等。

乌江水电：贵州电网调峰、调频的重要支撑

乌江水电科学、准确开展防洪调度，全面发挥梯级水电站水库分级拦蓄和错峰调节作用，成功抗击了特大洪水，确保了电站、水库和沿江人民群众生命财产安全，实现了遵义县乌江镇、思南县城和沿河县城的安全度汛。

贵州乌江水电开发有限责任公司（以下简称"乌江公司"）前身为乌江水电开发公司，是1990年经国务院同意，原国家能源部、国家计委批准，于1992年正式成立的我国第一家流域水电开发公司，1999年改制为贵州乌江水电开发有限责任公司，产权比例为国家电力公司51%，贵州省49%。作为全省最大的发电企业，乌江公司发挥装机的规模优势和结构优势，为保障贵州电网的安全稳定运行发挥了重要作用。乌江公司水电是贵州电网调峰、调频的重要支撑，最大顶峰能力超过全省电力负荷需求的三分之一，负荷低谷时调峰深度可达99%以上。

乌江公司在开发建设期间，实行所得税包干上缴政策，包干以后的增长利润全部留用于继续开发水电。在"十五""十一五""十二五"期间均执行所得税3000万元包干政策。2015年以后，母公司水电所得税享受"西部大开发"15%优惠税率。乌江公司所属的乌江渡发电站、构皮滩发电站、思林电站、沙沱电站，均在享受财政部联合国税总局印发的《关于大型水电企业增值税政策的通知》（财税〔2014〕10号）批准的"单站装

机 100 万千瓦以上的水电电站增值税，自 2013 年开始享受税负超 8% 即征即退"政策。2016 年 1 月 1 日调整为超 12% 即征即退。然而企业还存在不少发展难题，水电经营压力未能通过电价得到疏导。收益受政策影响大幅减少。所得税包干、水电增值税即征即退两项税收优惠分别于 2015 年底、2017 年底到期，政策性收益每年将减少 3.6 亿元。新增梯级各水电站水能出让金 4.12 亿元。水电向火电购买发电权，"西电东送"价格倒挂导致水电降价，每年约减少利润 2.64 亿元。水电建设新增投入未能通过电价疏导。按照国家新颁布的水电站征地移民补偿标准、水电站建设征用耕地占补平衡费用、水资源费收取新标准等新政策，乌江公司新增的工程投资和移民安置补偿等费用共 132 亿元。乌江公司所属构皮滩、思林、沙沱水电站，通航工程合计工程概算总投资 51.69 亿元，乌江公司现已完成投资 47.79 亿元，占总投资的 92.46%。根据项目批复文件，上述投资和费用列入工程建设投资，由电站项目法人负责筹措，并主要通过调整电站上网电价进行偿还。但由于种种原因，增加的工程投资和成本费用均未在水电站电价测算中得到考虑和疏导调增解决，希望进一步加以解决。

盘江电投：六盘水循环经济教育示范企业

  转型升级，让盘州的煤产业做大做深，对于一个产业而言，光有规模和深度远远不够，还需要从更广视角对这个产业进行全方位的"解读"，他们给出的答案是——将传统产业做成循环经济产业链，通过延长产业链、拓宽产业幅，进一步把煤产业做精做广，让传统产业焕发勃勃生机。

  贵州盘江电投发电有限公司前身是成立于1989年的盘县发电厂，原是贵州省和广西壮族自治区跨区域合作组建的国有企业，1996年股东以盘县发电厂全部资产发起设立贵州黔桂发电有限责任公司，2018年贵州黔桂发电有限责任公司回归贵州、融入盘江，并更名为"贵州盘江电投发电有限公司"。主要经营火电、煤焦化等板块业务。公司按照循环经济发展理念，积极开展煤资源的综合利用及深加工转化，着力打造"煤—焦—化—电"循环经济板块基地项目。至目前，公司已从单一发电企业发展成为集发电、煤焦化等于一体的多元化企业，成为六盘水市循环经济教育示范基地。

  2018年，省委省政府出台《关于进一步落实能源工业新机制加强煤电要素保障促进经济健康运行的意见》等一系列文件，坚持市场调节和政府调控相结合，以供给侧结构性改革为主线，以落实电煤中长期合同为重点，加快培育释放煤炭先进产能，推动煤炭、电力协同发展，并组织开展了电煤巡查督查等措施，同时地方政府也加强电煤调控及保供力度，加之与电煤供应商签订了电煤长协合同，公司电煤供应形势日趋好转，保障了机组高负荷运行用煤，并顺利完成省经信委下达的电煤储存任务。国内电力市场化交易工作处于纵深推进阶段，贵州省作为该项工作初期试点的6个省份之一，针对如何推进电力交易市场化的政策、措施和办法相对较多，力度较大，较好地缓解了大部分售电企业面临的困难。电力板块、焦化板块得到政府一定补贴；企业所得税税率的下调、西部大开发战略有关所得税政策的实施、消费型增值税政策的实施、增值税税率的两次下调、资源综合利用享受到的企业所得税减计收入等税务政策落到实处，有效减轻了企业负担。贵州省政府按照国家要求出台了办证办税简化手续，提高了办事效率，为企业办证办税节省了时间和成本。高铁的开通，间接使铁路货运能力得以提升，伴随"公转铁"政策的施行，进一步提升了铁路保障能力，铁路运量显著提升，天能公司焦炭运输瓶颈得到解决，销售半径增大。公司2#机组在2017年完成超低排放技术改造，每度电获得1分钱的电价补贴，此外，水电环境也有所改善。但企业内部注册资本金不足、融资担保难落实、安全环保压力大、售电公司综合能源管理业务拓展乏力、信息化建设滞后。希望进一步招商引资培育新能源企业；制定激励政策，引导和推进LNG重卡发展，拓展LNG应用市场；进一步完善体制机制，缓减国有企业融资压力；进一步加强煤炭保供，确保区域内火电厂、焦化厂生产平稳有序；进一步加强电网基础设施建设，提高火电机组负荷率；明确超低排放实施后的电价补贴，减轻企业生产经营成本；制定售电企业的引导、支持性政策；加大"两化"深度融合发展引导力度。

粤黔电力：和合共生，守正出新

粤黔电力自筹建伊始，严格按照法人治理结构进行公司治理，坚持以人为本、以人才为基础、以经济效益为中心的管理理念。保持团结一致谋发展，持续探索求创新，不断调整思路、转变观念迎接时代新形势、新挑战。

贵州粤黔电力有限责任公司成立于2003年，由广东省粤电资产经营有限公司和贵州西电电力股份有限公司分别按55%、45%的投资比例建成，是贵州实施"西电东送""黔电送粤"的战略决策，优化贵州能源结构、打造贵州电力品牌的主要电源点项目。盘南电厂于2003年开工建设，于2007年11月30日全部建成发电，为加强粤、黔两省区多元合作、实现资源共享、优势互补、互惠双赢做出了积极的贡献。公司秉承绿色发展的理念，基建期按当期标准"三同时"建成投运烟气除尘、脱硫装置，4台机组全部通过了原环保部的建设项目竣工环境保护验收。全面落实节能减排主体责任，先后投入约8.3亿元资金对烟气脱硫、脱硝、除尘装置进行了两次升级改造，超前完成与贵州省政府签订的《贵州省"十二五"二氧化硫、氮氧化物总量减排目标责任书》要求和"十三五"超低排任务，各项指标均优于国家规定的排放标准，是贵州省首家超计划完成超低排放改造项目的火电企业。

自2015年以来，公司累计获得包括节能减排在内的各种政府补贴

5214.95万元。省市县政府各业务对口部门长期零距离面对面指导帮助公司解决了很多项目建设的历史遗留问题，如完善用地手续，解决企业与周边村民的矛盾问题等。省市县长期把电煤供应作为"三千"工程狠抓落实，为公司的电煤供应提供了坚实的协调保障。法制环境不断改善，社会治安也越来越好，为企业创造了良好的安全经营环境。纳税环境合理，国家实施营改增、减税降费调整等措施，公司均同步得到享受兑现，有效缓解了一定经营压力。行政许可办理越来越便捷，政务人员的服务意识越来越强，工作态度有了根本转变，门难进、脸难看、事难办的情况已经不复存在。尤其是自政务大厅集中受理业务以来，企业办事越来越便捷。由于区域煤炭产能结构原因导致电煤产量刚性不足，电煤供应形势持续紧张；电力体制改革逐步推进，机制规则还需完善；经营困难，资金保障不足；市场电费拖欠严重，追缴困难；火电上网电价偏低、煤价高、节能减排投入高、清洁电力发电量上升而火电发电量下降导致火电企业经营非常困难。建议加快区域煤炭产业兼并重组及转型升级进度，释放提升优质产能，缓解区域内多年持续的电煤供应紧张局面，改善刚性的经营环境，确保煤、电产业持续稳定为区域社会经济高质量发展提升动力；协调各商业银行放宽门槛，为电、煤产业提供资金，解决电厂和煤矿贷款难的问题，支持基础能源产业健康发展；研究出台长期拖欠电费又享受优惠电力供应企业的退出机制或补贴机制，确保火电企业的基本权益；省有关单位及研究机构及时评估，并申请国家有关部委适当调增贵州火电的上网电价。

贵州金州电力:"煤—电—网—产"深度融合

供电企业事关国计民生,企业发展与国家政策息息相关。

贵州省出台的电煤价格保障制度和黔西南州出台"大电强网＋大产业"实施方案使企业获得感强烈。希望政府对企业的帮扶要有持续性,对企业的处罚要具体情况具体分析。

金州电力公司于2016年7月注册,9月挂牌成立,由黔西南州国资委(51%)和贵州兴义阳光资产经营管理集团有限公司(49%)共同出资组建,属地方国有公司,注册资金20亿元人民币。公司主要从事水(火)电资源开发、煤炭资源开发、电力购销、电力调度,有色金属和冶金的生产、销售及加工制造、矿产品贸易、废气综合利用;承装(修、试)电力设施,提供电力咨询、电力设备安装服务,经营电力物资;光伏、风力、天然气分布式能源等新能源的投资开发利用;融资租赁、商业保理、机械设备租赁;物流、大数据应用;电厂废弃物综合利用及经营等。

公司获得政府服务方面:一是政策扶持。2015年,被省能源局推荐金州电力公司作为全国电力体制改革试点单位,公司作为全国第一批105家增量配电业务改革试点,在兴仁等工业园区开展配售电业务取得合法资格;2015～2016年,为扶持地方铁合金企业满负荷生产,兴义市政府给予公司一定电价差补贴,一定程度弥补公司亏损;2015～2018年,省、州、市相继给予公司贷款贴息资金、工业和信息化发展专项资金等支持,让企业得到实惠。二是法制环境。州市法院、检察院每年都会到公司开展法制宣讲，畅通企业与司法机关间沟通渠道；公安部门还开展"百警进百企"行动，一名警务联络官负责定点帮扶一个企业，着力打造党委领导、政府主导、公安主力、企业主体、鱼水相融的平安共同体。三是纳税环境。地方税务部门严格按照国家、省等相关政策执行企业应缴税种，纳税环境优。四是物流水电环境。黔西南州地处滇黔桂三省接合部，已实现县县通高速，南昆铁路、沪昆高铁货运客运便捷、通往各主要省会城市航线均已开通，物流成本在西南地区较低；水利资源丰富，价格低；电力资源有两种选择，企业可自主选择供电公司，价格低廉。五是投融资环境。黔西南州境内银行机构健全，政府金融办经常主动到企业指导帮助解决融资难、融资贵的问题，公司"十二五"期间融资到位资金高达 80 亿元，支持力度大。六是许可事项办理环境。环保、国土、质检、工商等相关部门在政务大厅均设有窗口，公司办事相关许可事项均一次性告知，并明确办理时限，效率较高。七是社会环境。黔西南州经常开展安商、扶商、助商行动，并下发正式文件由州级领导包保具体企业，氛围良好。八是降低企业运行成本。黔西南州出台各种税收、土地、融资等优惠奖励政策，能大幅降低企业生产成本。公司工业用地价格基本都能以基准地价成交。贵州省出台的电煤价格保障制度和黔西南州出台"大电强网＋大产业"实施方案使企业获得感强烈。

推动全省企业发展意见建议：一是出台的政策要落实到位。如地方政府出台的各种补贴、奖励等政策应及时落实到位；二是对企业的帮扶要有持续性。如帮扶企业的部门，要定期到企业听取企业的困难，提出相应意见和建议，并确保持续性。三是对企业处罚可根据实际情况酌情处理。国有企业在推动地方政府经济社会发展过程中，诸如违法占用土地等情况，建议相关部门应根据违法背景、原因、整改效果等各方面综合考虑，不能一味以处罚企业了事。

天生桥发电：安全利用可再生资源

积极安全地开发利用可再生资源是确保我国社会主义事业健康发展的重要一环。

地方政府部门在执行国家税收优惠政策和特种行业设备管理等方面给予了天生桥水力发电公司健康指导和帮助。

天生桥水力发电总厂成立于1988年3月，负责运行管理天生桥二级电站和500kV、220kV开关站各一座，在成立的三十多年里经历了多次管理体制变迁：1988年2月，原水利电力部下文成立水利电力部天生桥水力发电总厂，委托武警水电指挥部负责组建并代部管理；同年10月改隶属国家能源部；1993年9月改为隶属电力工业部；1994年1月移交中国南方电力联营公司管理；2000年1月改为国家电力公司南方公司管理；2002年底南方电网公司成立后，划归超高压输变电公司；2006年10月起移交调峰调频发电公司。天生桥二级水力发电有限公司于2008年12月3日在广州注册成立，经营范围为天生桥二级电站的开发，负责管理天生桥水力发电总厂。

天生桥二级电站自1992年底投产发电以来，截至2018年12月31日累计上缴利税约54.6亿元，长期位居黔西南州纳税排行榜第二名，为当地经济发展做出了应有的贡献。作为纳税大户，黔西南州税务局专门成立了针对当地大企业的纳税服务机构。由于天生桥二级电站为跨区域电站，纳税申报、缴纳较为复杂，黔西南州税务局除在日常纳税方面指派专人给予指导、提供便利外，还定期送政策、送服务上门，为企业解决实际困难。特别是在落实西部大开发企业所得税优惠政策、大型水电企业增值税即征即退优惠政策等税收优惠政策方面，均及时给予办理，没有出现任何刁难、卡脖子等行为，确保各项税收优惠政策执行到位，维护了企业的合法利益。2015年12月26日，国务院国资委《关于印发驻辽宁等六个省中央企业分离移交"三供一业"第一批企业名单的通知》，天生桥水力发电总厂是第一批企业名单。持续3年的"三供一业"分离移交工作，得到黔西南州人民政府、黔西南州国有资产管理局、兴义市人民政府的大力关心支持，得到兴义信恒公司、供电局、水务公司的大力配合，为"三供一业"分离移交工作顺利完成提供了坚强保障。根据业务管理的关系，公司安全生产方面主要与地方政府的水务局（防汛办）、市场监管局有业务联系。在业务联系工作过程中，地方政府相关人员都能及时对报送的信息进行及时处理，并及时反馈。尤其是对泄洪的预警要求，响应及时，工作到位，保障了防汛工作的顺利开展。在特种设备管理工作中，主要联系业务是有特种设备的注册、年度检验及日常监管、检查事宜。在工作过程中，简化了注册申办、检验申请程序，建立了信息平台，及时发布、共享消息，保障了特种设备监管的质量。

建筑业

兴达兴建材：构建"制造+服务"新模式

兴达兴建材将按照的政策引领，抢抓贵州成为全国仅有的4个特定区域平台试验测试项目区之一的发展机遇，基于砼智造现代信息技术搭建新型建材业与新型建筑业融合的特定行业工业互联网"砼智造工业互联网平台"，加速传统建材业与建筑业、砼智造现代信息技术的融合发展，构建建材行业"工业互联网平台"服务体系和产业链金融服务体系，填补国内空白。

贵州兴达兴建材股份有限公司成立于2008年4月，公司前身是中国水电九局旗下某商砼公司，通过近11年的发展，公司确定了安全发展、绿色发展、创新发展的目标，业务范围不断扩大、生产能力不断提升、管理体系不断完善，成为贵州省民营企业100强、中国建材企业500强，成为首批国家级高性能混凝土推广应用试点企业、工信部两化融合管理体系贯标试点企业、贵州省新型建材业示范企业、贵州资源综合利用示范企业、贵州省"千企改造"工程高成长性企业、贵州省"大数据+工业"深度融合试点示范企业、贵阳市生态文明企业以及贵州省预拌混凝土行业协会会长单位、贵州省建材联合会会长单位，公司在行业中的影响力不断提升。

在宏观经济下行压力下，2018年公司产值有所下滑，但通过精细化生产管理，企业利润、税收与去年持平，资产负债率有较大幅度降低。公司深化工业化和信息化的融合发展，自主研发和建设了基于行业应用的"砼智造——高性能混凝土大数据云平台"（砼智造平台）。目前砼智造平台已获得了工信部服务型制造示范项目、工业互联网 App 优秀解决方案、企业上云典型案例、基于在线监控的管控集成试点项目以及贵州省智能制造试点示范项目、工业互联网优秀案例、"万企融合"大行动标杆项目等多个省部级试点示范称号，并成为贵州省 2018 年第二次项目建设现场观摩会观摩项目，省市区政府主要领导、主管部门领导及全省各地州市政府主要领导亲临现场观摩，国内多地主管部门、行业协会、行业企业与公司开展了探讨交流。公司成为工业互联网产业联盟贵州分联盟副理事长单位、中国工业技术软件化联盟单位、建材行业智能制造推进联盟常务理事单位、贵州省智能制造产业联盟单位。运用砼智造技术升级改造的本厂智能化生产线获得了工信部智能制造试点示范项目称号。同时，公司联合科研机构并主导了贵州省预拌混凝土行业管理平台、贵州建材产业云平台建设，公司的产业信息化、智能化技术已处于国内领先水平。

在公司的发展成长过程中，政策引导和政府服务发挥了重要的促进作用。目前，制约公司发展的主要问题是土地的历史遗留问题和融资难、融资贵的问题，公司一直在积极努力寻求解决方法，政府部门也一直积极努力多方协调，虽然问题暂时没有得到有效的解决，但是这些问题已经引起了政府和主管部门的高度重视。

遵义翔辉：新型墙体建筑材料的示范者

遵义翔辉是遵义市第一家致力于研发、生产绿色节能环保新型墙体材料的专业生产企业。

营商环境优化方面，遵义翔辉希望在资金短缺和基础设施改善方面得到帮助。

遵义翔辉环保产业有限责任公司始建于2006年，是遵义市第一家致力于研发、生产绿色节能环保新型墙体材料的专业生产企业。自2007年投产至今，公司始终遵循以质量创品牌、以品牌促发展的企业宗旨，秉持诚信服务、创新发展的经营理念，严格控制生产工艺，产成品经省、市质监部门检测均达国家标准。获"贵州省人口福利事业爱心企业"、"遵义县总工会工人先锋号"、"鸭溪镇先进企业"、"鸭溪镇纳税先进企业"、"贵州省加气协会优秀企业"、贵州省加气协会"贵州加气品质奖"、贵州省加气协会"优秀质量奖"、中国砖瓦工业协会国家建筑材料工业墙体屋面材料质量监督检验测试中心"产品质量一等达标企业"、"贵州省新型墙体材料示范企业"、"遵义市新型墙体建筑材料示范企业"、"贵州省资源综合利用新型墙体材料省级示范企业"等多项荣誉称号。

营商环境获得感和存在的问题：一是在政府服务方面企业获得很好的政策支持。首先，资源环境保护方面黏土砖的全面取缔禁用；其次，政府职能部门对墙改基金的严格执行，使得环保节能新型墙材得到迅速推广应用；最后，公司作为循环经济企业，一直享受国家资源综合利用增值税优惠政策。二是存在的问题。首先是资金困难。一直以来新型节能墙材产品企业发展参差不齐，甚至很多原始的小作坊黑砖窑仍在继续生产，加之近年来市场萎缩低迷，导致市场竞争日趋激烈，企业赊销严重，资金回笼缓慢，出现死账呆账情况，很多同类企业举步维艰；其次是基础设施不完善。出厂运输通道路面损坏严重的情况，此公路原为鸭溪电厂的粉煤灰运输道路，但随着电厂周边企业的增多加之粉煤灰的大量应用，使得道路不堪重负，约二公里长的道路路面崎岖不平，因为常年受重车碾压，道路凹凸泥泞，周边企业几百个员工上下班基本无法步行。载货大货车行驶在颠簸不平的道路上感觉随时都有倾覆的可能，并因车辆倾斜相互挤压造成产品还未交货即已在运输过程中损坏，造成严重的安全隐患和产品的非正常损耗。部分道路紧邻翔辉公司，公司围墙被四处飞溅的泥浆弄得面目全非。这几年除电厂以外的几家企业每年筹资约 15 万元人民币维修公路，但始终治标不治本，难以解决根本的问题。

江天水泥：致力于优化水泥生态圈

贵州毕节江天水泥有限公司注重技术设备的更新，实现水泥产量、销量在毕节同行业中一直名列前茅。随着企业的发展和转型升级，现在企业正朝集团多元化方向发展，以水泥生产链为发展方向的企业集团正逐步形成。

贵州毕节江天水泥有限公司自2009年成立以来，秉承"以质量为保障，以信誉获发展"的企业理念，用心经营、诚实守信。特别是水泥产品投入市场后，优质水泥质量及可靠的服务逐渐赢得水泥用户信赖，产品覆盖全市城乡及周边地区，享有较好的社会知名度和美誉度。公司投产的水泥生产线是目前毕节市生产规模最大水泥生产企业，年产熟料100万吨，水泥150万吨，社会、经济效益较为显著。

毕节市委、市政府及各县区高度重视营商环境工作，相继出台了一系列措施、方法，努力构建"亲""清"政商关系，全市投资环境得到不断改善。有效整合资源，强化各个部门之间的协作，部门授权充分，服务水平大幅提升，并加强了部门对企业的扶持力度，政务公开充分、政策宣传到位，规范和简便审批手续，提供优质服务，使企业在发展过程中得到最大化的实惠，提供了极大方便，减少了时间、成本上的支出。毕节江天水泥有限公司在发展过程中，除充分享受中央、省、市出台相关文件政策外，在遇到一些制约企业发展的有关问题时，积极主动向有关部门反映，都能得到及时回应，政府相关负责人员会针对反映的问题，在职权范围内给予协调解决。水电环境方面，毕节江天水泥有限公司作为水泥生产企业，是用水用电大户，水电环境对企业的发展有着至关重要的作用。在企业生产过程中，供水、供电部门与企业经营保持密切联系，提供高效、优质的服务，确保了企业生产的正常运转。投融资环境方面，中央、省、市各级政府为促进民营企业健康持续发展，高度关注民营企业投融资环境工作，制定出台了一系列的政策、措施，各级金融机构也积极响应号召，助力民营企业发展，在一定程度上解决了民营企业部分融资难、融资贵的难题，但由于金融机构自身属性和管理层级不同，在融资工作上依然存在准入条件严格、手续复杂、时间过长等问题，企业很难实现融资需求，制约民营企业的持续健康发展。建议各级人大、政府及其金融局对各级出台的金融扶持政策落实情况进行督促检查，并根据实际情况，对企业融资难融资贵的问题进行专题研究，务实地从体制、机制等方面入手，确保金融扶持政策落实到位，助推企业持续健康发展和地方经济社会发展。

荣盛建材：紧握时代脉搏

紧紧跟随改革开放的国家步伐，充分把握社会进步的时代脉搏，是贵州荣盛建材一飞冲天的成功秘诀。

深刻认识所处伟大的国家和伟大的时代，深刻感受到国家对民营企业发展的重视和关怀，荣盛人有足够的自信扶摇直上九万里。

贵州荣盛（集团）建材有限公司创立于1983年7月，是以水泥生产工业为主，集食品、商贸和服务业于一体的民营企业集团。集团以荣盛建材有限公司为核心企业，由5个全资子公司组成。集团总资产有5亿元左右，固定资产值3.8亿元、职工总人数1200多人，年产值超亿元，是黔西南州最大的民营企业集团之一，是贵州省先进企业、明星企业和建材工业重点企业，兴义市文明企业和纳税先进企业。

公司不断进行技术革新、培养各类专业人才、提升经营管理水平和市场竞争力，在创造经济效益与社会效益的同时，对内福泽员工，对外回馈社会，充分履行了企业的社会责任。在扶贫帮困、筑桥修路、捐资助学、抗洪救灾、安置移民等方面做出了积极的贡献：安置下岗职工400余人，帮扶边远贫困家庭就业300余户、人员900余人，为政府安置移民就业200人，安排退伍军人就业共160余人，对社会各界捐款捐物达2000万余元，为脱贫攻坚事业支持8000余万元。在产值和创税方面，荣盛在黔西南州民营企业中，历年来均排在州内前列，为促进地方经济发展做出了积极的贡献。其中，2016年至2018年缴纳税费近2.5亿元。

从全州最大的立窑时代，到全州首家百万吨旋窑时代，再到全州首家建材产业园的大旋窑时代，三十年风雨兼程，荣盛在各级党委、政府的关心和帮助下，在广大经销商朋友、客户和社会各界的信任、支持下，在家族两代人的领导下，在全体员工的共同努力下，荣盛克服了一个又一个的困难，实现了一次又一次的飞跃。通过详细回顾企业三十多年的发展历程，荣盛人深刻认识到自己处于伟大的国家和伟大的时代，深刻感受到国家对民营企业发展的重视和关怀，荣盛人有足够的自信，依靠自身的努力和政府支持，终将"大鹏一日同风起，扶摇直上九万里"。

安达石业：石头资源的综合利用

在自然条件恶劣的喀斯特地貌下，通过对石头资源的综合利用，安达石业公司走出了一条独具特色的创业之路。

科学合理、多样化的税率能较好提高企业效益，希望政府组织协调各方面力量，制定有利于行业发展、科学合理的计税方案。

公司于2012年9月17日在贞丰县工商局注册登记成立，是贞丰县石材协会会长单位、上海（国际）矿山联合会副会长单位。公司是一家集矿产资源开发、加工、出口、设计、安装为一体的专业石材企业，拥有先进的自动化生产线，技术力量雄厚，管理体制完善，产品质量可靠，是贵州省具有代表性的石材生产企业，荣获贵州名牌产品、中国诚信示范企业认证，系"千企改造"高成长性企业及龙头企业，获贵州省科技创新奖。

黔西南州实施"工业强州，大电强网"战略，自2017年起公司便使用地方电网"金州电力公司"供电，用电成本约0.48~0.5元/度，大大降低了企业的生产用电成本，贷款方面可享受2.88个点的贷款贴息政策，同时每年政府会给予企业10万~20万元的贷款贴息补助，降低企业的财务运营成本。在交通运输方面，日常的货物运输以汽运为主，县县通高速，汽运比较方便。与此同时，还存在一些不足和困难。运输成本较高，同时客户到访不怎么方便，最近的机场是兴义万峰林机场，航班较少，从机场到公司中途还得耽搁2~3个小时；最近的高铁站为关岭站，到公司也得半天时间；人才市场，公司所从事的行业在当地属新兴行业，但行业自身属于成熟性的传统行业，公司的大量技术人员只能从沿海地区外聘，从而造成用工成本较高，同时企业对外聘技术人员存在较高的依赖性，对日常的生产管理不利。

建议从行政角度加强人才教育培训、导入等工作。让高校介入，开设石材行业专班，为石材行业培训针对性人才，解决一直制约着行业发展的人才保障问题；引导石材业培育龙头企业，增强国际国内市场竞争能力。根据企业规模、经济效益、税收贡献、技术创新、品牌建设等指标开展综合评价，培育龙头企业。积极引导资源、技术、人才、资金等要素向重点企业聚集，支持龙头企业做大做强。支持龙头企业实施兼并重组，整合发展资源，推动企业向精加工、深加工、下游方向转型，培育石材企业世界品牌。政府部门应大力引导、扶持、协助企业开展资源勘探工作，开发出贞丰县境内更多的优质石材资源，借木纹的名声打造继木纹之后的米黄及灰色系石材世界品牌，真正地做到"点石成金"。加大招商力度，引入石材辅材生产企业，降低石材加工企业的辅材成本。同时近年来由于环保等问题，石材生产企业逐步向内地转移，辅材生产企业进入是必然趋势，而沿海地区只能形成市场交易集散地。希望政府组织协调各方面力量，制定有利于行业发展、科学合理的计税方案。科学合理、多样化的税率能较好提高企业效益，企业销售产量上来之后能够大大增加政府税收。对县石材行业的税收缴纳方式进行调整，采用申报纳税、查账增收的方式进行纳税。

批发和零售业

华耀科创：领航通信产品新零售

华耀集团下属各子公司集信息传输、软件和信息技术服务、业务代办、手机销售、售后服务为一体，近年来，伴随着多元化的发展，华耀科创扬帆领航通信产品新零售。

贵州华耀科创科技（集团）股份有限公司成立于2015年，公司手机E站通过IT系统整合手机零售行业中精准细分市场的整个行业垂直链条，提高行业效率，降低行业成本，实现上游厂商、中小零售门店、终端购机客户的共赢，进而帮助中小手机零售商真正实现"新零售，大数据，新金融"的"互联网+"升级转型。

但随着公司业务的进一步发展与整合，以及在互联网领域的深入，原来的一批传统批发业务、零售业务的老员工只能满足原有业务的需求，自2017年开始，公司就在不停地吸引外来新鲜血液的加入，经过近两年的努力，有部分岗位始终没有匹配到合适的人选。在研发、互联网推广、手机E站业务全国推广方面的人才，公司求贤若渴。尤其是研发技术人才的需求，如何能让人才留住，在黔州大地上落地生根，助力贵州大数据发展，是一个急切需要解决的课题。从外部环境来说，有一个一直以来困扰公司发展的问题亟须破局，那就是贷款融资问题。对民营企业来说，如何活下去、如何在有限的资金条件下发展、如何解决内源融资和外源融资结构失衡，融资渠道不畅，特别是直接融资渠道受阻的问题，也是华耀面临的问题。一直以来，华耀的主要业务结构一直以通信产品为主，高价值、高流水，但是轻资产。没有固定资产作为担保，贷款之路走得尤为艰难。手机 E 站项目在 2018 年进入全国推广期，走出贵州，走向全国，打出一张具有贵州大数据特色的通信牌，基于 SAAS 系统，获取大数据，在云端经由人工智能分析，赋能传统门店，提高通信产业互联网效率，是公司将坚持贯彻到底的初衷，全国推广地域跨度大，分布广，推广难度大，需要的各项投入费用是横亘在企业面前的一座大山。企业期望获得政府支持，拓宽投融资渠道，让手机 E 站稳健发展！

遵义国际商贸城：打造现代商贸物流航母

  遵义国际商贸城紧紧围绕"提升传统商贸，发展现代商贸，做实商贸配套，创新商贸服务"主旨，致力于打造遵义现代商贸物流航母。

  营商环境方面，遵义国际商贸城长期得到地方政府的关心和帮助，希望政府继续优化营商环境，切实履行招商引资各项承诺，改善地方基础设施，为企业做好各方面的服务。

遵义国际商贸城是浙江义乌思达投资公司积极响应国家西部大开发战略、遵义"疏老城、建新城"城市发展战略，于2011年全国民营企业助推贵州发展大会重点签约落地企业。自投资遵义以来，集团紧紧围绕"提升传统商贸，发展现代商贸，做实商贸配套，创新商贸服务"主旨，打造遵义现代商贸物流航母。截至目前，已完成项目建设200余万平方米，总投入逾90亿元。

在营商环境优化方面，政府一方面通过签订项目招商引资协议，就公司到遵发展提供了招商、税收、土地等优惠政策，并均已得到落实；另一方面，针对项目发展中产生的问题，两级党委、政府也多次组织召开专题会议，给予并落实了土地交易服务、施工图审查、人防异地建设、合同备案、合同管理等多项行政事业性收费减免优化政策，有效减少了企业资金压力。政府支持及利用公司资产抵押，通过"湘江公司"国有平台解决了公司前期的资金难题（融资资金近 13 亿元）。在政务服务方面，本着支持重点企业和项目发展、推动区域经济繁荣的原则，政府及相关职能部门为公司开辟了行政审批绿色通道，支持推动了项目的报批报建手续办理进度；针对二区市场经营到期后的管理问题，相关职能部门积极牵头指导，推动二区市场业主委会的成立，为市场的稳定繁荣提供保障。

提升营商环境相关工作建议：一是强化城市产业发展规划定位，为招商引资指明方向。只有各区城市产业发展定位清楚了，招商引资才有目标方向，也才能营造更好的招商引资环境。二是强化诚实守信，切实履行招商引资各项承诺。首先是加快棚改进程，明确以国有市场为主的老旧市场棚改时间、棚改路线图、棚改补偿政策等方案，全力支持做好老旧批发业态转移承接工作，推动市场经营；其次推动忠庄客运站整体搬迁，完善红花岗区高新区配套，提升区域人气。尽快履行和兑现项目建设涉及各项行政事业性收费优惠政策，真正践行"亲商、安商、扶商、助商、富商"承诺，着力提升良好的投资环境和营商氛围，让公司和众多商家重塑投资信心，也吸引更多大企业前来投资。三是坚持招大商、招好商、推动招商工作由粗放型向集约型转变。政府的招商方向应做重大调整，既由过去片面追求招商数量，转变到强化招商质量上来，招大商、招好商，以此推动整体城市形象的全面提升。四是强化机构效能改革，着力提升招商营商软环境。

遵义国贸春天百货：转折之城的零售王

遵义国贸春天百货购物中心是一家以百货零售为主的企业，获"全国绿色商场"。

营商环境方面，企业在发展过程中得到地方政府的支持和帮助，目前希望政府改善周边基础设施和加强环保治理。

遵义国贸春天百货购物中心有限公司为独立核算的法人，没有向外的股权投资。注册资本金为人民币5000万元。主营业务范围：商业零售（包括代理、零售、仓储式会员制销售）、组织国内产品出口业务、自营商品的进口业务、商品的促销展销、物业管理等。

遵义国贸春天百货购物中心有限公司以百货零售为主，以完善的内控制度作为保证，以监督考核作为基础，各项工作分工明确，真正做到"项目工作有目标、项目执行有监控、项目完成有评价、评价结果有反馈、反馈结果要运用"，从而保证管理制度的实施，杜绝风险的产生。遵义国贸春天百货购物中心有限公司加强市场竞争力，并为广大消费群体提供消费场所，于2018年底对企业进行扩张，增加商场使用面积5000平方米作为二期工程，容纳品牌28个，并配备完善的服务、安全等设施，从而支持二期工程的正常运转。2018年与贵州鑫前酒店管理股份有限公司签订了物业租赁合同（合同总金额4208万元），增加了经营的建筑面积5945平方米，投入266万元对这个物业的1~4层进行了装修，于12月底全部装修完成。

在发展过程中，遵义国贸春天百货购物中心有限公司提交全国绿色商场申请，在政府的协助调整下，积极完成各项申报材料准备，最终荣获"全国绿色商场"殊荣。但是目前有如下问题亟待解决：周边道路交通存在潜在危险因素，停车场出入口人车混行，且无交通灯指示；周边尚存一条未完全治理的河流，严重影响周边空气、环境及企业形象。

毕节医药：诚信服务 温暖人心

毕节市医药有限公司积极履行社会责任，切实担当公共事件解决的处置参与者、公益事业的实践者、公共道德的维护者，不断追求企业、社会、自然的和谐发展。

1954年，国有贵州省毕节市医药有限公司成立，2006年，贵州省毕节市医药有限公司改制为民营企业，秉承"质量第一，诚信服务，保证人民群众用药安全，以市场为导向，以顾客的需求为己任"的经营理念，良性持续经营至今。公司目前经营品种4500余个，能满足人民群众的日常用药和保健需求，并长期储备自然灾害、疫情等需配备的急救药品。公司的销售产值，从改制初期的0.3亿元，逐年增加，至2018年为1.69亿元。2019年预计销售产值2亿元。

公司在经营期间，当地政府积极优化营商环境，主要体现在如下几方面。首先，提升政府服务水平。毕节市经贸局在公司国有企业改制为民营企业期间，积极倡导、指导公司完成了改制。在政府主导下，国有资产交易、企业职工安置、土地、房产过户、工商行政许可变更登记、财政扶持等方面，全面、彻底地落实国家改制政策，将公司从濒临解散的状态中挽救出来，公司面貌焕然一新，对公司的继续生存和发展提供了保障。公司销售的药品，关系到人民群众的生命健康。行政主管部门强化行政指导，对公司药品经营的各个环节予以了全方位的咨询和指导，使公司药品采购、储存、配送、零售均能够有机衔接，保障了药品销售经营的质量。在公立医院药品招标、采购领域，建立了省级药品招标集中采购平台，保障了各药品供应企业之间公平、有序的竞争。正确实施医保定点机构的行政许可程序，畅通了报销、结算渠道。在行政指导、许可层面，为公司营造良好的经营环境。其次，优化纳税环境。减免公司税负，降低社会保险费费率，减少公司的运营成本。在当前国家经济宏观层面压力趋大的情况下，国家降低了增值税税率和中小型企业的企业所得税税率。政府税收征管部门严格执行国家降税政策，指导公司享受税收优惠政策。在个人所得税降低的情况下，适度降低社会保险费费率，减少了公司的人力资源成本。再次，改善物流水电环境。水、电等公共性服务资源的供给充足。政府水、电等公益性事业服务水平不断提高，采取信息化、电子商务化手段服务，简化了费用交纳程序。水、电供应充分，如有意外造成服务中断，相关部门会积极抢修，及时恢复供应。最后，优化法治环境。行政执法、法院司法高效、合理、公正。公司经营过程中，行政机关的行政执法，以指导、预防为主，"防患于未然"。涉及违法违规行为的行政处罚时，公正、适度，始终坚持服务、教育为主的执法理念，强调处罚的正当性和合理性。此外，在国家不断进行司法改革、完善司法制度的大背景下，当地司法的及时性和公正性得到了进一步的加强和提升。

公司也存在一定的困难与不足。一是融资渠道不畅通。医药销售行业属于微利行业，而且药品销售需要巨量资金。公司生存和发展，依靠自身资金积累。但是，国家金融机构对民营企业发放贷款始终持"收紧态度"。二是公司主要营业收入在于药品配送，而配送业务的90%均指向公立等级医院及基层乡镇卫生院。药品采购的支付方式基本以现金购进为主，但由于财政资金拨付周期过长，应收账款的回笼平均在4～6个月，导致公司资金占用严重，资金成本过高，影响公司的经营活动。

建议政府制定对中小企业，特别是民营企业的金融扶持制度，畅通金融机构对信誉良好的民营企业提供信贷支持，扩大对民营企业信用规模，必要时，政府应组织银行、企业建立"银、企"联盟。为保证医疗事业的有序发展，政府对公立医院采购药品财政资金的拨付应实行专款专用，制度化地提高行政效率，简化行政审批程序，卫生行政主管部门建立公立医院违约惩戒制度，从行政层面推动公立医院的诚信建设，缩短公司的资金占用周期，减少医药销售企业的资金成本。

华联玛客：铜仁市零售行业龙头企业

贵州省华联玛客超市有限公司逐渐形成以标准超市为主、社区超市为辅的经营业态，完成了集生产加工、物流运输、终端销售、人员培训于一体的完整产业链布局并投入使用。

贵州省华联玛客超市有限公司，前身系贵州省铜仁上海华联超市有限公司，企业于2009年落户铜仁市，是铜仁本土成长起来的民营企业。2017年将原借用的"上海华联"品牌更换为自有品牌"华联玛客"，同年完成集配送、培训、研发、办公于一体的总部大楼；2018年布局城市各小区和乡镇市场。企业总部位于贵州省铜仁市碧江区经济开发区智慧产业园区4号楼，2017年注册资本由原来的1500万元增资至5000万元，是一家销售生鲜农产品、食品饮料、针棉织品、清洁日化、家用电器等产品的大型连锁商超企业。目前为止，华联玛客已完成了集生产加工、物流运输、终端销售、人员培训于一体的完整产业链布局并投入使用。

近年来受大环境的影响，制约企业发展的内外因素很多，影响着企业的经营发展壮大。铜仁零售企业受外来强势零售企业、电商冲击，销售下滑趋势明显，而物业房租、人工成本却在不断上涨，利润越来越薄，生存越来越难。

要使企业走出生产困境，当地政府部门应做到以下几点：一是营造良好的企业发展外部环境。营造良好的行政服务环境，彻底解决到政府部门办事难的问题。对隶属政府部门的中介、研究、咨询等服务机构进行分类改革，减少行政审批事项，简化行政许可审批环节，减轻企业税费成本压力；创新服务手段，提高行政服务效率。对重大项目实行集中审批、并联审批、特快审批和限时办结制、首问负责制、服务承诺制以及重点企业定期走访回访制度，提高服务效率和水平。规范市场秩序，营造公平竞争环境，营造良好的法治服务环境。积极保障企业员工子女就学，加快优质学校建设，满足企业员工子女就学需求，开辟"绿色通道"，为企业异地户口员工子女做好教育服务保障，对长期在铜仁市就读的异地员工子女，在其小学入学和小学升入初中时，与本地户口学生享有同等待遇。涉及支持企业发展优惠政策的，要按照合作协议及时落实兑现。二是扶持企业的健康发展。第一，加强落户企业跟踪服务，培育和壮大铜仁市具有竞争力的优秀企业。企业落地后，在投产、运营过程中，政府部门需提供"一条龙"服务，统筹协调相关职能部门"一揽子"解决企业存在的困难和问题，为铜仁市企业提供低成本、便利化、开放式综合服务平台。第二，加大力度减轻企业负担。切实帮助企业降低运营成本，降低缴费费率，降低企业融资门槛。第三，落实铜仁市企业财政税收扶持政策，增强实体经济活力。对于符合政策的企业在小额担保贷款发放和贷款贴息等政策方面给予扶持和帮助。三是提供企业人才培养保障机制。第一，支持企业人才引进。完善企业人才引进绿色通道制度，设立人才专项引导基金。支持举办企业高层人才招聘会、人才交流会，引进企业急需专家和高层人才。对企业引进的高层次人才，给予奖励补贴，优先办理落户手续，提供配偶就业、子女入学和医疗保障等待遇。支持优秀高等院校毕业生到企业就业，对到铜仁企业就业的普通高等院校本科以上毕业生5年内，给予适当生活补贴。第二，鼓励企业自有人才培养。对于企业脱产培训提升员工专业工作技能的给予每人每天100元至200元的企业补贴。第三，推动校企培训深度合作对接。鼓励企业建立见习基地，吸纳全国普通高等院校毕业生就业见习，对接受高校毕业生见习的企业见习基地，按照每人每月不低于当地最低工资60%的标准，给予最长不超过6个月的见习补贴。支持铜仁职院等各类职业技术院校与企业联合开展"订单式""定向式""冠名式"培训。第四，支持高校毕业生到企业就业。对到铜仁企业就业的普通高等院校本科以上毕业生，给予为期2年每人每年1万元的生活补贴。第五，为企业做好用工服务。完善企业用工介绍激励政策。对各类具有资质的职业中介机构为企业免费推荐介绍各类劳动者就业的，可按实际就业人数按季向铜仁市人力资源和社会保障部门申请职业介绍补贴。普通本科院校、各类职业技术院校和技工学校为用人单位介绍急需的应届毕业生就业并签订1年以上期限劳动合同的，可向用人单位所在市人力资源和社会保障部门申请一次性职业介绍补贴。第六，落实稳定就业岗位补贴。对采取有效措施不裁员、少裁员，提供稳定的就业岗位的企业，按不超过该企业及员工上年度实际缴纳失业保险费总额的50%给予稳岗补贴。企业当年新招用就业困难人员，或者企业当年新招用应届高校毕业生的，给予1年至3年的社保补贴。四是促进金融行业的快速发展。第一，对在铜仁市设立（迁入）金融机构总部或区域总部的，给予相应的购房补贴，根据其对铜仁市的经济贡献，前3年按其对市经济的贡献度给予相应的财政支持。第二，推动民间金融发展，聚集民间金融资源，发展小额贷款企业和新型农村，组织企业金融互助及民间融资管理创新机构等。

双龙现代实业：涉农信贷政策的受益者

贵州双龙现代实业集团依托双龙物流商贸城区位优势，用好农副产品流通加工优惠政策，将农副产品流通与脱贫攻坚有机结合，助推黔货出山，实现企业发展壮大。

贵州双龙现代实业集团是2013年通过招商引资落户龙里县的省级龙头企业。近年来，借助黔南、龙里独特的自然环境、交通区位和招商引资政策等优势资源，加快进行双龙物流商贸城建设。集团所属公司被龙里县农业产业化领导小组评为龙里县农业产业经营"县级龙头企业"，被黔南州农业产业化领导小组评为黔南州农业产业化"重点龙头企业"，荣获贵州双龙省级农副产品集散中心"示范工程"称号，贵州双龙现代农副产品集散中心被列入贵州省重大工程和重点项目，贵州双龙现代物流有限公司被贵州省物流行业协会授予"副会长单位"。

有关优化营商环境的建议。在政府营商环境的建设上，政府应加大产业扶贫的政策扶持力度。建议政府加强宣传引导，加大农户文化教育培训力度，引导农户树立脱贫理念，大力发展特色农业，包含特色种养业、乡村旅游、农村电商等利用本地资源与现代信息科学技术结合的多元化发展模式。建议支持建设和改造一批具有公益性质的农副产品批发市场、仓储中心、配送中心等，将企业纳入参与精准扶贫的总体规划中，积极主动抓好企业与扶贫村的牵线搭桥工作，为企业提供全面具体的基本情况，帮助企业在知己知彼的情况下展开帮扶。建议注重引进和培育市场主体，注重构建利益联结机制。产业扶贫需要以培育新型农业经营主体为手段，再用"企业＋基地＋经营主体"的新模式，改变农业生产一家一户、单打独斗的状态，带动小生产走向大市场，把分散经营走向专业化经营，带动贫困产业链的服务，切实提高产业增值能力和农户就业能力，从而达到精准扶贫。加大涉农产业的信贷支持，调动起企业参与扶贫开发的积极性。在抓好政策落地上，政府要推出更多"看得懂""接地气"的政策，构建简明有效的政策环境。从降成本、解难题等方面入手，降低企业在土地、用工等方面的成本；搭建更多有效的银企合作平台，加快研究针对银行金融机构服务民营企业的激励和奖罚机制，缓解企业融资难、融资贵问题。政策的生命力在于执行，相关职能部门要在继续狠抓更多扶贫惠农政策落地上聚焦聚神聚力，切实把省委、省政府对民营企业的关心支持落实、落细、落深，把"白纸黑字"转变成为企业需要的"真金白银"，提升企业获得感。

交通运输、仓储和邮政业

黔金叶：多元领域发展的物流企业

毕节市黔金叶货物运输有限责任公司紧紧围绕汽车行业，深度挖掘该产品的细分市场，致力于打造属于毕节市的汽车行业龙头企业，建设毕节市汽车生态圈，提升汽车行业生态圈健康水平。经过多年发展，已逐步形成以物流为核心，品牌汽车流通、汽车水平价值链为主导的体系，以品牌汽车销售、售后等汽车服务为主要业务来源。

毕节市黔金叶货物运输有限责任公司成立于2004年，2012年9月被交通运输部、财政部确定为甩挂运输试点企业，2013年被评为全国交通运输节能减排推进企业，2015年被评为贵州唯一的全国物流行业先进集体。

良好的营商环境可促进企业发展与壮大，激活企业创新活力，毕节市政府与相关部门为毕节市黔金叶货物运输有限责任公司等民营企业创造了一个良好的营商环境。企业商业用地63.58亩，物流用地92.57亩，涉及各项市政工程与供电供水，污水排放等各类问题，每年企业用于此类支出占比高，增加了企业的经济负担。为促进企业正常有序的发展，省市政府及相关部门对降低企业人工成本、用电成本、用气成本、用地成本、物流成本等提出了针对性、操作性较强的降费举措，保障了企业的正常有序发展。

企业在发展的过程中，面临着许多的问题，这些问题制约着企业的发展，主要表现在以下几个方面：一是投融资难。投融资一直是企业发展的重大问题，投融资准入门槛设置过高，企业投融资难度加大，许多项目的开展因资金不能及时到位，导致项目受阻或就此搁浅。二是市场竞争残酷。一个行业存在着众多企业，为占据市场份额与导向，同行间竞争激烈。同时市场经济结构转变、消费需求的增长对供给质量提出了更高的要求，导致市场优胜劣汰。复杂的背景条件下，企业发展面临的问题都是长期性的，需要企业面对并逐步适应。此外，企业人才缺乏。企业在发展的过程中，人才始终是制约企业发展的重要因素。二是企业转型升级。2018年受市场的影响，汽车行业受到的冲击较大，各项指标较往年同期相比有所下滑，预计在接下来的几年时间企业汽车行业将会继续受此影响。传统汽车行业发展受限，但企业发展不能原地踏步，墨守成规所带来的结果并不乐观，企业需向多元化方面延伸，加快企业的转型升级，调整发展结构。

丰茂运输：税收优惠助益进步

  贵州丰茂充分用好民贸民品贴息、贵园信贷通融资、云税贷、增值税降税、ETC优惠、电费优惠等系列优惠政策，助益运输企业发展。

  贵州丰茂运输有限公司（以下简称"丰茂运输"）于2010年在贵州省黔南州福泉市工商行政管理局登记成立，民营企业注册资金1000万元。初期丰茂运输经营范围仅限于工业危化品货物贸易及物流运输等业务，历经8年蜕变成长，现在丰茂运输已发展为集大宗普通货物、工业危化品、工业废渣等货物道路运输、工业原料商品内陆贸易及出口贸易、危化品仓储、大型停车场、车辆维修、加油站于一体的现代新型综合4A级物流企业。

  公司享受系列政策优惠措施，感受营商环境优化。福泉市在民贸民品贴息、贵园信贷通融资、云税贷等政策方面提升服务质量，为企业创建了相对宽松的融资环境，获得了较低的利息优惠，降低了公司融资成本。当地税务部门不断优化纳税人办税事务性便捷措施，优化办税方法，精简办税程序，为纳税人办税提供便捷服务。全面清理并取消纳税人重复报送的涉税资料，实行"一次采集存储、信息多次使用"，避免纳税人重复提供资料，让纳税人"少跑"，并优化办理流程，实现网上办理，不让委托人跑路。企业所需的用地和水电费用降费快捷有效，电价平均每瓦时下降

1.8分钱；高速公路过路费ETC优惠5%。以上这些政策，对企业切实做到了真正的减负，提升了办事效率，大大降低了企业的运行成本。

公司也面临不少困难亟待破解。企业融资难、融资贵的问题没有得到根本解决。融资途径不畅通，单一的融资结构极大地制约了企业的快速发展和做强做大。企业一般只能向银行申请贷款，在以银行借款为主渠道的融资方面，借款的形式一般以抵押或担保贷款为主，在借款期限方面，丰茂运输一般只能借到短期贷款，若以固定资产投资进行科技开发为目的向银行申请长期贷款，则常常被拒之门外。

公司对优化营商环境提出以下建议：健全对不同所有制企业一视同仁的国民待遇政策。在企业财产权、人身权保护、市场准入、禁止性规定等方面配套相应政策，为企业尤其是民营企业、中小微企业创造公平公正的经营发展环境。真正消除在实际生产经营中存在的差别性待遇和歧视，防范和限制不公平现象发生，培育保障企业平等发展的社会环境。认真快速地落实国家对企业减负的各项政策，帮助企业渡过现行经济下行压力的困难期。认真务实地提高政府公共服务的效率，让企业通过"只跑一次"的政务增效来降低企业商务成本，提高贵州省企业竞争力。在推进供给侧结构性改革中，提高企业的土地供应、水电路基础设施配套等生产要素保障的供给能力和效率。同时帮助企业做好人才储备和引进，通过建立良好的人才引进和留住激励机制，帮助企业实现人力资源保障。科学制定产业发展的省级规划，集中力量发展具有比较优势的传统产业和新兴产业，促进优势资源科学合理地向发展好、潜力大的企业倾斜。

住宿和餐饮业

叶老大阳朗鸡：开拓地方特色新业态

贵州省息烽县叶老大阳朗辣子鸡食品有限公司于1985年以在息烽县朗坝创建第一家叶老大家常菜馆发迹，历时24年，通过扎根息烽和立足贵阳市场，先后在息烽阳朗、火车站、消防总队及贵阳市二戈寨等地布局火锅店、辣子鸡售卖等业态，公司从传统作坊产业逐步向市场化企业转变。

贵州省息烽县叶老大阳朗辣子鸡食品有限公司于1985年以在息烽县朗坝创建第一家叶老大家常菜馆发迹，历时24年，通过扎根息烽和立足贵阳市场，先后在息烽阳朗、火车站、消防总队及贵阳市二戈寨等地布局火锅店、辣子鸡售卖等业态，赢得市场口碑，于2003年、2005年、2008年先后荣获贵州省名菜、贵州省名火锅、贵州省十大名食等称号，并取得贵州省著名商标。2009年11月19日，正式在息烽县柿花坪创建食品公司。2017年，贵州息烽县叶老大阳朗辣子鸡食品有限公司将厂区迁至息烽县，现代化车间、各类专业食品检测设备、专业生产线替代了过去的手工制造，辣子鸡产量达100万公斤/年，较过去发生了天翻地覆的变化。

贵州息烽县叶老大阳朗辣子鸡食品有限公司在发展壮大的同时也面临着一些困境，一是在经营过程中产业配套不够、原材料价格高、包装成本高、物流成本高、用工成本高、人才引进困难。二是扩大发展规模资金紧缺。企业由传统作坊式产业向工业化食品厂转型后，大量资金投入到新厂建设中，缺乏足够的经营流动资金。采购需要现金但是销售账款又无法准时回收，并且每月需还贷款利息，资金缺口越拉越大，2018年9月，因为企业资金无法及时到位，又要准时支付员工工资、社保、利息等不可拖延费用，致使原料无法采购到位，造成2周停产状态。三是企业基础生产能源问题亟待解决。罐装燃料成本高，直饮水无处理风险成本高。四是缺乏整体营销思路，企业单打独斗，单靠企业本身力量微不足道，建议全县设立一个以息烽集体为主导的营销团队，打造精品，营销地方整体品牌，让所有企业能够搭船出海。

为及时帮助企业解决发展中存在的困难和问题，促进息烽县辣子鸡产业逐步向工厂化、规模化、品牌化方向发展，带动农民持续增收，打造县域经济特色板块，2017年，息烽县成立了以县长任组长，三名分管副县长任副组长，县委办、宣传部、工业和信息化局等十余个县直相关部门主要负责人为组员的息烽县辣子鸡产业发展领导小组，召开全县辣子鸡产业发展工作会议，综合协调解决辣子鸡产业发展推进中的重大问题。同时，要求辣子鸡产业发展领导小组的县直部门根据各自职能，梳理明确促进县辣子鸡产业发展的职责，并督促各单位严格实施。为进一步打造阳朗辣子鸡这一特色品牌，息烽县在规划布局、要素保障、资金扶持等方面都做足功夫。规划布局上，在永靖镇专门规划医药食品产业园，打造企业发展的"大本营"。2017年，贵州息烽县叶老大阳朗辣子鸡食品有限公司从厂房的项目选址到建设过程，县里开设了绿色通道，为企业特事特办，保障了公司新厂区的建设快速落地投产。要素保障上，通过政府担保平台为贵州息烽县叶老大阳朗辣子鸡食品有限公司提供融资担保。2017年，县有关部门还帮助公司解决了几百万元的融资。

国贸雅阁大酒店——汇聚东方情和澳洲风

遵义国贸雅阁大酒店在开工和经营期间，受益于市、区两级政府积极采取优化营商环境的行动，企业投资软环境得到明显改善，行政透明度和行政效能有所提升，相关行政服务也更为便利且更有品质，"亲""清"政商关系正在进一步形成，再次激发市场活力，增强了企业发展的信心。

遵义国贸雅阁大酒店是汇川区第三产业的重点项目，由贵州鑫前酒店管理股份有限公司独立投资建设，委托澳大利亚雅阁集团管理，按国际五星级商务酒店的标准打造而成。酒店坐落于汇川区广珠商圈中心位置——曼哈顿时代广场。酒店自身完善的配套与购物中心、超市、影院、写字楼一起形成了一个最完善、配套最完整的CBD商务中心。酒店内客房、餐厅、宴会厅、会议中心、健身中心、大堂吧等设施配套一应俱全。

国贸雅阁大酒店的投资项目得以较快推进，除企业自身实力之外，也离不开各级党委、政府的大力关心与支持。自2018年国务院提出优化营商环境以来，市、区两级政府更是采取了积极行动，启动了遵义市营商环境百日攻坚行动与七大专项整治行动，使得企业投资软环境得到明显改善，行政透明度和行政效能有所提升，相关行政服务也更为便利且更有品质，"亲""清"政商关系正在进一步形成，再次激发了市场活力，增强了企业发展的信心，但也面临不少实际问题主要体现在以下两个方面：①人才培养。在中国，酒店业是与国际接轨最早的行业之一，历经近40年的发展，中国酒店业无论是在规模上还是在品质上，都逐步接近国际水准。然而，遵义市本地的酒店专业人才极其稀缺，国贸雅阁大酒店在引进澳大利亚雅阁集团的管理理念基础上，也经由雅阁集团引来一批优秀的高管人才，通过各个部门的招聘、培训、上岗实践，理论结合实际以及过硬的职能考核，未来将为本地的酒店业培养出自己的专业酒店人才。②市场分析。整体来看，在酒店业市场预期良好的背景下，国内酒店市场整体业绩持续增长，二线城市成为投资热点，但是一线、二线、三线城市的酒店的收入差距明显，从具体营收数据来讲：①整体收入缓慢增长；②客房收入差距明显；③餐饮营收压力极大；④人工成本大涨；⑤理性投资重要性凸显。从需求端来看，消费分化是大趋势。在此带动下，未来消费会更加呈现出本土化、个人化、价值多样化的特点。酒店需要更加重视和利用技术创新，提升运营效率和服务体验。

营商环境相关工作建议：近年来，汇川区围绕全域旅游示范区、现代金融创新区、大数据应用创新示范区、黔北商贸物流集散地、康养休闲目的地、大众创业万众创新示范基地等"三区三地"建设，重点加快发展全域旅游、现代金融、大数据、商贸物流、康养休闲等第三产业，推动生产性服务业向专业化和价值链高端延伸，生活性服务业向精细化和高品质转变，进一步增强第三产业对全区经济社会发展的支撑作用。国贸雅阁大酒店作为遵义市汇川区的第三产业重点项目，目前尚处于初步发展阶段，需要政府鼎力扶持：①费用成本调控：争取政府更多支持，积极主动协调有关部门，落实酒店业用水、用电、用气的优惠政策，降低酒店业运营成本。②提高技能政策：由政府每年组织一次酒店行业技能大赛，不断加大多层面、各工种业务技能培训、竞赛的频度和力度，全面加强遵义市酒店业的品质提升和综合发展。③引导消费群体：上海市作为对口帮扶城市，希望能由相关政府部门牵头更多的知名企业，针对遵义市的招商引资政策，吸引更多一线、二线城市知名企业来遵义市投资时，适时加大对遵义市高端酒店的宣传力度，以促成更多知名企业与遵义市高端酒店的业务合作，同时也有利于提高遵义市的商务接待水平。

信息传输、软件和信息技术服务业

朗玛信息："互联网+医疗"的典型代表

　　朗玛信息紧紧跟随贵州省"大扶贫、大数据、大生态"三大战略行动，坚持以互联网、大数据等技术作为医疗的"连接器"和"放大器"，在遵循互联网医疗的本质还是医疗的前提下，通过外延式并购发展和业务范围的拓展推动，基本完成了包含医疗信息服务、医疗服务、医药流通、智能可穿戴设备等几个板块的布局，深度契合贵州省"大数据"发展战略，成为贵州省"互联网+医疗"的典型代表。

贵阳朗玛信息技术股份有限公司（以下简称"朗玛信息"）成立于1998年9月，是贵州省本土成长起来的互联网高科技企业，于2012年2月在创业板上市，是一家具有复合型核心竞争能力和独立知识产权的企业。朗玛信息涉及的主要业务包括"互联网+医疗"业务以及电信及电信增值业务。公司坚持以互联网、大数据等技术作为医疗的"连接器"和"放大器"，通过外延式并购发展和内生式业务范围拓展，已完成医疗信息服务、医疗服务、医药流通、智能可穿戴设备等几个板块的布局，构建了朗玛信息互联网医疗生态圈。电信及电信增值业务板块主要包含移动转售业务、电话对对碰业务。自成立以来，朗玛信息在移动通信增值服务的基础上，利用互联网技术、大数据及云计算技术涉足医疗与互联网医疗领域，力争成为全球医疗健康领域一流的互联网服务公司。

2013年开始，朗玛信息转型医疗健康大数据领域，本着医疗的本质还是医疗的理念，从事医疗及互联网医疗服务。朗玛公司在"互联网+医疗"领域历经 5 年多的发展，基本形成了以实体医院为基础，集医疗健康咨询、远程问诊、健康检测和医药电商于一体的"互联网+医疗"健康服务闭环，覆盖 PC 端、移动端和电视端，使老百姓通过不同终端即可便捷享受普惠、共享的健康卫生服务。当前在医疗领域主导产品有 39 健康网、互联网医院、实体医院（贵阳六医）、IPTV、医药流通等。朗玛信息自成立以来，先后多次承担了国家、省部级重点项目以及其他地方科技计划和产业化项目。1999 年 8 月，"朗玛 Internet 移动寻呼系统"项目获得中华人民共和国信息产业部颁发的三等奖荣誉证书，同年，荣获国家信息产业部 1999 年度科技进步奖。后自主研发首款软件产品"朗玛统一消息系统（UMS）"，聚集了语音、拨号、邮箱等通信功能。经过信息产业部科学技术司鉴定，该项成果达到国际先进水平、处于国内领先地位。1999 年，在中国邮电电信总局与 Intel 公司联合主办的"Intel'99 全国互联网应用设计大奖赛"中荣获第一名。2000 年被中国科技部列为 2001 年国家科技成果重点推广计划。

朗玛信息紧紧跟随贵州省"大扶贫、大数据、大生态"三大战略行动，坚持以互联网、大数据等技术作为医疗的"连接器"和"放大器"，在遵循互联网医疗的本质还是医疗的前提下，通过外延式并购发展和业务范围的拓展推动，基本完成了包含医疗信息服务、医疗服务、医药流通、智能可穿戴设备等几个板块的布局，深度契合贵州省"大数据"发展战略，成为贵州省"互联网+医疗"的典型代表。在推动大数据大健康领域，省、市及高新区在数据资源开发利用、产业技术创新和成果转化、高端人才引进和培养、产业配套升级、大企业培育和大项目带动等方面都给予了许多政策支持和实际帮助。2015 年 11 月，贵阳市第六人民医院成为贵州省卫计委及贵州省食品药品监督管理局确定的贵州省互联网医院试点；2017 年 2 月，经贵州省人民政府授权，贵州省大数据产业发展领导小组办公室发布《贵州省数字经济发展规划（2017—2020 年）》，明确提出

"支持朗玛开展以互联网医院为核心载体的互联网医疗业务,建设实体医院、体检机构、社区卫生中心、药店、医生、康复中心、养老机构等在内的互联网医疗生态圈";2017年4月,贵州省大数据发展领导小组发布《2017年国家大数据(贵州)综合试验区首批重点企业名单》,朗玛信息位列智慧健康领域重点企业之一。2018年4月,国务院办公厅发布的《国务院办公厅关于促进"互联网+医疗健康"发展的意见》明确提出:"允许依托医疗机构发展互联网医院"。2018年9月,国家卫生健康委员会发布《关于印发互联网诊疗管理办法(试行)等3个文件的通知》(国卫医发〔2018〕25号),从具体操作层面为规范互联网诊疗活动、推动互联网医疗服务健康快速发展、保障互联网医疗质量和医疗安全提供了政策依据。互联网医疗的兴起将推动医疗行业的变革,在国家及贵州省各项政策的大力支持下,朗玛信息运用大数据,深耕智慧医疗,"医疗+互联网"医疗板块各项业务稳定发展。朗玛信息依托实体医疗机构贵阳市第六人民医院,融合互联网医疗业务,形成"一网两院一平台"的医疗服务闭环。另外,朗玛信息在发展过程中,获得了发改委、科技厅、工信厅、大数据产业发展领导小组等部门的相关专项资金扶持。

指趣网络科技：建设国内数字资产龙头企业

建设国内数字资产龙头企业、打造全球数字产业生态圈是指趣永恒的目标和使命。

营商环境的优劣直接影响着招商引资的多寡和区域内企业的经营状况，最终对经济增长、产业发展、财税收入、社会就业等产生重要影响。

贵州指趣网络科技有限公司成立于2014年1月，公司总部位于贵州省兴义市。公司旗下业务涉及手游周边商品交易、数字资产业务、文化传媒、游戏联运、网站技术开发、创业孵化等。

2014年1月，贵州指趣网络科技有限公司成立，同月"淘手游"（www.taoshouyou.com）正式上线；2014年4月获小米雷军领衔"极客帮"数百万元天使投资。2014年5月"淘手游"注册用户突破10万，月交易额突破100万元；2014年6月与巨人集团、蓝港在线等一线手游厂商达成战略合作并进行团队扩充；2014年8月投资成立"北京指趣通网络科技有限公司"，负责淘手游平台的技术研发；2015年4月获清科创投、蓝港在线、上海海尔数千万元A轮投资，同月淘手游成品号交易量跃升全国第一；2016年1月"兴义合伙人"创业孵化基地建成并投入运营；2016年12月获赛伯乐集团一亿元B轮融资，年交易额突破五亿元；2016年与中国人寿达成合作，推出保险业务，是国内首家数字资产保险业务；2017年1月投资成立"安顺指趣通网络科技有限公司",负责安顺地区的创业孵化事宜;2017年5月投资成立"贵州天娱互动网络科技有限公司"负责游戏公会的整体运营,同月成立"成都壹恒网络科技有限公司"负责淘手游平台的技术支持、更新及维护;2017年7月投资成立"成都陆柒叁网络科技有限公司",从事数字资产交易平台(673.com)的技术研发及运营;2017年8月投资成立"贵州帅玩网络科技有限公司",负责"虎虎租号"平台的研发及运营;2017年11月投资成立"上海七齐信息科技有限公司",负责7Q.com的研发及运营;2017年12月投资成立"指趣(贵安新区)网络科技有限公司"、负责贵安地区的创业孵化事宜,同月"虎虎租号"平台上线;2018年淘手游平台注册用户达435万人,年交易额突破10.71亿元。

公司成立以来一直深受党委、政府的关心和支持,尤其是近年来国家出台的一系列创业创新、大数据、工业信息化、科学技术、发展改革、文化产业相关的政策都给企业带来了各种政策红利。截至目前,公司获得各级政府主管部门专项资金支持近500万元。公司先后还获得国家高新技术企业、国家大数据重点企业、贵州省十佳文产企业、贵州省文化产业示范基地、贵州省现代服务业重点企业、贵州省电子商务示范企业、贵州省众创空间、贵州省小微企业示范基地、2015年度贵州省十佳电商企业、黔西南州文化产业示范基地、黔西南州电子商务示范企业、黔西南州淘手游众创空间、黔西南州电子商务示范企业、黔西南州工人先锋号、黔西南州新的社会阶层人士统战工作创新实践基地、青年创业就业示范基地、兴义市脱贫攻坚青年创业军营地等荣誉。公司于2014年3月获得数百万元天使轮投资,于2014年6月获得2000万元A轮融资,于2015年获得800万元A+轮融资,于2016年获得1亿元B轮融资,目前公司正在筹备上市计划,目标是科创板,预计在2021年完成上市计划,力争成为数字经济第一股。

目前来看,公司在发展过程中还存在以下制约因素:①市场认知度低,要获得国内6亿手游用户认识需要一个长期的过程。②技术能力不足,产品迭代升级优化不能及时反映。③政策制度与企业的快速发展不能够完美匹配。④相关人才匮乏、教育体系落后。从战略角度来分析，一个国家或地区经济实力的强弱主要体现为企业的竞争力、要素的聚集力，而能够聚集发展要素的关键是企业拥有良好的营商环境。营商环境的优劣直接影响着招商引资的多寡和区域内企业的经营状况，最终对经济增长、产业发展、财税收入、社会就业等产生重要影响。所以打造公平高效的营商环境具有重大意义。

房地产业

开明实业：政企齐心 助推地方经济发展

　　开明实业股份有限公司配合民进中央在毕节"生态建设、开发扶贫"试验区和黔西南"星火计划、科技扶贫"试验区开展"同心·彩虹行动"计划，参与毕节试验区、黔西南试验区、革命老区和中西部落后地区的帮扶、投资、开发、建设，致力于把"开明·同心城"项目建设成展示深化毕节试验区"三大主题"建设成就的样板。

　　开明实业股份有限公司是为落实中央领导同志重要批示精神和"4·14"会议精神，加快毕节试验区建设，由民进中央领导倡议，民进中央联络委员会发起，民进企业界会员参股，经国家工商行政总局审批，依法注册的无区域股份公司，主要配合民进中央在毕节"生态建设、开发扶贫"试验区和黔西南"星火计划、科技扶贫"试验区开展"同心·彩虹行动"计划，参与毕节试验区、黔西南试验区、革命老区和中西部落后地区的帮扶、投资、开发、建设。拥有5个国家一级资质（甲级）、13个国家二级资质。

　　开明实业股份有限公司成立之后，在办理发改、工商、税务、国土、建设、环保等相关行政手续过程中，金沙县政府部门给予了大力支持，为"开明·同心城"项目成立了专门的拆迁小组，并保障道路通、给水通、电通、排水通、热力通、电信通、燃气通及土地平整（即"七通一平"）等基础设施到本地块红线范围内，该小组由政府领导牵头，街道及社区委会积极配合，极大地保证了项目的开发建设进度。同时，项目开发建设过程中，受到了中央、省、市、县各级政府的重视和社会广大群众的支持。在政策扶持方面，金沙县人民政府给予了配套设施、税收、收费等方面的扶持政策，如：项目地块的征收和"七通一平"等基础设施保障；缴纳的相关税费县级留存，部分实行"先征后奖"；项目在审批及开发、工程建设、销售过程中涉及的相关费用实行减免制度；为了使项目更好地发展，对入驻项目的经营户及住户提供了一系列的优惠保障政策。这些扶持政策充分体现了政府部门在企业的发展过程中提供了一个良好的投资、施工环境和建设条件。在社会环境方面，为促进企业发展，保障项目施工有序进行，政府在人才服务方面积极配合开明实业股份有限公司，帮助企业不定期举行现场人才招聘会；在政府购买方面，为保障拆迁群众住房问题，金沙县人民政府与贵州开明房地产开发有限公司签订了《房屋买卖合同》，住房和商铺共计300余套，用于安置金沙县本地的拆迁户。

开明实业股份有限公司属于建筑行业，在建筑施工过程中，随着企业本身的发展壮大和当今时代经济的发展，原材料成本增加、用工成本增加、运输成本增加等客观因素将给企业的发展带来阻力。企业发展困难重重，既有企业自身的问题，如总体处于产业价值链的低端、技术创新能力弱、重数量扩张轻质量提升等；也有营商环境方面存在的问题，如在项目竞标、融资条件方面处于弱势地位。对于企业遭遇的实际困难，政府部门拿出了切实的改革支持举措。种种政策的出台和落实，极大地为企业的发展提供了强大助力，要进一步推动企业发展，还需要地方政府根据地方实际情况，优化营商环境。如：完善的周边配套设施，作为房地产开发企业，配套设施对项目及企业的发展尤为重要，配套设施主要指的是满足生活机能需求的小区附属设施，主要由外部配套（市政配套）、内部配套（开发商自建配套）组成。外部配套包括：交通配套、教育配套、政务配套、商业配套、资源型配套。内部配套涉及两方面，一是商业配套，即小区自建沿街商铺、超市、卖场等；二是教育配套，即配建幼儿园、小学等。

综上所述，企业的可持续发展离不开党的政策扶持，企业在享受这些优惠政策的同时也要遵纪守法，严格遵守行业准则，加强企业自身的制度建设、团队建设，抓住企业的目标、投资、销售、人才、服务等方面的要素，分别制定相应的发展战略，并使之协调形成合力，构建企业可持续发展的阶梯，更好地为社会做出贡献。

碧阳恒通：严谨把控 塑造品牌

贵州碧阳恒通置业有限公司制定公司专属的施工质量控制和验收标准，同时形成公司项目开发全过程施工质量控制流程，强调建筑使用全寿命质量控制和责任追究体系，打造"碧阳国际城"品牌，并力求把"七星美城"项目打造成毕节市场的标杆楼盘，将"碧阳出品，必属精品"的品牌概念融入公司的地产开发理念和项目实施的全过程，逐步实现高端化和精品化。

贵州碧阳恒通置业有限公司成立于2011年8月，位于贵州省毕节市，房地产开发资质为二级，经过8年的精心耕耘，贵州碧阳恒通置业有限公司本着"精细管理、诚信经营，建设精品楼盘、助推城市发展"的经营理念，不断加强企业制度建设、精英团队建设，培育忠诚、守信、创新、奉献的企业文化，企业不断成长壮大。

作为本土企业，碧阳国际城从规划报批到预售证办理的全过程，都得到了毕节市有关部门的关心和支持。碧阳国际城从2011年12月规划设计完成后，公司在六个月之内报建审批完成了从"规划许可证"到"施工许可证"的各项法律手续，为2012年6月份顺利开工创造了有利条件。在施工过程中，项目经历了各种大大小小的检查，均顺利通过，保证了工程顺利进行。作为南部新城开发的大型房地产开发项目，毕节市政府一直把碧阳国际城项目作为整个城市开发建设的重点项目，积极支持企业工作，多次到公司实地帮助解决问题。公司的规范化管理及将高品质住宅进行到底的决心，赢得了市建委等开发管理部门对项目的高度信赖与关注，在公司开发手续办理、企业资质认定等方面都给予了大力支持。同时，公司与毕节市主流媒体和金融机构建立了良好的公共关系，为项目实施创造了良好的外部社会环境。

积极营造"亲""清"新型政商关系，打造高质量营商环境是促进房地产市场平稳健康发展的关键一环。首先要建立长效机制，加大营商环境改革力度。房地产市场管理点多、线长、业务量大，为做到有法可依，有关房地产市场管理法规涉及的资质审核、商品房预售审批、中介机构审理备案、维修资金使用、物业管理服务等业务要做到依法管理、执法必严、违法必究，不断加大宣传力度，提高房地产企业依法经营的自觉性。其次要建立廉政机制。政府办事机构和人员要始终牢记底线思维，积极作为，靠前服务，真心实意支持企业做大做强。三要建立公开监督机制。公正公平公开是最有效的服务，在为企业服务方面，政府要对楼盘预售、购房补贴、物业服务、保障房分配等政策法规及具体事项面向社会公示，接受社会和服务对象监督，加大为企业服务力度，进一步规范房地产开发企业的资质审核和商品房预售审批程序；公开办事程序，自觉接受企业监督；定期到企业进行调研，倾听企业诉求，减轻企业负担。四要优化市场环境。在房地产市场中介管理方面，政府部门应深化"放管服"改革，加强房地产中介市场管理，降低房地产经纪备案准入门槛，取消注册资金、专职人员数量限定等条款，为中介企业提供高效服务。同时加强中介市场监管，打击违规违法行为，营造良好市场环境。

租赁和商务服务业

大沙河旅游：以践行产业扶贫为己任

贵州大沙河旅游产业以打造国际度假区为平台，以推动泛旅游、康养产业发展为核心业务，以响应国家精准扶贫号召、践行产业扶贫为己任，主动担当社会责任，以泛旅游产业为基础，推行"大沙河+"模式，深度开展产业合作，打造多产业跨界融合发展的超级平台，实现一三产业深度融合，三三产业联动发展，形成要素集聚、全要素提高的区域经济发展新引擎，助力提升区域产业能级，加速当地脱贫攻坚进度。

营商环境方面，地方政府优化营商环境的效果与企业的期望值还有一定差距，企业面临市场的"冰山"、融资的"高山"、转型的"火山"的局面改善不大，希望继续优化营商环境。

贵州大沙河旅游产业（集团）股份有限公司成立于2015年，以打造国际度假区为平台，以推动泛旅游、康养产业发展为核心业务，以响应国家精准扶贫号召、践行产业扶贫为己任，专注于推动"贵州大沙河仡佬文化国际度假区"项目的开发与运营。

公司在营商环境方面，得到当地各界的大力支持。道真县委、县政府高度重视大沙河项目的建设，倾力推动，成立了以县委书记为组长，县长和企业法人为副组长的项目领导小组，统筹项目推进；同时以县长为指挥长，县政协主席为第一副指挥长，三个县级领导为副指挥长，抽调精干的局委办负责人，组建了强有力的项目指挥部。道真县副县长、人大常委会副主任分别出任大沙河旅游产业集团副总裁，大沙河旅游产业集团高级管理人员挂职道真自治县副县长，共同推进项目高质量发展。目前，道真县成立了道真自治县大沙河仡佬文化旅游创新区临时党委和管委会，协调推进项目具体工作；历任县委书记和县长数十次深入现场，召开项目推进会和调度会，为项目顺利实施创造了极佳的发展环境。尽管如此，公司发展困难仍然存在。一段时期以来，很多民营企业面临着"关停并转"，压在民营企业身上的"三座大山"更加突出：市场的"冰山"、融资的"高山"、转型的"火山"，让企业束手无策、不堪重负，这些问题的形成既有国内环保"一刀切"、人力成本持续上涨、原材料成本一直处于高位、税费负担过重的因素，也有民企自身管理不善、盲目发展的原因。为优化营商环境，现提出以下建议。

一是破解民企融资难题。为更好地落实习总书记"把银行业绩考核同支持民营经济发展挂钩"的讲话精神，建议有针对性地顶层设计一套让各级金融机构"敢贷""愿贷""主动贷"的体制机制，像考核"脱贫攻坚"和"环保责任"任务一样考核，对考核成绩优秀的金融机构要进行政策倾斜，让金融机构能够和企业"风雨同舟""和衷共济"，让金融机构"不愿贷"变为"主动贷"；建立财政信贷风险补偿基金，由财政、银行共同审核，为符合经济结构优化升级方向，有前景、有市场的民营企业，提供融资兜底支持，一定比例地分担、补偿金融机构的"呆坏账"，让金融机构"不敢贷"变为"不怕贷"。

二是夯实文旅康养产业基础。作为黔渝合作的"桥头堡"，遵义在发展文旅、康养产业方面具有得天独厚的优势。建议政府聚焦文旅、康养产业发展，加大文旅、康养产业配套设施的投入力度，培育壮大文旅、康养产业主体，打通上下游产业链，构建大文旅、大康养产业格局，把遵义打造成世界知名的"康养旅游之都"。

三是下大力气优化营商环境。建议政府大力弘扬企业家精神，给予民营企业家更多的社会承认，把优秀的民营企业家当作不可多得的资源，用心呵护，视为遵义的英雄、遵义的骄傲，把企业家真正地"当成一家人"，把遵义打造成企业家汇聚的"洼地"。建议由市统战部、工商联牵头，以民营企业为主体，对标世界银行，定期对全市营商环境质量开展综合评价，公布评价结果，倒逼环境改革。建议重新拟定审批标准，再造审批流程，实行一窗受理、集成服务，不断缩小与国际一流营商环境的差距，使市场主体活力和社会创造力持续迸发。

宏财投资：由单一业务转向多元实体格局

  宏财投资公司致力于"去（砌）平台"，探索出"资源转资产做大公司，资产转资金做实公司，资金转项目做强公司，项目转产业做优公司，产业转资源做精公司"市场化转型之路，精准定位、聚才引智、铸造精气、求实创新，推动公司从小变大、从弱变强，从单一的融资业务向农业、教育医疗、资产运营、汽车、文化旅游、房地产等实体格局转变。

  盘州市宏财投资有限责任公司成立于2004年6月，2014年9月更名为贵州宏财投资集团有限责任公司，公司致力于"去（砌）平台"，探索出"资源转资产做大公司，资产转资金做实公司，资金转项目做强公司，项目转产业做优公司，产业转资源做精公司"市场化转型之路，精准定位、聚才引智、铸造精气、求实创新，推动公司从小变大、从弱变强，从单一的融资业务向农业、教育医疗、资产运营、汽车、文化旅游、房地产等实体格局转变。公司经营性资产涵盖刺梨、教育、农产品配送、商铺门面、汽车、文化旅游等方面，正按既定规划有序运营。

  六盘水盘州市扫黑办出台了《关于进一步加强扫黑除恶专项斗争的通知》（盘扫黑办发〔2018〕12号）、《关于印发〈盘州市扫黑除恶专项斗争首轮联合督导方案〉的通知》（盘扫黑办发〔2019〕7号）、《关于印发〈盘州市服务保障中央扫黑除恶督导组下沉督导工作方案〉的通知》（盘扫黑办发〔2019〕13号）等文件，加大了对黑恶势力、村霸、非法阻工等行为的打击力度，为企业发展营造了良好的社会环境。盘县人民政府出台《关于支持县域工业企业加快发展若干政策措施的实施意见》（盘府发〔2015〕172号文件），规定"要加大金融政策支持，搭建银企对接平台，努力帮助企业缓解融资压力，市内各金融机构对符合条件的工业企业要尽可能给予贷款利率优惠。允许企业采取借新还旧、展期、分期还贷等方式帮助渡过难关，不得简单采取收压贷款规模、调低授信等级等行为"，降低了公司偿还债务、还本付息的资金压力。明确规定要优化投资环境，简化办事程序，提高行政效率，加快构建简洁、高效、规范的招商引资行政审批服务平台，为公司办理相关许可证件提供了极大便利。如规定由住房和城乡建设局代为办理城镇建设方面的有关项目、由（原）国土资源局代办国土资源方面的有关项目，有效解决了"多次跑"的问题，同时在盘州市政务大厅基本能办理所有手续，办理时效性进一步提高。《中共盘县委员会办公室盘县人民政府办公室关于印发〈盘县党政机关全面推行法律顾问制度实施方案〉的通知》文件，公司聘请贵州瀛黔律师事务所作为法律顾问，对公司重大行政决策、议案提供合法性审查意见，对公司实施决策可能涉及的法律风险进行研究、论证、评估，并提出审查意见，为公司在重大决策的合法性保驾护航；对公司信访案件的处理和行政调解工作提供法律意见、建议；每年在春节期间协助公司处理矛盾纠纷、非法上访等事件，对矛盾纠纷进行化解，为干部职工营造良好的法治氛围。

当前企业存在融资难、融资贵、资产规模和负债不断扩大、市场化转型缓慢、现代企业制度不健全等问题。分类推进实体化转型，明确平台公司定位和职能。剥离平台公司的政府融资职能，按《中华人民共和国公司法》落实独立法人地位，在承接政府公益性项目前应充分测算项目投资与收益，根据市场交易规则，按公司独立决策程序与政府产生相应法律关系，完善招投标和采购程序，通过合作协议明确权利义务；聚力朝着"定位明确、主业突出、规模较大、负债合理、持续发展能力较强"的国有投资管理和城市运营集团化公司发展。地方政府作为出资人行使相关权利并承担相应责任，做好监督、风险管控及收益分红，将项目决策、融资、建设、管理及运营责任交还平台公司，实现从"管理职能"向"监督职能"的转变。厘清政府债务，助推融资平台轻装上阵。按"分类管理、区别对待、逐步化解"和"应统尽统"的原则，梳理平台公司因承担政府公益性项目所形成的负债，尤其是隐性债务，逐笔核实，厘清政府和平台公司的义务，按法律规定承担各自责任。对无收益的纯公共项目产生的债务，政府给予政策支持，通过政府购买、财政资金注入，或者用土地、城市资源等进行置换，增加偿还来源。对于有收益的项目产生的债务，通过资产证券化提高资产流动性，或通过PPP模式，引入社会资本，减少债务总量。制定平台公司领导选聘、人员进退政策，按企业法人治理结构建立健全领导班子；高管人员采用社会引入的用人机制和完全市场化的中层职业经理人制度，完善绩效考核机制和薪酬考核机制，促进管理市场化，进一步增强管理人员市场竞争意识。

锦江中小企业服务中心：做强实业、服务企业

铜仁市锦江中小企业服务中心有限公司（中小企业园）的发展得益于党和政府的民营政策，得益于政府部门的通力帮助，得益于地方领导的亲切关怀。

铜仁市锦江中小企业服务中心有限公司（中小企业园）目前规划占地229.8亩，建筑标准厂房44栋，面积32万平方米，总投资5亿元，入驻企业100家，安置就业3000余人。企业营商环境获得感强。一是领导亲商。在碧江经济开发区建设中小企业园项目，得到铜仁市委市政府、碧江区委区政府领导的高度重视和亲切关怀。在项目选址、落地、地价优惠、规划建设等诸多环节，市、区领导都亲自过问，极其关心。市政府领导到园区指导，解决园区规划用地、企业发展等方面的困难和问题。特别是市人大常委会副主任、碧江区委书记多次到园区调研，关心园区建设，现场解决如兑现政府招商优惠承诺、落实园区土地证办理等系列棘手问题。二是部门助商。一个项目从规划选址到落地建成，涉及多项行政许可，需要找多个部门办理。但中小企业园项目得到了全区多个部门的大力帮助，有的部门主动上门服务。正是有了各部门的通力帮助，中小企业园项目建设才得以顺利推进。三是地方扶商。碧江经开区、灯塔街道办事处等各级领导为中小企业园建设项目提供保姆式服务。不管施工建设中出现任何问题，经开区管委会领导和街道办事处干部总是第一时间赶到。在几年施工

建设中，没有出现当地农民强揽工程、强拉强运、阻碍施工等现象。

总体来说，虽然当前民营企业发展还存在着用地手续难办、政策兑现不及时等问题，但大多是管理职能受限和法定必要程序，有的已通过"放管服"改革得到根本解决。企业坚信在习近平新时代中国特色社会主义思想的指引下，贯彻党中央国务院改善营商环境的重要精神，民营企业的发展空间将越来越宽，势头将越来越猛，明天将更加美好！

吉阳旅游：产品、资产和资本融合的"丹砂王国"

　　贵州铜仁吉阳旅游开发有限公司通过促进经济结构转型升级，利用旅游业全面带动第三产业的发展，关联一、二产业，使各产业相互融合，增强万山区经济发展的内生力，带动当地经济的发展。期待"江南千条水，云贵万重山。五百年后看，云贵赛江南"的宏愿尽快实现。

　　贵州铜仁吉阳旅游开发有限公司是江西省上饶市吉阳实业集团有限公司为开发朱砂古镇旅游项目专门成立的分公司，成立于2015年7月21日，是一家集旅游项目投资、生态旅游开发、度假村开发、酒店经营、旅游餐饮经营、旅游文化演艺、旅游传媒网络经营等于一体的综合性股份制企业。公司一直立足于旅游、文化两大产业，围绕旅游新业态的开发建设和旅游产业的整合，采取"产品、资产和资本"相结合的手段，旨在打造铜仁地区旅游龙头企业，全省著名的矿山文化、朱砂文化、怀旧文化独特旅游景区。

　　旅游产业是以出游行为的消费为基础，由食、住、行、游、购、娱等产业链紧密联系组成的一个完整的经济系统结构，属于内需型消费产业，是现代服务业的重要组成部分，带动性作用大。发展旅游业，可以促进经济结构转型升级，优化国民经济产业结构、促进国民经济持续发展，极大推动城市基础设施建设的进程，吸引游客，增加城市常住人口数量，提升经济发展水平。利用旅游业全面带动第三产业的发展，关联第一、第二产业，使各产业相互融合，增强万山区经济发展的内生力。朱砂古镇通过修旧如旧，把一片废墟的汞矿遗址，打造成为充满怀旧情怀的旅游景点，使老旧建设变废为宝，并增加了许多旅游新元素，如今环境美了，百姓受益了，直接带动当地经济的发展，增加一万多个就业岗位，为民众提供了大量创业机会和平台。

西江文化旅游：从"千户苗寨"到"西江模式"

探索集团化旅游服务质量管理模式，不断学习、对标、整合和改进，质量管理体系成熟度持续提升，已逐步演进形成系统的集团化旅游服务质量管理体系——西江模式。

拓展公司经营项目，优化公司收入结构，不断推进景区投资主体的多元化，不断调整和完善公司的所有制结构，打破部门、行业、地区界限，进一步加强对全国旅游资源的统一、整合工作，促进公司以景区经营、资本运作为纽带，向集团化、网络化发展。

贵州省西江千户苗寨文化旅游发展有限公司（以下简称"西江文化旅游公司"）成立于2009年7月2日，由雷山县人民政府出资注册成立，属国有独资公司，经营范围包括：景区开发、建设、经营活动管理；经营性国有资源开发、经营和管理；旅游产品、农副产品开发销售；景区旅游产业招商引资项目合作经营管理；房地产开发、物业管理、交通运输及酒店管理等相关服务。伴随着改革开放的深入推进，西江旅游公司紧紧抓住时代发展的大好机遇，在短短十年间快速实现了由本土旅游向全国旅游的转型升级，呈现出从"千户苗寨"到"西江模式"的历史嬗变，形成了独具民族特色的知名文化旅游品牌，并成为全国旅游开发扶贫的经典案例。所有这些，离不开贵州经济社会的快速发展，离不开企业营商环境的优化改善。

从财务效益上看，西江文化旅游公司近三年的总体盈利水平较高，2016年、2017年均有所上涨，2018年盈利水平有所下降。从资产营运上看，公司近三年的总体营运水平适中，应收账款及存货的营运情况良好，没有存在资金占用，资产运营管理和利用率变化不大，公司可继续挖掘潜力、积极创收、提高资产利用效率。从偿债能力上看，企业总体财务结构稳定，财务风险可控，公司短期偿债能力较强。从发展能力上看，旅游行业属朝阳产业，发展潜力巨大，公司业务发展势头良好。从市场占有能力上看，西江千户苗寨景区的市场占有率逐年提升、品牌形象及知名度稳步提高。从企业管理水平上看，西江旅游公司坚持以顾客需求与体验为中心，不断探索集团化旅游服务质量管理模式，通过不断的学习、对标、整合和改进，质量管理体系成熟度持续提升，如今，已逐步演进形成系统的集团化旅游服务质量管理体系——西江模式。从技术装备更新水平上看，结合贵州省大数据战略，西江旅游公司在全面数字化基础上建立可视化的智能管理和运营，积极搭建信息化管理平台，建设景区智慧门禁系统、自助售票服务系统，同时完善景区游客咨询中心服务系统功能，建设景区智慧指挥中心，通过智能化运营，达到信息互联互通和调度指挥智能化管理。

制约因素及对策建议。从内部因素看，存在职工专业技术水平与构建智慧旅游景区的要求存在差距、管理人员综合素质与现代化增长型企业不匹配、公司运营管理机制不够完善等问题。从外部因素看，存在着景区提质扩容建设项目征地困难、部分项目的许可资质办理困难、网络不实舆论影响景区声誉等问题。针对上述制约因素，结合公司自身的发展要求，提出如下几点建议：第一，发展结合指示比对，进一步理顺公司管理体制，提高公司经营自主权。在县人民政府与公司签订《委托经营协议》的基础上，进一步理顺政府与公司之间的关系。切实将《委托经营协议》的相关规定和条款落实到位，提高公司的自主经营权，进一步减少公司的社会管理以及社会服务职责，避免社会管理与社会服务压力挤压公司进一步发展和市场竞争的优势，让公司能够真正切实按照市场规律办事，提高经营效率与经营效益。第二，放活公司独立管理体制，提高公司管理活力。除事关景区发展的重大决策之外，进一步放活公司日常经营活动的独立管理运行机制，提高公司内部人事安排、管理决策、人才引进等独立性，释放旅游公司经营与管理的市场活力。第三，优化完善公司考核机制。在现有公司考核评价指标体系的基础上，借鉴国内大型、成熟国有企业、私营企业和考核以及薪酬机制，通过优化和完善公司的考核机制来提高公司管理人员和员工的工作积极性。第四，进一步优化公司收入结构，推进公司集团化进程。在公司成立演艺分公司、旅游产品开发分公司以及旅行社等拓展收入的子单位的基础上，增加连锁酒店管理公司、餐饮娱乐管理公司等子公司，进一步拓展公司的经营项目，增加公司的收入来源，逐步摆脱"门票经济"的束缚，优化公司的收入结构。不断推进景区投资主体的多元化，不断调整和完善公司的所有制结构，打破部门、行业、地区界限，进一步加强对全国旅游资源的统一、整合工作，促进公司以景区经营、资本运作为纽带，向集团化、网络化发展。

阳光资产经营管理集团：
实体产业和金融一体化

以产业拓展带动经济增长，以转型升级撬动资产创收，以资源整合促成发展大势，实现多元化产业资本和金融资本的相互转化。

高层次人才引进乏力和融资环境趋于严峻是地方营商环境优化必须破解的两大难题。

贵州兴义阳光资产经营管理集团有限公司，前身为贵州兴义阳光资产经营管理有限公司，成立于2011年9月1日，是经兴义市人民政府批准组建的国有资产经营管理有限公司。阳光集团紧紧围绕"产融一体化"发展模式，促使阳光集团实体产业与金融产业通过相互渗透，实现多元化产业资本和金融资本的相互转化，并且产生积极协同效应；同时，通过实施金融"1+N"战略模式，阳光集团出资借力混合所有制参股地方商业银行、村镇银行，控股融资租赁公司、基金公司完成金融产业布局，利用金融杠杆工具反哺旗下产业集群，促进"产融一体化"模式协同效应得到有效发挥，提高地方国有资本资源配置效率和竞争力。

近年来，兴义市大力推进产业大招商突破年行动和营商环境集中整治行动工作，结合自身资源优势、产业基础，对营商环境存在的问题大力开展集中整治，不断优化营商环境建设，努力营造"亲""清"新型政商关系，努力用"四心"服务打造优质的"五星"营商环境。

企业面临的困难：一是高层次管理人才引进乏力。受区域化市场竞争力差异的因素制约，与一线、二线城市的发达企业相比，三线、四线城市国有企业在人才引进方面后劲不足，对具备大型企业管理经验的高层次人才需求日益凸显，而由此导致的"青黄不接"的尴尬现状，使得地方国有企业的整体战略发展规划在执行层面还面临诸多压力。二是融资环境趋于严峻。自2017年下半年以来，财政部和（原）银监会系列新规出台，信托等融资通道受限，资金来源受阻，对国有企业助推地方经济发展造成一定影响；同时，囿于国家金融监管政策趋紧的态势，各金融机构按照新规对有关信贷政策都分别做出了调整，致使国有企业原拟融资项目暂停。由于金融机构对企业的融资需求多采取抵押或担保方式，不仅手续繁杂，而且为寻求担保或抵押等，企业还要付出诸如担保费、抵押资产评估等相关费用，更是增加了企业融资负担，一定程度上增加了企业生产经营成本，造成"融资贵"的局面。

科学研究和技术服务业

贵州勤邦：专注于食品安全快速检测

贵州勤邦食品安全科学技术有限公司是国内食品安全领域化学污染物检测仪器和免疫试剂数量与种类最多的研发生产单位之一，致力于食品安全快速检测技术的自主研发。

加强企业与金融机构对接，切实降低企业融资成本尤为重要。

贵州勤邦食品安全科学技术有限公司（以下简称"贵州勤邦"）是一家专注于食品安全快速检测领域的国家高新技术企业，致力于食品安全快速检测技术的自主研发。目前，贵州勤邦有智能化检测仪器、食品安全快速检测试剂盒、试纸卡、测试皿等快速检测产品，拥有品类齐全的食品安全生物免疫检测抗原抗体库，是国内食品安全领域化学污染物检测仪器和免疫试剂数量与种类最多的研发生产单位之一。贵州勤邦现有贵州省食品安全生物检测技术开发与应用工程研究中心、贵阳市生物制剂与检测设备工程技术研究中心、贵州省企业技术中心、食品安全生物检测技术国家地方联合工程中心等技术研究中心，并获得了贵州省科技型种子企业认证、国家高新技术企业认证、知识产权贯标认证、贵州省知识产权优势培育企业等荣誉。

贵州勤邦得到了贵州省政府、贵阳市政府的大力支持。在政策上，国家地方联合工程中心的建设慢抗快速检测试剂盒产业化以及贵州省茶叶蔬菜质量安全评价、检测和可追溯关键技术研究与应用等项目均得到了相应的政策扶持，很大程度上缓解了企业的项目资金压力。同时，贵州勤邦经招商引资落户到经开区，投资环境较好，政策落实到位，目前，贵州勤邦已将集团总部（勤邦生物科技股份有限公司）迁至贵阳经开区。贵州勤邦内部正进行技术改革，一方面持续对食品安全领域进行研究和开发；另一方面，企业将紧跟时代步伐，将互联网、物联网、大数据等新兴技术与食品安全技术紧密结合，以实现产业改革与升级，促使食品安全云端化、数据化发展。为此，贵州勤邦已经开发了"FTT系统"（食品安全溯源系统），以及对应的物理网检测设备的开发，并已初步取得成效。但是，在整个改革过程中，因为涉及两个行业整合，仍然面临诸多风险，在技术上、人才上的风险尤为突出，从一定程度上制约了企业的发展。融资相对困难、行业高端人才缺乏、政府购买相对较弱，希望继续加强对企业的政策扶持，引导企业开展创新能力建设；加速人才引进政策的优化，让贵州进一步提升"能吸引人才、能留住人才"的能力，同时，加强企业与金融机构对接、切实降低企业融资成本也尤为重要。

巴斯巴：新能源的积极参与者

贵州遵义巴斯巴是一家专注于新能源电动汽车核心零部件研发、生产、销售的高新技术及创新型企业，拥有一支理论基础扎实、实践经验丰富的研发团队，正努力打造全球一流的新能源服务型企业和国际知名的新能源品牌。

营商环境方面，企业融资难、融资贵，基础设施配套不完善，历史遗留问题的处理等方面需要加强和改进。

贵州遵义巴斯巴科技发展有限公司2015年入驻遵义市南部新区新能源汽车产业基地，建立有一套完整的生产系统及相应的生产制造车间，组装生产流水线20余条，是一家专注于新能源电动汽车核心零部件研发、生产、销售的高新技术及创新型企业。巴斯巴拥有一支理论基础扎实、实践经验丰富的研发团队，目前巴斯巴在新能源汽车核心零部件领域已获得了300多项国家专利，其中50多项为发明专利，参与制定国家和地方行业标准共17项。

优化营商环境时应重点关注的问题：

（1）银行融资难、融资贵的问题。目前银行能通用的方式较多为固定资产抵押，在遵义市委市政府的大力支持下，贵州遵义巴斯巴科技发展有限公司以轻资产方式运作，为公司发展创造了很好的硬件条件。但同时由于轻资产运作方式如以传统方式申请银行贷款面临诸多困难，加之银行对新能源汽车产业在认知上存在偏差，难度较大，作为民营企业，即便是高成长型企业，跟国企或上市公司相比，其融资成本较高。

（2）配套不完善、物流成本高。新能源汽车核心零配件行业的上游为各种金属材料、电线电缆、塑胶材料和其他材料的制造业，下游为外协加工、模治具、表面处理及各生产工艺配套等行业。目前，与贵州遵义巴斯巴科技发展有限公司合作的配套企业绝大多数分布在省外。贵州遵义巴斯巴科技发展有限公司配套供应商主要有140多家，其中在省内配套的供应商仅有20余家，省内供应商占比仅为16%，铜材、线缆、塑胶原料、电子料、铝/锌合金以及包材等配套产品的供应商都集中在省外地区，原材料及其他物料均需要通过物流公司运输周转，严重影响企业的生产交期，增加企业的物流费用。望加大招商引资力度，加快产业基地建设。积极吸引国内外电机、电控领域的龙头企业和新能源汽车动力系统项目等关键零部件领域的生产企业落户，弥补和增强遵义市新能源汽车的零部件产业链和创新链，提升产业综合竞争力。

（3）表面处理厂遗留问题。目前遵义地区的表面处理厂集中在原有的军工企业，经沟通后一直在配合打样，到现在都没有一款能通过测试，且报出来的价格是四川、重庆的三倍到五倍，无法为公司形成提供配套服务。贵州遵义巴斯巴科技发展有限公司从投产到现在一直还是在四川绵阳与重庆的铜梁、璧山地区做表面处理。物流往返时间来回最少6天，严重影响生产周期，导致公司很多产品只能在深圳生产，希望能在省内建设电镀园区，解决企业面临的表面处理问题。

水利、环境和公共设施管理业

重力科技：环保产业转型升级的示范

贵州重力科技环保有限公司从主体建设"含汞废物无害化处置及资源化综合利用项目"，到"多元含汞危险固废物多金属同步回收技术"，再到打造汞产品深加工与含汞废物回收处置一体化的循环经济产业链，成为汞污染防治领域产业化应用的示范基地，实现环保产业转型升级，推动经济绿色低碳循环发展。

贵州重力科技环保有限公司始建于 2014 年 3 月，是贵州省高新技术企业，公司致力于汞污染综合防治，业务涉及含汞废物无害化处置及资源化利用、涉汞工业废气深度净化治理、汞污染土壤修复治理、聚氯乙烯触媒产销，目前占有含汞固废回收处置行业 40% 的市场份额，占有聚氯乙烯触媒行业 50% 的市场份额，是目前国内规模最大、综合技术领先的含汞固废无害化处置及资源化利用企业，同时也是国内最大的聚氯乙烯触媒产销企业。

为加快经济发展，特别是加快民营经济的发展，各级政府部门通过减费降税、简政放权、优化法治环境、加快服务型政府建设等一系列政策措施，持续改善营商环境，企业在发展过程中也实实在在地享受到了优良的营商环境带来的红利。所得税税收优惠方面，公司主营业务属于国家"产业结构调整指导目录"中的鼓励类产业，享受了"减按 15% 的税率征收企业所得税"的优惠政策。同时，按"财政部、国家税务总局、国家发展改革委关于公布环境保护节能节水项目企业所得税优惠目录（试行）的通知"规定，根据国家企业所得税法及其实施条例，公司含汞固废回收处置业务享受了"第一年至第三年免征企业所得税，第四年至第六年减半征收企业所得税"的优惠政策。增值税税收优惠方面，公司主营业务中含汞废物处置服务及含汞废物综合利用属于"资源综合利用产品和劳务增值税优惠目录"的范围，上述两项业务分别享受了增值税即征即退70%和30%的税收优惠政策。此外，自2018年以来，国家持续下调增值税税率，并扩大可抵扣进项税范围，公司适用的增值税税率由原有的17%下调至目前的13%，使得公司营业税金及附加税费成本及部分业务增值税税负降幅20%以上。另外，为帮助企业稳定核心层员工及高端人才，地方主管政府研究出台了个人所得税地方留存部分返还的优惠政策，进一步减轻了核心层员工及高端人才的个人所得税负担，极大提高了员工获得感，有效促进了企业核心员工的稳定。通过享受各项税收优惠政策，公司年均税负成本可减少1000余万元，有效降低了企业运营成本，提升了企业的造血功能，对企业高质量快速发展起到了巨大的推动作用。

针对民营企业发展过程中普遍遇到的融资难、融资贵的问题，各级政府部门从产业基金、政府融资平台、股权交易、银行信贷、贷款贴息等多渠道持续发力，让民营企业的融资环境得到了切实有效的改善。公司自成立以来，分别于2014年11月获得由贵州省财政厅及贵阳市财政局共同出资设立的"高新技术产业发展基金"2000万元的股权投资，于2018年11月获得由铜仁市政府、贵州省科技厅、贵州省财政厅及贵州省发改委共同出资设立的"梵净山科技创业投资基金"1400万元的股权投资，两项产业基金的股权投资为公司的长足发展提供了长期稳定的现金流保障。此外，在办理银行信贷业务的过程中，针对公司缺乏抵押物的情况，各级主管部门积极协调，采取政府平台协助担保及与银行合作推出"税贷通"等信用贷款产品的模式，帮助企业顺利推进银行信贷业务的办理，解了企业的燃眉之急。

政府服务方面。近年来，各级政府部门深入推进"放管服"改革，以"减证"推进"简政"，使各项审批流程得到较大程度的简化，业务办理效率大幅度提升，"多证合一""一个窗口一次办结""让数据多走路、让群众少跑腿"等政策的实施让各企业由衷点赞。在强化服务职能方面，各级政府还对企业采取各级主管领导定点联系帮扶、主动深入企业服务，快速有效地解决了企业发展过程中的各项诉求，进一步提升了企业运营效率，促进企业快速发展。

目前，技术创新及人力资源配置是制约公司发展的主要内部因素。现阶段，低汞触媒属于"产业结构调整指导目录"中鼓励类产品，今后较长时期内，高性能的低汞触媒及超低汞触媒技术仍将是主流研发方向，结合我国触媒"低汞化、固汞化、微汞化、无汞化"的发展导向，国家鼓励对新型触媒进行研发和应用，支持企业开展新型固汞触媒、无汞触媒等技术的研发，行业中众多企业和机构也正积极开展相关技术的研发工作。虽然无汞触媒研发需较长时间的探索，短期内该行业不会淘汰汞触媒。但结合国家对该行业的整体规划，公司的聚氯乙烯触媒业务发展仍然存在一定的技术替代风险。因此，企业将持续加大研发投入，同时，也积极与国内外各科研机构、知名院校及知名科研人员保持密切联系与合作，对行业中无汞触媒研发的相关进展实时跟进，以确保公司在行业中的技术领军地位，确保聚氯乙烯触媒业务稳步发展。人力资源配置方面，目前公司员工平均年龄偏大，年轻员工数量占比稍小，老龄化现象凸显，多数基层员工文化程度不高，人才储备有所欠缺，公司将持续深化人员结构改革，加大人才储备及人才梯队建设投入，切实保障公司各发展阶段的人力资源需求。汞产业是贵州省传统特色产业，重力公司在传统汞化工产业的基础上实施"传统产业生态化、规模化"的转型升级，形成了集含汞废物无害化资源化回收处置、涉汞废气深度净化治理、汞污染土壤修复治理、聚氯乙烯触媒产销于一体的汞污染综合防治产业布局。在聚氯乙烯触媒行业，公司依托自身雄厚的技术力量，通过科技创新引领该行业逐步朝着"低汞化、固汞化、微汞化、无汞化"的方向健康可持续发展，以实现在汞产品使用源头减汞控汞的目的。为此，建议各级主管部门在各项产业规划政策、鼓励政策及产业宣导方面，能更多地关注汞污染综合治理行业，引导社会各界正确认识该特色产业，为该产业的发展营造一个更加优良的外部环境，让该类企业享受到更多的发展便利和优惠政策。建议政府各级主管部门继续研究深化减税降费相关改革措施，进一步拓宽企业融资渠道，加快推进各项金融扶持政策的落地，降低实体经济企业的融资成本，为企业减负，提升企业的造血功能。

梵能移动能源：严守发展与生态底线

  梵能公司秉承"移动能源改变生活"的企业使命，按照"高端化、绿色化、集约化"发展要求，围绕"产业生态化、生态产业化"发展路线，着眼于国家战略性新兴产业，聚焦节能环保、高端装备制造、新能源、新材料、新能源汽车等产业，深入实施"全球工业4.0"及"中国制造2025"发展战略，大力引进和培养高新科技人才，全力构建新能源高新科技产业体系，致力于建成国际一流清洁能源公司。

  铜仁梵能移动能源有限公司（以下简称"梵能公司"）成立于2017年6月，由铜仁旅游投资有限公司与汉能移动能源控股有限公司共同出资组建，经营范围为太阳能光伏电池及电池组建的生产、制造、销售、研发；太阳能光伏电站开发、工程承包；合同能源管理；太阳能技术研发、技术咨询服务、技术转让；汽车制造；货物进出口、技术进出口贸易。近年来，铜仁市围绕"一区五地"创建目标，积极适应和把握经济发展新常态，坚持创新、协调、绿色、开放、共享的发展理念，坚守生态和发展两条底线，以绿色化、高端化、集约化为主攻方向，以"千企引进"为抓手，着眼国家战略性新兴产业，积极承接东中部产业转移，促进铜仁与全球产业链、创新链和价值链的有机对接，为引进移动新能源、新能源汽车、智能终端制造等高端产业营造了一流环境。

  薄膜太阳能成为全球太阳能产业的发展趋势，同时也是国家战略性产业之一，铜仁梵能移动能源产业园得到贵州省委、省政府支持。2018 年 2 月，铜仁梵能移动能源产业园项目（一期）被纳入 2018 年贵州省重大工程和重点项目名单，同时得到各级领导关怀。对汉能集团目前世界先进的柔性薄膜太阳能生产技术非常看好，并表示将大力推动汉能集团在贵州的移动能源产业园项目发展。同时还得到了铜仁市委市政府支持。梵能移动能源产业园项目被列为铜仁市"一号工程"，市直主管部门按照绿色通道、特事特办的原则给予支持。市长召集相关主管部门，按照 10 天召开一次调度会的节奏，集中处理产业园在建设中出现的问题，现场办公。梵能移动能源产业园位于铜仁市在规划的空港新城，毗邻凤凰机场及铜仁高铁北站（在建），为保证项目二期用地，市政府召开专题会议修正机场跑道及高铁规划方案。

未来三年是铜仁梵能移动能源有限公司大发展、快发展和多元化生产体系建设的关键时期，企业可以着眼国家战略新兴产业，践行"创新发展、绿色发展"理念，聚焦绿色发展，着力构建生态产业体系，充分利用政策优势、产业优势、技术优势和资源优势，快速推进园区载体建设，推动清洁能源开发及应用进程，助推地区经济社会跨越式发展。围绕"念好'山字经'、做好'水文章'、打好'生态牌'"，牢固树立新发展理念，创新工作方法和思维，守好发展和生态两条底线，着力推进绿色发展，以"产业生态化、生态产业化"狠抓移动能源园区载体建设，坚定发展信心，发扬苦干实干精神，群策群力加快推动园区早建成、早投产、早见效。

煌缔科技：环保型国家高新技术开拓者

　　掌握核心技术是企业持续发展最有力的保障。柴油机尾气微粒过滤器的配料、成形、堵孔、烧结等工艺方面形成了大量的核心技术，填补国内车用柴油机后处理装置技术空白。

　　坚持惩处与保护并重，鼓励勇于担当、敢于作为，把严格管理干部和热情关心干部结合起来。建立容错机制，把干部在先行先试中出现的失误与明知故犯的违纪违法行为区分开来，旗帜鲜明地保护锐意进取、作风正派、有作为、敢作为的干部。

　　贵州黄帝车辆净化器有限公司于 2008 年 3 月落户于贵州凯里经济开发区开元大道黄帝环保产业园，是一家致力于改善机动车尾气污染，具有完全自主知识产权，专业生产以重结晶碳化硅材质的柴油机颗粒过滤器（DPF）后处理装置专用载体、ART 系统集成和封装于一体的环保型国家高新技术企业，于 2017 年 12 月 30 日变更为"贵州煌缔科技股份有限公司"（以下简称"煌缔科技"），主要研发柴油机颗粒过滤器（DPF）和独立主动再生过滤系统（ART）。煌缔科技已在柴油机尾气微粒过滤器的配料、成形、堵孔、烧结等工艺方面形成了大量的核心技术，填补国内车用柴油机后处理装置技术空白。

　　民营企业在市场准入方面，有时仍遭遇不少体制性和政策性障碍，存在制约和限制非公经济发展的隐性壁垒。涉及非公经济的部门众多，相互扯皮，导致政策落实不到位、政策够用不管用、政策优惠难享用。事实上，民营企业若要实现健康发展，需要公平的发展环境、竞争有序的市场体系、健全的法律法规，政府要与企业共同创造诚信公平、充分竞争的营商环境。当前，企业面临前所未有的发展机遇，要落实习近平主席关于构建以"亲""清"为核心的新型政商关系的要求，从法治、机制、环境建设等层面采取切实有效措施，形成良好的政商关系。要建立和维护体现"亲""清"特点的政商关系，让企业家把更多的精力放在按规则、规律经营上，避免形成对政府特殊关照的路径依赖；要完善产权保护制度，让企业家"有恒产者有恒心"，而不是一味追求"短平快"，淡化战略思考。主要建议是：第一，要完善法律规范体系。构建新型政商关系，应充分利用现代信息工具，建立网上信息共享平台，实现权力清单和权力运行可视化，确保用权有效监督。要抓住审批环节这个关键，全面推行权力清单、负面清单、责任清单，让政商关系界限分明。要强化法律规约，牢固树立法治意识，将政府和企业的关系建立在法制基础上，用法律规范政府行为与企业行为，在法律框架内处理政商关系。政府和涉企部门工作人员依法用权、规范用权、秉公用权，自觉斩断与商家的各种非法利益链接，杜绝权力寻租；以"敢作为、愿作为、主动作为"为导向，服务好企业。企业依法依规开展经营活动，不钻旁门左道，不走歪门邪道，不腐蚀、不围猎，按市场规律办事，遵纪守法办企业、光明正大搞经营。要规范行政执法，严格按照《国务院关于印发清理规范投资项目报建审批事项实施方案的通知》的有关要求，对投资项目报建审批事项进行全面清理规范，坚决杜绝政策执行中"玻璃门""弹簧门""旋转门"现象。继续推进简政放权，最大限度地放权给市场和企业；减少许可事项，规范行政处罚，所有行政审批事项严格遵守法定时限，做到"零超时"。第二，要优化净化服务环境。强化政府服务意识，全面推行行政许可和公共服务标准化，公开涉企服务事项及办事流程，编制发布办事指南，为非公有制企业办事提供明确指引。建立健全服务民营企业发展问题投诉处理机制，切实维护民营企业的合法权益。充分发挥非公经济人士中各级人大代表、政协委员作用，紧紧围绕经济发展、政府改革、社会发展等热点难点问题提出有分量的提案、建议，为党委、政府决策提供决策参考，为非公经济发展奠定良好的社会基础。对行政审批涉及的中介服务事项进行全面清理，规范行政审批中介服务。第三，要强化体制机制创新。制定政商交往准则，给政商交往提供一张"明白纸"，明确政府和企业哪些应该为、哪些不能为、哪些必须为。政府及有关部门要建立完善制度化、经常化的政企沟通机制，实现政府与企业的良性互动，让政商关系在"清"的前提下"亲"起来。推行党政领导、相关部门联系非公有制企业制度，健全完善重点企业挂钩帮扶机制。要强化监督问责机制，将如何处理政商关系纳入干部考核评价体系，让为政者在制度的阳光下行使权力、担负责任。完善非公有制经济代表人士评价体系，对列入样本的企业家进行综合评价，鼓励他们讲真话、说实情、荐真言。要坚持惩处与保护并重，鼓励勇于担当、敢于作为，把严格管理干部和热情关心干部结合起来，形成心情舒畅、充满信心、积极有为、勇于担当的氛围。建立容错机制，把干部在先行先试中出现的失误与明知故犯的违纪违法行为区分开来，旗帜鲜明地保护锐意进取、作风正派、有作为、敢作为的干部。

居民服务、修理和其他服务业

黔灵女：全国巾帼家政企业品牌

贵州黔灵女家政服务有限公司（以下简称"'黔灵女'家政"）坐落于贵州省贵阳市，历经9年的市场历练，"黔灵女"家政已成为"服务妇女、温暖社会、幸福家庭"的靓丽名片。

贵州黔灵女家政服务有限公司（以下简称"'黔灵女'家政"）坐落于贵州省贵阳市历经9年的市场历练，"黔灵女"家政已成为"服务妇女、温暖社会、幸福家庭"的靓丽名片。2010年5月，由省妇联打造的"黔灵女"家政品牌注册挂牌。2011年6月，成功向国家商标总局申请"黔灵女"家政商标注册，是当时贵州家政市场仅有的3家注册商标企业之一。到2018年，"黔灵女"家政已覆盖贵州省9个市（州），建成51个品牌连锁店，7所养老院，4所培训学校。经过9年的不懈努力，"黔灵女"家政由小到大，由弱变强，从创建初期只有3个员工到现在挂牌管理近3.5万名家政服务员，现荣登全国巾帼家政企业品牌之一。

从贵州省政策看，贵州省委、省政府高度重视促进家政服务业发展，2019年《政府工作报告》提出"鼓励省行业协会等机构在省内外开展产品推介、供需对接活动"，"加快发展家政、养老等生活性服务业"。"大众创业，万众创新"持续向更大范围、更高层次和更深程度推进，为促进经济增长提供了有力支撑。在这样的背景下，贵州省妇联把扩大"黔灵女"家政覆盖面、开展巾帼家政创业扶持工作列为重要内容。为持续促进城乡妇女创业就业、增收致富，贵州省各级妇联发挥指导、监管的作用，在公益场所、人员及资金等方面给予扶持，在建店加盟的程序、工商营业执照等方面为加盟者提供帮助和协调。在各级政府的支持下"黔灵女"家政积极承办大量培训工作，如贵州省人社厅举办的家政服务员、育婴师职业技能培训，贵州省扶贫办举办的"雨露计划·家政女"骨干培训、"雨露计划·持家女"培训、"雨露计划·锦绣女"培训、"农村实用技术"培训、"致富带头人"培训，贵州省商务厅举办的"家政服务工程"培训，贵阳市人社局举办的家政服务员、育婴师职业技能培训、"星光培训"工程养老护理员培训、中式烹饪培训、家政创业培训，贵阳市商务局举办的"家政服务工程"培训等等。2018年还承办了国家商务部"百城万村"家政扶贫示范国际合作项目。黔灵女积极与贵州省、市、县、乡、村五级联动，扶持妇女创业、解决妇女就业、促进社会和谐，共同打造贵州省"黔灵女"家政品牌，在全省九个市（州）扶持有创业意愿、热爱家庭服务业、能带动当地更多妇女就业的优秀女性各1名，建成"蒲公英家政创业小屋——'黔灵女'家政"分店，并全力帮助各店店面建设和经营发展，实现学员培训结束后可返回当地家政就业。

由于缺少行业规范，家庭服务业面临很多风险，如行业管理风险、企业经营风险、雇主消费风险和家政人员从业风险，以及同行之间的恶性竞争等，这些风险的存在，制约了家政行业的正常发展。此外，社会对家政服务这类新型产业认识不足，行业的社会地位偏低，从业者基础素质偏低及较低的资金准入门槛，无法提供与经营管理精英匹配的薪酬，造成经营管理精英不愿介入此行业，企业也无法借助现代经营管理理念提升产业整体形象和员工素质，更无法借助科技创新推动产业升级。同时，资金短缺、培训时间不够、培训质量不高等难题的存在，极大地影响家政服务的供给质量。值得一提的是，城镇待业和下岗女工面临着再就业难的问题，但是其中大部分人不愿意进入家政行业，虽然农村剩余劳动力中的一部分妇女自愿到城市中从事家政服务，但是文化素质技能不高以及生活习惯差异又导致其无法很好地提供与城市家政行业相匹配的服务，使得家政市场出现了"有人没事做、有事没人做"和"想做的人做不了，能做的人不愿做"的供需缺位的局面。由于家政行业从业人员流动性大，企业无力承担员工社保问题，员工个人也无力承担相关保险的费用，从事家政企业风险承受能力低。贵州应学习借鉴周边省份的先进做法，及时出台相关政策，支持贵州省内家政服务行业蓬勃发展。加大培训力度，由贵州省发展家庭服务业促进就业联席会议牵头、贵州省巾帼家政发展促进会和省内标杆企业参与制定新培训大纲，更新培训教材，选取内容符合当前家庭服务市场需求的教材；更新考试题库，剔除原有的陈旧题目，加入新知识；改变考试方式，以实操技能考试为主、理论考试为辅。每年由家庭服务企业向人社部门申报培训计划，县级政府部门向培训企业购买培训服务，并支付培训经费。推行持证上岗。对家庭服务市场上无培训、无证书、无公司的"三无"人员进行清理引导，组织其参加职业培训，鼓励其进入相关企业，不断提高行业整体服务水平。培训结束后为考核合格的学员颁发"国家职业技能资格证"或结业证，推进家政从业妇女"双证"（国家职业技能证及家政公司培训结业证）上岗进程，对执证上岗的员工和企业给予一定的政策扶持和经费投入。打造诚信行业。贵州省可借鉴发达地区的做法，对失信家政人员、家政企业等提出联合惩戒措施。将家服行业相关规定纳入省级立法项目，确保行业"有法可依、执法必严、违法必究"。扶持龙头企业。贵州应着力培育品牌，促进家政服务行业规模化、品牌化发展。将符合条件的家服企业纳入专项资金支持范围，采取各种切实可行的办法，大力打造本土品牌，培育具有全省性、引领性、示范性的企业，发挥其在行业标准制定完善、行业规则和服务体系化中的作用。

教育

遵义新蓝外国语学校：守正出新、青出于蓝

遵义新蓝外国语学校是集幼儿园、小学、初中三个教学阶段于一体的创新性民办学校，在项目建设和运营过程中得到遵义市各级领导的大力支持和关心，坚定了学校为遵义人民提供优质教育的信心和决心。

营商环境方面，希望地方教育管理部门在教师编制和职称评定等方面给予政策支撑，保障民办教育师资稳定。

2016年初，遵义市南部新区宣布成立。为促进地方教育事业发展、缓解新区学位紧张局面，"四川师范大学遵义新蓝外国语学校"作为重点招商引资项目，于2016年6月28日，由原南部新区管委会与四川师范大学基础教育集团、成都新蓝教育投资有限公司签订《合作协议》和《投资协议》，正式签约落户于原南部新区龙坑片区，是集幼儿园、小学、初中三个教学阶段为一体的创新性民办学校。

项目成立之初，遵义市政府为促进民办教育大发展，秉持着民办教育与公办教育同等对待的原则，积极为学校在土地供给方式、周边设施配套等方面予以支持，营造了良好的投资营商环境，更为项目的后期实施提供了强力保障。在项目实施前期，政府主管部门多次组织召开会议，就学校规划设计进行分析研究，指导遵义新蓝外国语学校在以遵义文化、遵义特色为根本的基础之上，吸收前沿的校园规划设计理念，做出合理、实用、新颖的设计规划。学校临近开学之际，为保障学校顺利投入使用，政府在

自主招师、自主招生等方面予以工作支持。学校现已形成以遵义为根，成都为本，辐射全国的教师团队组建模式，并享受与公办教师的同等待遇。此外，政府高度关注学校手续、资质的落实工作，多次进行工作协调、对接，打通办理事项绿色通道。学校自筹建以来，在规划、建设、运营的各个阶段，均有政府部门或领导进校督察，深入现场，指挥工作，为项目的优质化发展指明方向。在学校承接四川师范大学首届基础教育年会、第四届全国青少年书画艺术展选拔等多项教育盛事期间，政府也予以工作支持和指导。2019年4月1日，遵义市政府印发了《大力发展支持社会力量兴办学校的政策措施》，明确提出：遵义市要深化基础教育领域综合改革，积极实现建设黔川渝结合部教育科创中心和西部非省会教育强市目标。其中，明确对新建民办学校的土地供给、税收减免、教师编制、优惠扶持等方面，进行了一系列政策支撑——这样的支持力度和发展目标，走在了西部同级别城市的前列。

现经过近两个学期的运营，学校的各项工作正有序推进，教育教学秩序稳定正常，学生、家长的认同感和满意度也正稳步提升。但受限于刚刚开学运营不久，学校仍然面临着较大的生存运营压力。教育事业需要持续投入与关注，而社会力量兴办学校，始终存在投入资金量大、投资回收期长、运营管理专业性强等难题。对于企业而言，这将是需要长期面临且不断克服的压力。除此之外，新建民办学校在教师团队的组建和打造过程中，还需要政府进一步给予关心和帮助，在"教师编制"和"职称评定"等方面给予政策支撑，以便学校继续吸纳优秀教师和骨干专家力量，服务地方教育发展。同时，目前学校的土地划拨手续还尚未完全落实，给学校的运营带来较大风险。

作为遵义民办教育的参与者，遵义新蓝外国语学校希望在政府的带领下，落实《大力发展支持社会力量兴办学校的政策措施》中的政策目标，为遵义市民办教育的发展贡献力量。

附件　调查问卷

贵州省百企营商环境调查问卷

您好！

　　非常感谢您抽出宝贵时间填写我们的调查问卷。此次问卷调查的目的是对贵州省营商环境进行调研，为进一步完善制定相关政策提供参考依据和决策依据。根据随机抽选结果，贵企业被选为调查企业，请根据实际情况和自身判断，协助填写问卷。

　　本调查问卷采用无记名方式，我们将严格遵照有关法律法规对问卷所有数据予以保密且只用于统计分析。

企业名称：_____（选填）

联 系 人：_____（选填）

联系电话：_____（选填）

贵州省政协社会与法制委员会

2019 年 4 月

贵州省百企营商环境调查问卷

※1. 请将选择的选项填写在代码框内。

※2. 选项没有对错之分。选择"其他"项时请注明具体内容。

一 企业基本信息

序号	问题	选项	代码
1	企业法律形态	A. 公司　B. 个人独资企业　C. 合伙企业	
2	企业性质	A. 国有企业　B. 集体所有制企业　C. 私营企业　D. 外商投资企业　E. 其他（请注明）_____	
3	企业所属行业	A. 农林牧渔业　B. 采矿业　C. 制造业　D. 电力、热力、燃气及水生产和供应业　E. 建筑业　F. 批发和零售业　G. 交通运输、仓储和邮政业　H. 住宿和餐饮业　I. 信息传输、软件和信息技术服务业　J. 金融业　K. 房地产业　L. 租赁和商务服务业　M. 科学研究和技术服务业　N. 水利、环境和公共设施管理业　O. 居民服务、修理和其他服务业　P. 文化、体育和娱乐业　Q. 其他（请注明）_____	
4	企业产业特征	A. 劳动密集型　B. 资本密集型　C. 技术密集型	
5	企业规模	A. 大型企业　B. 中型企业　C. 小型企业　D. 微型企业	
6	企业成立时间	A. 1年以下　B. 1~5年　C. 6~10年　D. 11~15年　E. 15年以上	
7	企业员工人数	A. 10人以下　B. 10~50人　C. 51~100人　D. 101~500人　E. 501~1000人　F. 1001~5000人　G. 5000人以上	
8	企业年产值（元人民币）	A. 50万以下　B. 50~500万　C. 501~1000万　D. 1001~5000万　E. 5001万~1亿　F. 1亿~10亿　G. 10亿以上	
9	企业是否存在历史遗留问题	A. 不存在　B. 存在　C. 不好说	

二　政策与政府服务环境

序号	问　题	选　项	代码
10	企业对政府出台的扶持政策是否了解	A. 了解　B. 偶尔听说　C. 不清楚	
11	企业了解扶持政策的主要渠道是（可多选，最多选3项）	A. 政府部门传达　B. 工商联开会　C. 社区或街道办有关部门传达　D. 政府网站　E. 报刊电视　F. 网络平台和网络媒体　G. 其他企业　H. 其他（请注明）_____	
12	企业获取扶持政策和投资信息的便捷程度如何	A. 便捷　B. 较便捷　C. 一般　D. 不太便捷　E. 不便捷	
13	企业是否提出过享受扶持政策的申请	A. 提出过　B. 没有提出	
14	如果没有提出过申请，主要原因是	A. 不了解政策　B. 审核条件严苛　C. 审核过程烦琐　D. 对企业帮助不大　E. 其他（请注明）_____	
15	企业是否享受过扶持政策	A. 享受过　B. 享受过，但拖延或增加条件　C. 条件过高很难享受　D. 从未享受过	
16	企业认为这些扶持政策的作用如何	A. 有很大作用　B. 有一定作用　C. 无实质作用　D. 不好说	
17	企业转型升级中得到政策扶持的情况	A. 得到大力扶持　B. 得到一定扶持　C. 未得到扶持　D. 不好说	
18	某些扶持政策是否发生过出尔反尔的情况	A. 从未发生　B. 偶尔发生　C. 经常发生　D. 不好说	
19	企业在进入全省扶贫事业中政策是否发生过变动	A. 没有发生　B. 发生过（请注明变动政策_____）　C. 不清楚	
20	企业在进入全省扶贫事业中存在的主要门槛是	A. 审核条件严苛　B. 审核过程烦琐　C. 审核效率低下　D. 其他（请注明）_____　E. 无进入需要	
21	企业在政府部门办事过程中是否被要求提交政府相关部门出具的证明	A. 不需要　B. 特殊情况下需要　C. 需要	

续表

序号	问题	选项	代码
22	企业对政府部门办事效率和服务态度的满意度	A. 满意　B. 较满意　C. 一般　D. 不满意　E. 不好说	
23	企业对政府部门办事流程规范性的评价	A. 规范　B. 较规范　C. 一般　D. 不规范　E. 不好说	
24	企业对政府部门办事透明度的评价	A. 透明　B. 较透明　C. 一般　D. 不透明　E. 不好说	
25	企业对政府部门信息公开的评价	A. 好　B. 较好　C. 一般　D. 不好　E. 不好说	
26	企业对政府服务的总体评价	A. 好　B. 较好　C. 一般　D. 不好　E. 不好说	
27	政府部门兑现政策、承诺的情况	A. 全部兑现　B. 多数兑现　C. 少数兑现　D. 未兑现　E. 不好说	
28	政府部门是否存在"新官不理旧账"的情况	A. 从未发生　B. 偶尔发生　C. 经常发生　D. 不好说	

三　法治环境

序号	问题	选项	代码
29	在法治环境的各类因素中，企业最看重的是（可多选，最多选3项）	A. 立法公开　B. 执法程序规范　C. 判决执法力度　D. 诉讼法律渠道的顺畅　E. 法律监管机制公正　F. 政府依法行政能力　G. 知识产权保护力度　H. 其他（请注明）_____	
30	企业的财产权、经营权等权益受到侵害时，能否得到有效的法律保护	A. 全部能得到　B. 多数能得到　C. 少数能得到　D. 不能　E. 不好说	
31	企业涉法渠道是否畅通	A. 顺畅　B. 较顺畅　C. 一般　D. 不顺畅　E. 不好说	
32	企业近三年来有无法律纠纷	A. 有　B. 没有	

续表

序号	问题	选项	代码
33	企业发生法律纠纷时，首先选择的解决途径是	A. 法院诉讼、仲裁或调解　B. 请求政府部门帮助解决　C. 通过行业协会协调　D. 私了　E. 其他（请注明）_____	
34	企业有没有专门的法律部门	A. 有　B. 没有，但有相应的部门处理法律事务 C. 没有，一般聘请律师处理法律事务	
35	企业发生民商事纠纷时公安机关是否介入	A. 未介入　B. 介入　C. 不好说	
36	企业对检察机关保护企业家（主）人身权情况的评价	A. 好　B. 较好　C. 一般　D. 不好　E. 不好说	
37	企业对审判机关办理涉企案件公正与效率的评价	A. 好　B. 较好　C. 一般　D. 不好　E. 不好说	
38	企业对涉企案件"执行难"的感受如何	A. 难　B. 较难　C. 一般　D. 不难　E. 不好说	
39	企业遇到的行政执法中出现的问题（可多选，最多选3项。若选"I. 未遇到过"，则不应选其他项）	A. 不依法　B. 不规范　C. 不公正　D. 不文明 E. 多头执法　F. 选择执法　G. 执法有干扰企业正常生产的现象　H. 其他（请注明）_____ I. 未遇到过	
40	企业对政府依法行政的评价	A. 好　B. 较好　C. 一般　D. 不好　E. 不好说	
41	一些非市场因素（阻工、闹事、纠纷等）对企业正常生产经营活动的影响如何	A. 影响大　B. 影响较大　C. 一般　D. 影响较小 E. 无影响	
42	企业对当前"扫黑除恶专项斗争"的满意度	A. 满意　B. 较满意　C. 一般　D. 不满意 E. 不好说	
43	企业对营商法治环境的总体评价	A. 好　B. 较好　C. 一般　D. 不好　E. 不好说	

四　纳税环境

序号	问题	选项	代码
44	企业认为本地企业税费是否合理	A. 合理　B. 不合理　C. 不好说	
45	企业缴纳的法定税费占企业税前利润的比例（％）	A. 10以下　B. 10~20　C. 21~30　D. 31~40 E. 41~50　F. 50以上	
46	企业是否缴纳法定税费之外的其他摊派	A. 未缴纳　B. 缴纳　C. 不好说	
47	企业是否享受税收减免政策	A. 享受　B. 未享受　C. 不好说	
48	企业对本轮减税降费的感受如何	A. 明显　B. 不明显　C. 不好说	
49	企业对税务部门办事效率和服务态度的满意度	A. 满意　B. 较满意　C. 一般　D. 不满意 E. 不好说	

五　融资环境

序号	问题	选项	代码
50	企业当前的融资需求状况	A. 有很大需求　B. 有一定需求　C. 无融资需求	
51	企业希望通过融资来解决哪些问题（可多选，最多选3项）	A. 维持正常生产经营　B. 扩大生产　C. 更新技术 D. 归还欠款　E. 其他（请注明）_____ 无融资需求	
52	企业融资主要来源	A. 内源融资（自身积累）　B. 国有银行贷款 C. 地方性商业银行、信用社贷款　D. 小额贷款公司、担保公司等融资　E. 向其他企业借款　F. 民间借贷　G. 高利贷　H. 其他（请注明）_____ 无融资需求	
53	企业近三年来从银行获得贷款情况	A. 全部获得过　B. 部分获得过　C. 没有获得 D. 没有贷过款	

续表

序号	问题	选项	代码
54	企业从银行获得贷款的难易程度	A. 难　B. 较难，但可以争取　C. 一般　D. 较容易　E. 容易	
55	企业认为融资难的主要原因是（可多选，最多选3项）	A. 贷款成本高　B. 贷款手续烦琐　C. 抵押品要求高　D. 抵押折扣率高　E. 企业信用等级低　F. 难以获得第三方担保　G. 商业信用不发达　H. 风险投资机制不健全　I. 缺少税收优惠、财政补贴和贷款援助　J. 中小企业融资渠道少　K. 民间借贷不规范　L. 其他（请注明）_____无融资需求和经历	

六　物流环境

序号	问题	选项	代码
56	企业周边交通配套情况如何	A. 完善　B. 一般　C. 不完善	
57	企业涉及的物流业务主要有哪些（可多选，最多选3项）	A. 运输　B. 仓储　C. 包装　D. 搬运装卸　E. 流通加工　F. 配送　G. 物流信息管理　H. 其他（请注明）	
58	物流成本占企业总成本的比例（%）	A. 5以下　B. 5~10　C. 11~15　D. 16~20　E. 20以上	
59	企业认为导致物流成本升高的主要原因是（可多选，最多选3项）	A. 燃油价格上涨　B. 人工费用上涨　C. 车辆各项税费上涨　D. 过路过桥费过高　E. 乱罚款现象严重　F. 其他（请注明）_____	
60	企业对物流费用的感受	A. 很高　B. 高　C. 较高　D. 正常　E. 低	
61	企业对物流便利状况的满意度	A. 满意　B. 较满意　C. 一般　D. 不太满意　E. 不满意	

七　环保、用地与水电环境

序号	问　题	选　项	代码
62	企业运营中的环保抽查频次	A. 每月 1 次及以上　B. 每季 1~2 次　C. 每年 1~3 次　D. 2~3 年 1 次　E. 3 年以上 1 次　F. 不好说	
63	环保成本占企业总成本的比例（%）	A. 5 以下　B. 5~10　C. 11~15　D. 16~20　E. 20 以上	
64	企业在用地方面受哪些因素的限制（可多选，最多选 3 项。若选"F. 无用地需求"，则不应选其他项）	A. 政策不支持　B. 行政审批环节烦琐　C. 价格高　D. 竞争大　E. 其他（请注明）_____　F. 无用地需求	
65	企业获得用水的时间	A. 3 天以内　B. 3~7 天　C. 8~15 天　D. 16~30 天　E. 30 天以上	
66	用水成本占企业总成本的比例（%）	A. 5 以下　B. 5~10　C. 11~15　D. 16~20　E. 20 以上	
67	通水除了正常缴纳的费用以外是否还有其他费用	A. 没有　B. 有　C. 不好说	
68	企业对供水单位办事效率和服务态度的满意度	A. 满意　B. 较满意　C. 一般　D. 不满意　E. 不好说	
69	企业获得用电的时间	A. 3 天以内　B. 3~7 天　C. 8~15 天　D. 16~30 天　E. 30 天以上	
70	用电成本占企业总成本的比例（%）	A. 5 以下　B. 5~10　C. 11~15　D. 16~20　E. 20 以上	
71	通电除了正常缴纳的费用以外是否还有其他费用	A. 没有　B. 有　C. 不好说	
72	企业对供电单位办事效率和服务态度的满意度	A. 满意　B. 较满意　C. 一般　D. 不满意　E. 不好说	

八　行政许可事项办理状况

序号	问　题	选　项	代码
73	企业办理行政审批事项需要"跑"几次	A. 1次　B. 2次　C. 3次　D. 4次　E. 5次及以上	
74	企业办理行政审批事项除本地政务服务大厅外还需要跑几个办事地点	A. 不需要　B. 1个　C. 2个　D. 3个　E. 4个及以上	
75	企业办理行政审批事项需要到的政府部门层次	A. 省级　B. 市、州级　C. 县级　D. 乡镇级 E. 2个层次　F. 3个及以上层次	
76	企业认为现有行政审批事项在数量和环节方面是否合适	A. 合适　B. 较多　C. 不好说	
77	企业认为现有行政审批事项实际耗费时间如何	A. 合适　B. 较长　C. 不好说	
78	企业办理工商注册登记的便捷程度如何	A. 便捷　B. 较便捷　C. 一般　D. 烦琐　E. 不好说	
79	企业办理土地许可的便捷程度如何	A. 便捷　B. 较便捷　C. 一般　D. 烦琐　E. 不好说	
80	企业办理环境影响评价的便捷程度如何	A. 便捷　B. 较便捷　C. 一般　D. 烦琐　E. 不好说	
81	企业办理规划许可的便捷程度如何	A. 便捷　B. 较便捷　C. 一般　D. 烦琐　E. 不好说	
82	企业办理建设许可的便捷程度如何	A. 便捷　B. 较便捷　C. 一般　D. 烦琐　E. 不好说	
83	企业办理消防许可的便捷程度如何	A. 便捷　B. 较便捷　C. 一般　D. 烦琐　E. 不好说	
84	企业办理行业资格准入的便捷程度如何	A. 便捷　B. 较便捷　C. 一般　D. 烦琐　E. 不好说	
85	企业从申请办理许可到许可办结需要的时间	A. 1个月以内　B. 1~3个月　C. 4~6个月 D. 7~12个月　E. 12个月以上	
86	企业对办理各类行政审批事项的满意度	A. 满意　B. 较满意　C. 一般　D. 不满意 E. 不好说	

调　查　员：_____

联系电话：_____

调查时间：_____年____月____日

后　记

《贵州营商环境百企调查（2019）》由贵州省政协社会与法制委员会组织与贵州省社会科学院、国家统计局贵州调查总队等多家单位共同完成。

贵州省政协党组副书记、副主席蒙启良同志，于2019年初开始酝酿，随后开展贵州省民营经济营商环境的大调查，总结党的十八大以来贵州省优化营商环境的实践经验做法成效，摸清当前营商环境建设面临的难点、痛点、堵点问题，提出贵州进一步优化营商环境政策举措的建议，为省委、省政府提供决策服务。省政协社会与法制委员会多次组织召开国家统计局贵州调查总队、贵州省社会科学院协调会与沟通会，于2019年3月成立《贵州营商环境百企调查（2019）》编辑委员会，蒙启良副主席担任编辑委员会主任，率队到山东省、福建省、浙江省三省调研，编写组采取问卷调查、收集整理资料、学习考察、实地考察、召开座谈会、专访等多种调研方式进行。2019年7月，国家统计局贵州调查总队围绕贵州政策与政府服务环境，法治环境，纳税环境，融资环境，物流环境，环保、用地与水电环境、行政许可事项办理状况等七方面进行问卷设计，随机抽样125家企业进行问卷调查。2019年7月底，按照样本抽取不同类型、不同领域的要求，贵州省政协召集全省9个市州政协相关负责同志，部署125家企业案例收集工作会议。2019年8月中旬，贵州省政协组织省市场监管局、省自然资源厅、省交通运输厅、省生态环境厅、省住房建设厅、国家税务总局贵州省税务局、省地方金融监管局、省商务厅、省投资促进局、省人民政府政务服务中心、省司法厅、省检察院、省法院等部门召开座谈会；8月底，编写组与民营企业部分代表进行座谈；9月初分别到贵阳、黔南、遵义、安顺、黔东南等市州县深入民营企业进行实地考察。在多方共同齐心协力努力下，最终形成本书。

本书由总报告、分报告和企业篇三个部分组成。第一部分是总报告，总报告由贵州省社会科学院党建研究所所长、研究员郭丽和贵州省社会科学院党建研究所研究员周芳苓、贵州省社会科学院文化研究所副所长谢忠文三位同志负责完成。第二部分是分报告。分报告由政策环境、法治环境、纳税环境、融资环境、物流水电环境、行政许可审批事项办理环境、人才环境等七个子报告组成，政策环境部分由贵州省社会科学院党建研究所副研究员张云峰完成；法治环境部分由贵州省社会科学院党建研究所副研究员吴月冠完成；纳税环境部分由贵州省社会科学院党建研究所副研究员李德生完成；融资环境部分由贵州省社会科学院党建研究所助理研究员赵燕燕完成；物流水电环境部分由贵州省社会科学院周芳苓研究员与贵州民族大学社会学与公共管理学院杨春香、李昌先完成；行政许可审批事项办理环境部分由贵州省社会科学院党建研究所助理研究员周钥明完成；人才环境部分的子报告分别剖析了现状、存在问题以及提出相应的对策建议，具有一定的针对性与操作性，对于贵州省营商环境的优化具有一定的借鉴意义。第三部分是企业篇。由编写组根据各个市州政协提交的案例，从中择优选用具有代表性的国营、民营企业整理编辑，客观真实反映企业心声与诉求，同时也希望各个市州对这些企业的诉求引起重视，将人人是营商环境、事事是营商环境、处处是营商环境的理念深入人心，高举营商环境就是生产力的旗帜，加快优化营商环境的良好氛围。特别需要说明的是，本书随机抽取企业案例时，开磷集团没有合并，本着尊重原则，开磷集团材料被纳入企业篇。在本书编写过程中，贵州省政协党组副书记、副主席蒙启良亲自审稿，对全书框架、思路、定位、质量多次提出修改意见。贵州省政协社会与法制委员会主任韩力争、专职副主任鞠霓，全程参与书稿提纲拟定、调研和定稿工作；省政协社会与法制委员会办公室自始至终发挥了组织、协调、沟通和保障作用。中共贵州省委副秘书长、省人大外事侨务委员会主任、省社科联主席李裴，中共贵州省委讲师团原团长谢一研究员，贵州省投资促进局局长马雷，贵州省社会科学院原副院长雷厚礼研究员，贵州省人大常委会委员、省人大财经委委员、民建贵州省委副主委刘庆和，国家统计局贵州调查总队党组书记、总队长程军虎，贵州省工商联副主席杨静，贵州省社会科学院原社会学研究所所长史昭乐研究员，贵州民族大学社会学与公共管理学院院长、博士生导师王国勇教授，贵州省投资促进局一级调研员魏靳忠，贵州省工业和信息化厅政策法规处副处长杨再军，贵州省商务厅法规处干部文兴桥，对本书稿的修改完善提出了诸多建设性的意见和建议。贵州省社会科学院院长吴大华、副院长李胜高度重视，精心组织调研团队，统筹精干力量修改、完善、定稿，谢忠文博士、许峰博士参与文稿提纲、内容的讨论与修改工作，为书稿的完成付出了辛勤劳动。在此，谨向以上领导和专家表示衷心感谢！

由于时间紧、任务重、企业众多、行业面广，编写工作难免出现疏漏，敬请各位读者谅解。

图书在版编目(CIP)数据

贵州营商环境百企调查.2019／贵州省政协社会与法制委员会编.--北京：社会科学文献出版社，2019.12
 ISBN 978－7－5201－5260－0

Ⅰ.①贵… Ⅱ.①贵… Ⅲ.①投资环境－研究报告－贵州－2019 Ⅳ.①F127.73

中国版本图书馆CIP数据核字（2019）第300935号

贵州营商环境百企调查（2019）

编　　者／贵州省政协社会与法制委员会

出 版 人／谢寿光
责任编辑／丁　凡
文稿编辑／赵智艳

出　　版／社会科学文献出版社·城市和绿色发展分社（010）59367143
　　　　　　地址：北京市北三环中路甲29号院华龙大厦　邮编：100029
　　　　　　网址：http://www.ssap.com.cn

发　　行／市场营销中心（010）59367081　59367083
印　　装／三河市尚艺印装有限公司

规　　格／开本：787mm×1092mm　1/16
　　　　　　印张：25.25　字数：355千字

版　　次／2019年12月第1版　2019年12月第1次印刷
书　　号／ISBN 978－7－5201－5260－0
定　　价／128.00元

本书如有印装质量问题，请与读者服务中心（010－59367028）联系

版权所有 翻印必究